教育部人文社会科学重点研究基地成果
中国语言文学国家"双一流"建设学科成果

汉语方言语法研究丛书

顾问　邢福义　张振兴

主编　汪国胜

高安方言语法研究

聂有才 ◎ 著

中国社会科学出版社

图书在版编目（CIP）数据

高安方言语法研究/聂有才著 . —北京：中国社会科学出版社，2023.6
（汉语方言语法研究丛书）

ISBN 978 – 7 – 5227 – 1957 – 3

Ⅰ.①高… Ⅱ.①聂… Ⅲ.①赣语—语法—方言研究 Ⅳ.①H175

中国国家版本馆 CIP 数据核字（2023）第 097331 号

出 版 人	赵剑英
责任编辑	张　林
特约编辑	肖春华
责任校对	季　静
责任印制	戴　宽

出　　版	中国社会科学出版社
社　　址	北京鼓楼西大街甲 158 号
邮　　编	100720
网　　址	http://www.csspw.cn
发 行 部	010 – 84083685
门 市 部	010 – 84029450
经　　销	新华书店及其他书店

印刷装订	北京君升印刷有限公司
版　　次	2023 年 6 月第 1 版
印　　次	2023 年 6 月第 1 次印刷

开　　本	710×1000　1/16
印　　张	21
字　　数	336 千字
定　　价	118.00 元

凡购买中国社会科学出版社图书，如有质量问题请与本社营销中心联系调换
电话：010 – 84083683
版权所有　侵权必究

总　　序

20世纪80年代以来，随着汉语方言研究的拓展和深化，方言语法的研究越来越受到学界的关注和重视。这一方面是因为方言语法客观上存在着不同程度的不容小觑的差异，另一方面是因为共同语（普通话）语法和历史语法的深入研究需要方言语法研究的支持。

过去人们一般认为，跟方言语音和词汇比较而言，方言语法的差异很小。这是一种误解，让人忽略了对方言语法事实的细致观察。实际上，在南方方言中，语法上的差异还是不小的，至少不像过去人们想象得那么小。当然，这些差异大多是表现在一些细节上，但就是这样一些细节，从一个侧面鲜明地映射出方言的特点和个性。比如，湖北大冶方言的情意变调，[1] 青海西宁方言的左向否定，[2] 南方方言的是非型正反问句，[3] 等等，这些方言语法的特异表现，既显示出汉语方言语法的丰富性和复杂性，也可以提升人们对整体汉语语法的全面认识。

共同语语法和方言语法都是对历史语法的继承和发展，它们密切联系，又相互区别。作为整体汉语语法的一个方面，无论是共同语语法还是历史语法，有的问题光从本身来看，可能看不清楚，如果能将视线投向方言，则可从方言中获得启发，找到问题解决的线索和证据。朱德熙和邢福义等先生关于汉语方言语法的许多研究就是明证。[4] 可见方言语法对于共同语语法和历史语法研究的重要价值。

---

[1] 汪国胜：《大冶话的情意变调》，《中国语文》1996年第5期。
[2] 汪国胜：《从语法角度看〈现代汉语方言大词典〉》，《方言》2003年第4期。
[3] 汪国胜、李曌：《汉语方言的是非型正反问句》，《方言》2019年第1期。
[4] 朱德熙：《从历史和方言看状态形容词的名词化》，《方言》1993年第2期；邢福义：《"起去"的普方古检视》，《方言》2002年第2期。

本丛书由教育部人文社会科学重点研究基地华中师范大学"语言与语言教育研究中心"筹划实施并组织编纂，主要收录两方面的成果：一是单点方言语法的专题研究（甲类），如《武汉方言语法研究》；二是方言语法的专题比较研究（乙类），如《汉语方言疑问范畴比较研究》。其中有的是国家或教育部社科基金项目的结项成果，有的是作者多年潜心研究的学术结晶，有的是博士学位论文。就两类成果而言，应该说，当前更需要的是甲类成果。只有把单点方言语法研究的工作做扎实了，调查的方言点足够多了，考察足够深了，有了更多的甲类成果的积累，才能更好地开展广泛的方言语法的比较研究，才能逐步揭示汉语方言语法及整体汉语语法的基本面貌。

出版本丛书，一方面是想较为集中地反映汉语方言语法的研究成果，助推方言语法研究，另一方面是想为将来汉语方言语法的系统描写做点基础性的工作。本丛书能够顺利面世，得力于中国社会科学出版社张林编辑的全心支持，在此表示衷心的感谢。由于笔者水平有限，本丛书中难免会存在这样那样的问题，盼能得到读者朋友的批评指正。

汪国胜

2021 年 5 月 1 日

目 录

第1章 引言 ……………………………………………… (1)
  1.1 高安和高安方言 ……………………………………… (1)
  1.2 研究内容和方法 ……………………………………… (10)
  1.3 本书相关说明 ………………………………………… (11)

第2章 语缀 ……………………………………………… (14)
  2.1 前缀 …………………………………………………… (14)
  2.2 后缀 …………………………………………………… (19)
  2.3 中缀 …………………………………………………… (38)
  2.4 小结 …………………………………………………… (42)

第3章 重叠 ……………………………………………… (43)
  3.1 名词重叠 ……………………………………………… (43)
  3.2 动词重叠 ……………………………………………… (49)
  3.3 形容词重叠 …………………………………………… (54)
  3.4 副词重叠 ……………………………………………… (63)
  3.5 量词重叠 ……………………………………………… (65)
  3.6 重叠的功能 …………………………………………… (68)
  3.7 小结 …………………………………………………… (70)

第4章 体貌 ……………………………………………… (72)
  4.1 体貌概说 ……………………………………………… (72)
  4.2 体貌系统 ……………………………………………… (72)
  4.3 完成体"之"的来源 …………………………………… (98)
  4.4 小结 …………………………………………………… (99)

第5章 代词 (102)
- 5.1 人称代词 (102)
- 5.2 指示代词 (109)
- 5.3 疑问代词 (113)
- 5.4 代词的非指代用法 (119)
- 5.5 小结 (127)

第6章 程度 (128)
- 6.1 词汇层面的表现形式 (128)
- 6.2 语法层面的表现形式 (130)
- 6.3 语用层面的表现形式 (140)
- 6.4 小结 (142)

第7章 "得"字句 (143)
- 7.1 副词（得$_1$）(143)
- 7.2 能愿动词（得$_2$）(147)
- 7.3 助词（得$_3$、得$_4$、得$_5$）(151)
- 7.4 介词（得$_6$）(160)
- 7.5 "得"的来源和联系 (162)
- 7.6 趋向补语标记"得"和"起" (166)
- 7.7 "有V得C"格式 (171)
- 7.8 小结 (173)

第8章 比较句 (175)
- 8.1 差比句 (176)
- 8.2 极比句 (182)
- 8.3 递比句 (186)
- 8.4 等比句 (188)
- 8.5 小结 (190)

第9章 处置句 (192)
- 9.1 处置句的主要类型 (193)
- 9.2 处置介词的语法化过程 (208)
- 9.3 处置句的特点 (212)
- 9.4 处置表达的其他形式 (213)

9.5　小结 ……………………………………………………… (217)

第 10 章　被动句 …………………………………………… (218)
10.1　有标记被动句 ………………………………………… (218)
10.2　无标记被动句 ………………………………………… (236)
10.3　小结 …………………………………………………… (242)

第 11 章　双宾句 …………………………………………… (243)
11.1　双宾句的结构类型 …………………………………… (244)
11.2　双宾句的动词 ………………………………………… (246)
11.3　双宾句的宾语 ………………………………………… (253)
11.4　双宾句的句式语义 …………………………………… (258)
11.5　双宾兼语混合句 ……………………………………… (260)
11.6　高安方言的"把"与普通话的"给" …………………… (261)
11.7　小结 …………………………………………………… (264)

第 12 章　疑问句 …………………………………………… (266)
12.1　是非问句 ……………………………………………… (267)
12.2　特指问句 ……………………………………………… (283)
12.3　选择问句 ……………………………………………… (285)
12.4　正反问句 ……………………………………………… (287)
12.5　反诘问句 ……………………………………………… (291)
12.6　附加问句 ……………………………………………… (294)
12.7　回声问句 ……………………………………………… (296)
12.8　语气词"口[ʅ³⁵]" ……………………………………… (297)
12.9　小结 …………………………………………………… (300)

第 13 章　结语 ……………………………………………… (302)

参考文献 ……………………………………………………… (311)

后　记 ………………………………………………………… (325)

第 1 章　引言

1.1　高安和高安方言

1.1.1　高安概况

高安市，江西省宜春市代管县级市，位于江西省中部偏西北、南昌市西部，属长江中下游平原，距离南昌 42 千米，面积 2439.33 平方千米，人口约 90 万。

高安素有"农业上县""赣中明珠"美誉。高安气候宜人，物产丰饶。高安是闻名全国的"文化古县""才子之乡"，尤其是唐宋以降，名家辈出。唐有创办桂岩书院的国子监祭酒幸南容，宋有史学擅名一代并参与编纂《资治通鉴》的刘恕，元有编著《中原音韵》的音韵学家周德清，明有史学家陈邦瞻，清有三朝帝师朱轼，近有物理学家吴有训。"二苏"（苏辙、苏轼）的谪访也为高安这座城市增添了许多文化古韵。

高安建县[①]始于汉高祖六年（公元前 201 年），取名建成。东汉建武元年（25 年）恢复旧名；后历经魏晋南北朝至隋朝，虽范围有所变动，但一直保留建成县名。隋朝时建成县仍属豫章郡（洪州）。

高安县名始于唐代。唐武德五年（622 年），安抚使李大亮宣慰江南时，为了避太子李建成的名讳，改建成为高安。据《太平寰宇记》载："地形似高而安，故名。"同时在高安设置靖州，统辖望蔡（上高）、宜丰、阳乐（万载）、华阳，加上高安五个县。

---

① 关于高安历史沿革的介绍主要参考戴佳臻主编《高安县志》，江西人民出版社 1988 年版，第 9—10 页。

武德七年（624年），先改名米州，后改名筠州；次年废筠州，将望蔡、宜丰、阳乐、华阳四县并入高安县，隶属洪州。五代十国时期，保大十年（925年）复置筠州，管辖高安、上高、万载、清江四县，高安是筠州治所。

北宋绍兴十三年（1143年），筠州改名高安郡，五年后复名筠州。宝庆元年（1225年），因"筠"字与理宗赵昀名同音，且恰逢州治后山的碧落堂发现一株十四茎灵芝草，视为祥瑞之兆，遂改筠州为瑞州，高安仍是县名，为瑞州治所。

元朝改州为路，高安归瑞州路治。明清两朝改路为府，高安归瑞州府治。

民国三年（1914年），高安隶属庐陵道。民国十五年（1926年）废道，高安直属省管。1932年全省划为13个行政区，高安隶属第一行政区。1942年全省调整为9个行政区，高安仍属第一行政区。

1949年7月，高安解放，高安县人民政府隶属于江西省人民政府南昌分区督查专员公署管辖。1959年，高安县隶属宜春专员公署管辖。从那时起，高安一直隶属宜春。1993年高安县改名高安市，为宜春地区的县级省辖市。

高安市辖2个街道、19个镇、2个乡和1个垦殖场：筠阳街道、瑞州街道、蓝坊镇、荷岭镇、黄沙岗镇、灰埠镇、相城镇、田南镇、建山镇、太阳镇、新街镇、八景镇、独城镇、石脑镇、龙潭镇、杨圩镇、村前镇、华林山镇、伍桥镇、祥符镇、大城镇、上湖乡、汪家圩乡、相城垦殖场。

本书所记的高安方言语音是笔者的母语高安太阳镇话。太阳镇位于高安市西南部，距市区不到40千米。全镇辖10个村委会和1个居委会，145个自然村。10个村委会分别是太阳村、文家村、火田村、宋家村、杨家村、净慈村、西阳村、泉港村、管头村、嶅山村。

1.1.2 高安方言

1.1.2.1 高安方言基本情况

高安的语言有赣方言（本地话）、客家方言和中原官话（河南话）。高安本地人说的高安话属于赣方言，客家方言和中原官话（河南话）

是高安境内的两个方言岛。高安的华林说的客家话属于赣西北客家方言岛（胡松柏，2013：28）。高安境内的河南话方言岛分布在相城镇、相城垦殖场以及田南镇一带（胡松柏，2013：27）。本书的高安方言是指高安本地话。

高安虽然只是江西宜春市辖下的县级市，但高安这一地名在语言学界却不陌生，近古音最具代表性的韵书《中原音韵》的作者周德清就是高安人。高安话在赣方言中有着举足轻重的地位，颇有研究价值，受到了许多著名语言学者的关注。徐通锵先生在《历史语言学》一书中深刻地指出："因为南昌是大城市，受外方言的影响大，不如它（按：指高安话）能反映赣方言的特点。"高安方言底蕴深厚而又充满俚趣。高安语音历史悠久，至晚保留了唐宋时期的语音。高安城关及其附近知组字声母为 [t]、[tʰ]，具有"古无舌上音"的特点；许多地方口语里"蚊""尾"等字的声母读音很好地证明了"古无轻唇音"的假设；有些地方如老屋周家还有尖团分立的特点。高安方言还保留了不少古词和古义。比如，表示舔义用"舐犊情深"的"舐"，大口地喝用"啜"，用水冲洗说"濯"，烤火说"炙火"，感谢别人说"劳慰"，置办家具等说"置"，小孩学步叫"学行"，等等。高安城区话里的"走"至今仍保留了"跑"的古义。当然，高安方言内部也有不少差异，尤其是语音方面。比如，城区话没有翘舌音，而太阳话里却很常见；声调方面差异也较显著，比如，城区话入声要分阴阳，太阳话不分。词汇方面也有各自的特色，比如，高安城区说"霍闪闪电"，太阳镇说"掣雷火"；城区话说"脏洗洗澡"，太阳话说"作洗"；城区话说"相骂吵架"，太阳话说"相讲"等，不胜枚举。语法上差别也不小，如被动介词，城区用"讨"，太阳主要用"着"；与格标记城区用"到"，太阳用"把"（老派的说法用"过"）等。由此可以看出，高安方言内部复杂，也有不少特色，值得全面、深入地研究。

1.1.2.2 高安方言研究现状

高安方言的研究起步其实很早。据李军（2005），近代最早研究高安方言要数20世纪20年代高安人涂铿的《国音四种》，其中的第四篇《改正土音法》用注音符号详细描写了当时高安话的声韵调系统，这为我们研究高安话的语音演变提供了非常珍贵的材料。但是，此后的几十年一直处于停滞状态。高安方言系统的研究是从 20 世纪 80 年代才开始的。关于高安话的研究主要有高安方言在赣语中的归片问题、高安方言与《中原音韵》的关系、高安方言的内部分区、高安方言的语音、词汇和语法等方面。

第一，高安方言在赣方言中的归片和内部分区

高安方言总的语音特点是古全浊音声母字今读塞音、塞擦音时，不论平仄，都读送气清音，词汇上又与毗邻的南昌话有许多共同之处，毫无疑问也属于赣方言。但关于高安话在赣语中的分片问题，学界却有较大的分歧，主要有下面几种意见。

其一，属于昌靖片。颜森（1986）将江西省内的赣语区划分为昌靖片、宜萍片、吉莲片、抚广片和鹰弋片等五大片，并将高安话（部分）归入昌靖片。昌靖片的共同特点是入声分阴阳。《中国语言地图集》（1987）将赣语划分为昌靖片、宜浏片、吉茶片、抚广片、鹰弋片、大通片、耒资片、洞绥片和怀岳片等九大片，高安话也被划入昌靖片。《中国语言地图集》与颜森（1986）的观点其实是一致的，前者赣语涵盖的范围更大，除了江西境内，还包括湖南、湖北和安徽的部分地区，所以片区名称也会有所不同。颜森（1986）的分片方法影响较大，詹伯慧主编《汉语方言及方言调查》（1991）以及侯精一主编的《现代汉语方言概论》（2002）对赣语的分区采用了相同的观点。不过，昌靖片的一个重要特点是"入声分阴阳，阴入调值高，阳入调值低"（颜森，1986）。就高安城区及其附近的方言来说可能符合这个特点，但高安南部的方言比如太阳话入声就不分阴阳。

其二，属于宜春片。与颜森（1986）的划分不同，陈昌仪《赣方言概要》（1991）主要依据今读声韵调，同时也适当考虑历史上行政区域的联系将江西省内的赣语分为五个片：南昌片、宜春片、吉安片、抚州片和余干片，高安归属于宜春片。刘纶鑫（1999）则比较注重方言的分片与历史行政区划的密切联系，也把江西赣方言分为五个片，不过分片的名称略有不同，片名分别是南昌片、宜春片、吉安片、临川片和波阳片，认为高安话也归属于宜春片。这一片最突出的特点是"止摄精、庄与知三、章两类声母的韵母有［u］［o］［ə］［ø］或［ɿ］［i］的区别"，此外就是没有撮口呼。谢留文（2006）对赣语的分区作了一

些改动，仍保留《中国语言地图集》的分片名称，把高安划在宜浏片，但实际上与宜春片的观点基本一致。

其三，属于奉新片。孙宜志、陈昌仪、徐阳春（2001）对江西境内赣方言分区进行述评，指出颜森（1986）的分区标准不一，词汇标准和语音标准交叉使用，而刘纶鑫（1999）的划分比较符合实际情况，但在分区标准上仍存在一些问题。孙宜志等（2001）根据"覃谈非见系分韵""端系字古合口韵今韵母今读合口、撮口或者主要元音为圆唇元音"两条语音特征重新作了分区，将江西境内的赣方言划分为南北两区。北区包括都昌片、乐平片、奉新片，南区包括崇仁片、铅山片、泰和片和分宜片。高安话属于北区奉新片，该片的语音特点是"溪、群变擦"。

其四，属于丰城片。孙宜志（2007）与孙宜志等（2001）的划分有些不同，先以四个语言特点或标准将江西赣方言分为南北两区。北区再以七个方言特征分为南昌片、乐平片和丰城片；南区再以八个方言特征分为临川片、吉安片、宜春片和鹰潭片。高安话属于北区丰城片，这一片的特点仍是"溪、群变擦"。可见，与划归奉新小片的观点基本相同。

其五，南归宜萍，北属昌靖。《高安县志》（1988：548）将高安方言以荷岭为界分为南北两区，北区以市政府所在地筠阳镇为代表，包括东方红、蓝坊、荷岭、上湖、黄沙、灰埠、石脑、龙潭、杨圩、华林、村前、伍桥、汪家圩、大城、祥符共16个乡镇，属于昌靖片方言，主要特点是入声分阴阳；南区则以八景为代表，包括独城、新街、田南、相城、太阳、建山共7个乡镇，与属于赣语宜萍片方言的清江县音系接近，特点是入声不分阴阳。

以上几种划分，对赣语的分区和赣语研究具有重要意义。高安话的归属不同，主要原因有二：一是采取的分类标准不同；二是高安内部的方言差异比较大，现代高安话各个镇的口音都不一样。研究者选取的点不一样，所以会得出不同的结论。总体上看，《高安县志》（1988）的方言部分及胡松柏（2013）对高安话内部分区比较合理。但是，分为两区只是从入声是否分阴阳来说的，南区和北区的内部也有显著差异。以北区而言，市区筠阳镇话与杨圩话就不同，杨圩话除入声分阴阳外，舒声调与南区调值却相近；南区田南和建山话相近，但太阳话的口音尤其是声调的差别却很明显。可见，只有对各个乡镇的方言作具体的研究，才能确定其归属的片区。因此，高安方言的研究还有待全面、深入地开展。

第二，高安方言与《中原音韵》的关系。

除了探讨高安方言的归属、内部分区、语音、变调和词汇，有的学者还研究了高安方言与《中原音韵》的关系。因为《中原音韵》的作者周德清是高安人，所以很多人认为周德清的《中原音韵》带有高安话的痕迹。如丁邦新（1981）认为《中原音韵》中少数几个字声母读/ŋ/或/n̠/是周德清方言的痕迹。宁忌浮（1990）则对这类观点作出了反驳，他认为周德清不但没有将自己的方言掺入《中原音韵》，反而把它作为正音的对象。

第三，高安方言语音方面的研究。

语音方面主要包括语音系统和连读变调的研究。

其一，语音系统的研究。20世纪80年代初，颜森（1981）对杨圩老屋周家的语音进行了系统的研究，为现代高安话的研究拉开了序幕。1986年，王洪君先生制作了《高安方言字表》（未刊）。《高安县志》（1988：548—569）方言部分归纳了高安城区筠阳镇方言的音系。《高安市志》（2009：978—992）对高安（城区）方言作了补充，增加了高安方言的一些基本词汇和俚语，也简单介绍了语法，音系方面基本沿袭《县志》，个别地方有改动。陈昌仪（1991）也对高安县城话的声韵调进行了概括，认为声母18个，与前面的观点相同；韵母只有63个，一些带介音的韵母没有归纳到，同时单元音韵母增加了一个/y/音位；声调仍是7个调类，调值与《县志》略有不同。刘纶鑫（1999）对高安语音系统的描写的区别主要在韵母方面，韵母只有55个，声调的五度值描写与前面几家有些变化，其余差别不大。以上主要是对高安话北区县城话和杨圩（老屋周家）两个点的音系研究，谌剑波（2005）在对高安话南区灰埠话轻声进行研究时，也对灰埠的音系作了描写。江西省地方志编纂委员会编写的《江西省方言志》（2005）、胡松柏主编的《赣文化通典·方言卷》（2013）都有高安音系的介绍，后者还把高安话（城区）作为13处赣方言代表点之一。

其二，连读变调的研究。高安方言的连读变调在一些高安方言的研究论著中有简要的提及。颜森（1981）在介绍老屋周家的声韵调后，提到了老屋周家的两字组连读变调。《高安市志》（2009）也注意到了双音节和三音节词的变化——简单举例介绍阳平、上声、阳去和阳入的变化，但只提及有时要变成阴平，有时要变成阳入，没有归纳变调的模式，也没有阐释变调类型和原因。当然，《高安市志》囊括的内容较多，对于方言的研究不可能做得很深入，况且高安市话（城区话）的变调也与太阳话不相同。轻声也是一种变调，谌剑波（2005）研究了灰埠话轻声的性质、类型和作用，包括二字组、三字组和四字组的轻声研究，主要关注后字或末字的变化。聂有才（2013）采用实验语音学的方法，从音高和时长两个角度分析了高安太阳话的单字声调和两字组连读变调。

第四，高安方言词汇方面的研究。

高安方言词汇的系统研究最早要数颜森《高安（老屋周家）方言的词汇》（1982，1、2、3），该系类文章收录了老屋周家的方言词汇，并按意义分为十三类。《高安县志》（1988）按词性列举了城区筠阳镇的部分词汇。《高安市志》（2009）新增了一些方言特色浓厚的词语，包括基本稳定的方言词、避讳词语和有特殊内涵的词语。童芳华《高安方言词典》（2012）是最早的搜集、整理高安（城区）方言词汇的专著。此外，关于高安方言词汇的研究主要见于赣方言、江西境内方言内部比较和客赣方言比较论著中，如《江西省方言志》（2005）、胡松柏《赣文化通典·方言卷》（2013）、刘纶鑫《客赣方言比较研究》（1999）进行词汇比较时，均列有高安方言点。

近来也有几篇专门探讨高安方言词语的文章，高安方言的研究逐渐被重视起来。童芳华（2019）研究了高安方言詈词的民俗内涵，记录了高安词汇特有的一面。吕绍玖（2020）考证了高安方言常用口语词汇的本字。

第五，高安方言语法方面的研究。

与语音、词汇研究相比，高安方言语法方面的研究最少。早期关于高安语法的研究都是在论著中简略提及，如桥本万太郎《汉语被动式的历史·区域发展》（1987）在论及南方方言里被动标志是从动词"给予"来的时举赣语（高安方言）的"hou^{3a}"为例。颜森（1982）报道了高安（老屋周家）话的被动标记"讨"。吴慧颖（1990）多次提及高安方言选择问的连接标记"啊"与近代汉语"VP$_1$ 也 VP$_2$"的关系问题。专门研究高安方言语法的仅有零散的几篇，如童芳华（2013）对程度副词的研究，曹跃香、李文洁（2019）对动量词"到"的探讨。此外，聂有才（2019）对高安方言的语缀"子、仔、哩"做了研究，认为三者不仅可以做名词标记，还可以附在其他成分后面。该文从量范畴的角度探讨了三者的互补功能。

可见，高安方言语法方面的研究薄弱，缺乏系统的研究。作者认为高安方言语法有自己的特色，很多现象需要仔细对比、深入挖掘才能彰显出来。本书试以高安太阳话的语法为研究对象，较为系统地描写其语缀、重叠、代词、体貌、程度、"得"字句、比较句、处置句、被动句、双宾句和疑问句等词法和句法方面的特点，以冀填补高安方言语法研究的空白，为汉语方言语法研究提供新的语料，深入汉语语法的研究。

1.1.2.3　高安方言语音系统

高安（太阳）方言音系简列如下。

（一）声母

江西高安太阳话共有 23 个声母，包括零声母在内。

p 帮把八布	pʰ 破怕步别	m 麻莫墨妹	f 飞肥回灰
t 多打答担	tʰ 地提跳毯	l 来老南难	
ts 崽载早爪	tsʰ 次草床抄	s 思四生省	
tʂ 知纸照中	tʂʰ 车赵出传	ʂ 是书声船	ʐ 任忍热入
tɕ 急几精节	tɕʰ 取七钱谢姓	ȵ 娘泥软女	ɕ 西细欺桥
k 个过国根	kʰ 可口开刻	ŋ 岸挨饿牙	h 河合邓桃
∅ 余武爷盐			

声母说明：

（1）高安太阳话的 [h] 比普通话的 h [x] 发音更靠后。

（2）n、l 声母不区别意义，主要念 l。例外的有表示敬称的第二人称代词"恁"声母读 n，此处未单独设立一个声母。

（3）普通话的声母为 [n] 的字，韵母为开口呼，在太阳话中声母读 [l]；韵母为齐齿呼、撮口呼的字在太阳话中声母为 [ȵ]。

（4）∅ 有 [∅]、[j]、[w] 三个变体。[∅] 出现在开口呼前，[j] 出现在齐齿呼前，[w] 出现在合口呼前。

(二) 韵母

高安太阳话共有 55 个韵母，包括自成音节的m̩、ŋ̍在内。其中开尾韵母 12 个，元音尾韵母 11 个，鼻音尾韵母 13 个，塞音尾韵母 17 个。

ɿ 知是池	i 体取女	u 布树四师
a 家华遮	ia 姐夜写	ua 挖瓜夸
ɛ 扯撕	□tsɜ⁵⁵ 抓、挠	iɛ 锯去挤
uɛ □uɛ⁵⁵ 大声叫唤	□ɜu³⁵ 蛔虫	
ɔ 哥我多	ɔi 啄靴茄	uɔ 窝郭禾
ai 街排鞋	uai 怪快歪	
ɛi 背袋赛	uɛi 会煨	
au 亩斗袄	iau 要表扣	
ɜu 走		
əu 昼抽丑	iəu 油柳酒	uəi 对退最
ui 贵亏伟		
aŋ 班办踭	iaŋ 饼清星	uaŋ 弯横梗
ɛŋ 等半展	iɛŋ 烟根全	uɛŋ 碗官宽
əŋ 称神真	iŋ 拼兵敬	
ɔŋ 干汉江	iɔŋ 元娘将	uɔŋ 王黄光
uŋ 东同分	iuŋ 龙松用	
at 八发答	iat 辖侠峡	uat 刮袜滑
ɛt 北泼色	iɛt 铁聂叶	uɛt 活国阔
ɔt 脱割瞌	iɔt 缺血月	
ʅt 直职十	it 笔鼻蜜	ut 秃卒出
aʔ 伯白客	iaʔ 锡脊迹	
ɔʔ 博桌学	iɔʔ 约脚削	
iuʔ 六绿足	uʔ 屋榖哭	
m̩ 姆	ŋ̍ 尔五	

韵母说明：

（1）高安太阳话中的［ui］与［uəi］的主要元音不同，［ui］的音值近似于［wi］，［kui］的音值如［kʷi］。这里为了减少声母的数量而记为［ui］。

(2) 喉塞音韵尾 [ʔ] 已不明显，在实际交流中有逐渐消失的倾向，但它们的调值与 [t] 尾入声字相同。

(3) ɔ 的实际音值舌位略高，介于 o 与 ɔ 之间。

(4) 鼻音韵尾 n、ŋ 音位不对立。

(三) 声调

太阳话声调有 6 个：

调类	调值	例字
阴平	55	班抛眯花刀天拉高枯虾
阳平	35	牌麻华台兰崖梁陈神情
上声	42	把打李古口好老走伞耳
阴去	13	拜片妹放爱浪盖对唱汉
阳去	21	办卖坏电练念静近厚愿
入声	3	急得割月北拍客锡桌屋

1.2 研究内容和方法

1.2.1 研究内容

本书研究的是笔者的母语——江西高安（太阳）方言的语法现象，主要选取较有方言特色的几个方面进行描写。文章主要内容包括语缀、重叠、体貌、代词、程度、"得"字句、比较句、处置句、被动句、双宾句和疑问句，涉及词法和句法两个方面。

1.2.2 研究方法

本书基于邢福义先生"小句中枢""句管控"理论，从"表""里""值"三方面入手研究高安方言语法现象，以期多角度、更全面地考察方言事实。

邢福义先生（1995）认为小句是最小的具有表述性和独立性的语法单位，小句在由七种语法实体（语素、词、短语、小句、复句、句群、句子语气）所构成的汉语语法系统中，处于中枢地位。"句管控"指句法机制对各种语法因素的管控作用（邢福义，2001）。"小句中枢""句管控"理论是统一的，正如邢先生所言："研究汉语语法，必须以小句为中轴，以句法机制为重点，注重观察句法规则对各种语法因素的管控作用"（邢福义，2000）。汉语方言的研究亦是如此，词语不入句，很多现象无从谈起，也难以观察整个语言面貌。比如，高安方言的"得"，不放在小句里考察，无法考察它的语法功能和语法意义。还有一些语法单位在不同的小句里，词汇化程度不一，而且意义也不相同。例如"做得"，在"箇个生意做得"里是"值得做"的意思，词语的凝固程度不那么高；而在"不来也做得，我俚会搞正来不来也可以，我们会搞定"里是"行，没关系"的意思，词语凝固程度显然要高得多，已经词汇化为动词。某些语缀也可能受到小句的制约。如"三箱仔"的"仔"可能附在不同的语法单位上，可以附在实语素"箱"后面构成名词"箱仔"，这时的"三箱仔"应切分为"三/箱仔"；也可以附在数量结构"三箱"后面，"仔"表示主观小量。究竟附在何种成分上，要看具体的入句情况。

邢福义先生（1990）提出的"两个三角"（"表—里—值"小三角和"普—方—古"大三角）的研究方法，其动态、立体的视角对汉语研究很有启发意义，影响深远。限于笔者的水平，本书重在"普—方"对比，探讨高安方言的语表形式、语里意义和语用价值，对于"上看汉语"（立足于现代汉语，看所研究的现象在古代汉语里有什么样的表现）只能做到偶尔涉及。对于一些特殊的语法现象，也从跨方言的角度进行论证。

1.3 本书相关说明

1.3.1 语料的来源

本书语料来自笔者的调查，调查地点是高安市太阳镇，以太阳镇太阳村、火田村和杨家村为主。获取方法有：①随谈录音。包括日常生活聊天、民间故事、谚语等。②专项调查。以刘丹青《汉语方言语法调查问卷》（2017）作为调查材料进行调查。③笔者的母语。笔者进入大学后才离开高安，离开后也一直与家人保持密切联系，几乎每周都有通话，对母语的运用相当熟练。对不清楚的地方都会向家乡长辈求证。

1.3.2 发音合作人（见表 1-1）

表 1-1　　　　　　　　　　本书发音合作人

姓名	性别	年龄	文化程度
聂元算	男	65	高中
李通花	女	60	初中
罗基英	女	81	小学
李文飞	男	51	小学
谌海军	男	54	小学
丁文娟	女	36	大学
邓洪亮	男	35	大学
杨　平	男	42	初中

1.3.3 常用方言词

文中常用方言词语在此作一说明，便于区分。

渠 [tɕiɛ⁵⁵] 第三人称代词单数。

尔 [n̩⁵⁵] 第二人称代词"你"。

哩 [li⁰] 后缀。①相当于"儿"或"子"尾，如：桌哩、桃哩。②附在形容性语素后相当于"（儿）的"，如：长长哩、好好哩。

哩 [li⁰] 语气词，相当于"呢"。

俚 [li⁰] 复数人称后缀，如：我俚、尔俚、渠俚。

里 [li⁴²] 指示代词，相当于普通话的"这、这么"，所指位置比"箇"更近。表示方位时，读轻声 [li⁰]，不能单独成词，只能作为后缀使用。

箇 [kɔ²¹] 相当于指示代词"这、这么"。

该 [kɔi¹³] "箇一"的合音。

個 [kɔ¹³] 量词"个"。

个 [kɔ⁰] 相当于结构助词"的"，如：我个书我的书、喫个吃的。

之 [tsʅ⁰] 附在动词、形容词后，相当于"了1"，如：喫之饭、红之。

咯 [kɔʔ³] 附在动词后，也相当于"了1"，用于未然句，如：喫咯饭着吃了饭再说、莫打烂咯别打烂了。

喫［ɕiaʔ³］动词"吃"。

等［tɛŋ⁴²］①动词。等待，如：等下渠——等一下他。②动词。理睬，跟谁一般见识，如：莫等渠，省得渠一身个劲。③介词。相当于"跟、为（替、给）、像"，如：我等尔话我跟你说、姐姐等我买之一双鞋哩姐姐给我买了一双鞋、等疯子样个跟疯子似的、等冇喫过来样个像没吃过似的。

还正［hai³⁵ tʂaŋ⁰］时间副词。相当于"才"，如：尔还正来呀？你才来呀？

齐整［tɕʰi³⁵ tʂaŋ⁰］形容词。漂亮。

伶俐［liaŋ³⁵li⁰］形容词。干净。

掟［tiaŋ¹³］动词。扔。

1.3.4 本书的特殊体例

①本书标音一律采用国际音标，音标外加方括号"［ ］"。音节的调值用数字表示，标在音节的右上方，轻声音节的调值用数字"0"表示，如"花生［fa⁵⁵sɛŋ⁰］"。

②方言文字不特意考求本字，一般采用通行的形式书写。同音字用下划浪线"﹏﹏"表示。

③方言语料中需要注释的随文加释或翻译成普通话，用小号字标记。

④例句前有"＊"表示该说法不成立。

⑤例句前有"△"表示该例句为方言谚语。

第 2 章　语缀

本章探讨高安方言的语缀。吕叔湘（1979：19）认为"语缀"这一名称比"词缀"较好，因为有些虚语素不限于构词，也可以加在短语的前边或后边。高安话里的"子""仔"虚语素等即是如此，不仅可以用来构词，也可以附在数量、指量等短语的后面。因此，笔者也认为采用"语缀"这个名称较为妥当。汪国胜（1993）指出语缀的定性通常依据两个标准：其一，语缀是一种虚语素，表示抽象的语法意义，标明词的语法功能；其二，语缀是一种定位语素，或居词头（前缀），或接词尾（后缀），或嵌词中（中缀）。本章的语缀包括典型的语缀和位置固定，但意义还未完全虚化的类语缀。高安方言的语缀，包括前缀、后缀和中缀。总的特点是后缀相当发达，前缀和中缀数量较少。

2.1　前缀

高安方言的前缀按所其构成词的词性分，包括名词前缀、动词前缀和形容词词缀。名词前缀主要有"老""小""初""第""大"等。其中"小""初""第"等前缀与普通话无太大差别，下面只介绍名词前缀"老""大"。动词前缀不很发达，有类前缀"发""开"等。形容词前缀是"匕""喷""溜"等构成状态形容词的前置虚语素，笔者称之为特殊的前缀。

2.1.1　老

（一）前缀"老"最活跃的用法就是附在单音节姓氏前面，称呼年长且较熟悉的人。例如：

老徐｜老聂｜老李｜老张｜老王｜老陈

（二）加在"大、几"和"二"至"十"的前边表示排行。例如：

老大｜老三｜老六｜老八｜老几

（三）一些亲属称谓用前缀"老"，但能产性不高。例如：

老弟弟弟｜老表｜老公｜老婆

这里的"老"不能类推，比如有"老弟"一词，但没有"老姐、老妹"之类的说法；"老兄"一词也只用于社会称谓，不表示亲属称谓。还有一些词语中的"老"起初与年老义有关，但现在只用来表示亲切、尊敬意味，如"老爷1［ia^{35}］父亲、老娘母亲"等。

（四）用于构成亲属称谓之外的表人名词。如：

老师｜老板｜老乡｜老百姓｜老爷2［ia^0］一是指要别人伺候的权贵；二是祭祀用语，指祖宗、神灵。｜老同称呼与自己同名的人｜老己家伙｜老座

（五）加在极少数表示动物的名语素前边：老鼠｜老虎。口语里"老鼠"一定要加前缀"老"，"老虎"可以不加，"虎"可以单说。

2.1.2 大

高安话里的"大"［hai^{21}］可用于构成亲属称谓名词。例如：

大伯父兄｜大妈大伯的妻子｜大娘母亲的姐姐｜大爷大娘的丈夫｜大舅妻兄

前缀"大"的构词能力不强，不能类推。这里的"大"并非表示排行最大。以"大伯"为例，凡兄弟中年长于父亲者皆可用此称呼。高安话里这个"大"的意义和功能对应于其他赣方言的"霞""轪""贺"。陈昌仪（1991：350）认为赣语里"霞"的本字是"阿"，"轪""贺"的本字是"大"。按照这一观点，高安话的"大"也应当算作前缀。

2.1.3 发

动词前缀"发""开"虽未完全虚化，但实际意义已很难道出，起码可以算是类词缀。"发"位于动词性和形容词性语素的前面构成动词，这时"发"的意义也有一定的虚化，不完全等同于"发生、产生"义，有动作、状态的开始意味，但意义比较抽象。这些词一般表示不可控的行为。例如：

发疯｜发癫｜发蝉犯傻｜发哭｜发呆｜发□［tsʰɛŋ¹³］婴幼儿因身体不适而吵闹｜发燥身体燥热｜发烧｜发霉｜发□［ɕiŋ⁵⁵］眩晕｜发躁心理急躁｜发跃乖戾、不听话

"发"构成的词意义都不等于"发生、产生"，意义比较虚，用来标明动词词性，而且位于词头，笔者认为至少可看作动词的类前缀。

普通话的"发"也符合语缀的特点，而且构词能力较强，如《现代汉语词典》（第7版）里具备语缀特征的词有"发飙、发困、发狂、发贱、发急、发慌、发花、发酸、发抖、发呆、发怵、发呆、发痴、发颤、发蒙、发热、发傻、发售"等。事实上，吴中伟主编的《〈当代中文〉教师手册》（2004：141）就把"发"当作前缀，认为"发"用来"构成动词或离合词"，"多指不愉快的情况"。O. 郭特立波（1991）认为现代汉语里用词缀"发""开"构成的动词可以表示动作的开始。

2.1.4 开

"开"加在动词性语素前边仍然构成动词，表示开始做出某个行为或产生某种状态。例如：

开趋迅速地跑｜开踔迅速地走或跑｜开飙｜开溜｜开流迅速流开｜开抢｜开□［uɛ⁵⁵］向外大声喊叫

高安方言的"开V"里的语素"开"居于词头位置，而且意义已经虚化，语义重心偏向于后面的动语素V，而且有时"开V"可以直接说V，如"看得渠就（开）趋"，说明"开"的意义较虚；有时"开"不能省略，是为了保持音节、韵律的协调性。如"细伢仔喫东西硬开抢——"里语素"开"一般不能省，但在一定语境下，依然可以只说V，如"细伢仔喫东西硬抢样个"。

普通话"开V"类词语进入词典的很多，语言生活中"开"构词能力更强，数量庞大。O. 郭特立波（1991）则把"开"看成表示动作开始的词缀。孙琴（2015）认为"开"可能成为一个新的"语用化"类词缀。

2.1.5 特殊的形容词前缀

湘语、赣语、客家话等方言都存在大量的 XA 式状态形容词，其中

A 是单音节形容性语素；X 是个单音节语素，大多意义比较空灵，主要用来加深 A 的程度，且多数有音无字或本字不明，学界一般把 X 定性为词缀或近于词缀的成分（如汪国胜，1994；龚娜，2011 等）。高安方言作为赣方言的次方言，也存在大量的 XA 式状态形容词。我们也把这里的 X 看成前缀。根据 X 的表义虚实程度，可分为两类：

A：铁紧｜雪白｜冰冷｜血红｜墨黑｜飞滚｜飘轻｜焦干

B：□［pɔʔ³］硬｜□［pʰiɛ⁵⁵］腥｜喷香｜□［miŋ⁵⁵］甜｜□［ŋaŋ⁵⁵］苦｜□［sɔ⁵⁵］辣｜□［sɛŋ³⁵］黄｜□［lɛŋ⁵⁵］粗｜□［ʐtʰ³］薄｜□［tʰɛŋ³⁵］厚｜□［tat³］直｜□［laŋ²¹］光光线很亮｜□［tsʰɛŋ⁵⁵］光事物表面很光滑｜□［liɛ³⁵］长｜□［tiŋ¹³］圆｜□［pʰa⁵⁵］臊｜□［sɔ⁵⁵］干｜□［kʰiɛ⁵⁵］湿

A 类词中的 X 一般都能写出本字，进入 XA 格式前有比较具体的词汇意义，与 B 类词相比，更具有形象性。不过，与江西吴城方言（肖萍，2008）类似，高安方言的这类词，在人们的语感中更重在表达程度，而不太关注形象描绘。就现代汉语普通话的"雪白、冰凉、通红"等状态形容词来说，朱德熙（1956）也认为"前一音节已丧失了原来的意义，近于前加成分的性质"。更为有力的证据是，A 类词的 X 容易发生音变，有些要变调（同时还伴随变韵），如"血"单说念［ɕiɔt³］，"血红"的"血"要念［ɕiɔ⁵⁵］；"墨"单说念［mɛt³］，"墨黑"的"墨"要念［mɛ⁵⁵］。有些本调是高调的，要念成另一个高调，"冰"单说念［piŋ⁵⁵］，"冰冷"的"冰"须念成［piŋ³⁵］等。这些音变的共同特征就是都变成了高调，这是因为高调更显强调，更偏重于加深程度（汪国胜，1994）。

B 类词的 X 意义都已虚化。大多本字不明，语源不清。有些虽考出本字，但意义基本虚化，不能独立使用，只能黏附在单音节形容词性词根 A 前面，起到增强 A 的程度的作用，意义也是相当于"很 A"或"A 得很"。

不过，就词缀的组合能力看，这些词缀很多只能跟固定的某个单音节形容性词根结合，能跟两个以上词根组合的有"溜、墨、匕、喷、□［tʰɛt³］、□［ʐt³］、□［kʰiɛ²¹］"等。例如：

溜：溜圆｜溜滑｜溜软

墨：墨乌｜墨黑｜墨暗

乜：乜软｜乜烂

喷：喷香｜喷臭

□ [tʰɛt³]：□ [tʰɛt³] 壮｜□ [tʰɛt³] 重

□ [ɕɛt³]：~薄｜~软

□ [liɛ³⁵]：~长｜~□ [maŋ⁴²] 长、高

□ [kʰiɛ⁵⁵]：~湿｜~流

有些单音节形容词性词根 A 可以与不同的 X 组合，意义相差不大，如"溜软、乜软、□ [ɕɛt³] 软；□ [pɔʔ³] 硬、□ [paŋ⁵⁵] 硬、□ [taŋ⁵⁵] 硬；□ [tʰɛt³] 壮、□ [lut³] 壮"等，有些词根 A 有多义性，因而与不同的 X 组合，意义相差较大，如"□ [laŋ²¹] 光"形容光线很亮，而"□ [tsʰɛŋ⁵⁵] 光"形容事物的表面很光滑。

XA 式形容词都不能单独运用，必须后附"个"构成"XA 个"形式才能做句法成分。"XA 个"在句中常做定语、谓语和补语。

做定语：

（1）该只崽哩穿之一件□ [tʰɔ⁵⁵] 红个褂仔。这个男孩穿了一件通红的上衣。

（2）要飞滚个水才泡得开。要滚烫的水才能泡开。

（3）姑俚送之一只□ [tʰɛt³] 壮个猪仔来之。姑姑家送来了一头很壮实的小猪。

做谓语：

（4）姐姐买得个枣哩□ [miŋ⁵⁵] 甜个。姐姐买的枣很甜。

（5）新修得个马路□ [tat³] 直个。新修的马路笔直的。

（6）里只间里□ [laŋ²¹] 光个，日里不着开灯。这间房间很亮，白天不用开灯。

做补语：

（7）箇条路冇修几久就压得乜烂个。这条路没修多久就被压得稀巴烂。

（8）谷要晒得□ [tʰaŋ⁵⁵] 膪个才好。稻谷要晒得很脆才好。

（9）许只妹仔长得□ [liɛ³⁵] 长个。那个女孩长得很高。

"XA 个"也可做主语和宾语，用来指称它所描写的事物。相对来说，做宾语的能力较弱。做主语：

(10) 公公要喫乜软个东西，□［taŋ⁵⁵］硬个渠喫不烂。爷爷要吃软的食物，很硬的他嚼不烂。

(11) 箇紧鱼仔我不要，急活个冇几只。这些鱼我不要，活蹦乱跳的没几条。

(12) 帮我挌几只鸡来，□［kʰaŋ³⁵］瘦个就莫拿得来。帮我捉几只鸡来，特别瘦的就别拿来了。

做宾语：

(13) 香蕉莫买乜软个，留不得几久。香蕉别买很软的那种，不然放不了多久。

(14) 箇紧这些李子□［ia⁴²］一下□［tɕiu³⁵］酸个，喫不得，我要喫□［miŋ⁵⁵］甜个。

2.2 后缀

高安方言的后缀数量特别丰富。主要的后缀有"子、仔、哩、公、婆、牯、鬼、头、脑、场、鬼、客、佬、翻、人、□［ŋa⁰］、个、得"等。其中"子、仔、哩"是最为常见的后缀。

2.2.1 子、仔、哩①

高安方言的后缀比较丰富，其中构词能力最强的是"子、仔、哩"，这些语缀不限于做名词标记，还有其他的功能，而且有不同的分工。"子、仔"尾主要表主观小量，二者又有不同的分布；"哩"尾表主观大量。

2.2.1.1 子

高安话里做后缀的"子"读轻声，无实在意义，主要功能是做名词标记和附在某些结构后表示主观小量。名词方面，"子"尾的词较少。主观小量方面，在不同的结构中可以表数量少、程度轻以及动量小等语法意义。

（一）"子"尾的作用主要是构成名词。"子"尾的词相对较少，能产性低。能用"子"尾的都不能说成"仔"尾或"哩"尾。例如：

---

① 本部分内容发表在《华中学术》2019 年第 2 期，这里有细微改动。

A. 床子｜毯子｜馆子｜稗子｜腰子｜样子｜笔子｜辫子｜面子｜筷子｜毽子｜位子｜金子｜银子｜牌子｜链子｜笛子｜糖子糖果｜柑子｜李子｜桔子｜橙子

B. 包子｜钉子｜起子｜扣子｜吸子｜软子｜败子败家子｜骗子

C. □［maŋ⁴²］子长得高的人｜矮子｜瞎子｜眯子｜拐子｜瘸子｜麻子｜疯子｜辣子非常厉害的人

以上三类都只能带"子"尾构成名词，去掉"子"后要么不成词，要么意义改变。A类去掉"子"后不成词，是名词性语素；B类是表物或表人名词，去掉"子"后是动词；C类用来转指具有某一特征的人。去掉"子"尾后是形容词。

（二）"子"附在数量结构（主要是约量结构）后，表示说话人主观上认为数量小。可以分成下面几种情况。

A. 两斤子｜两日子｜两個子｜两块子｜两把子｜两只子｜两下子｜两转次子

B. 两斤子｜三斤子｜五两子｜八米子｜四升子｜六钱子

C. 两三只子｜三四米子｜五六岁子｜七八斤子｜十盈岁子｜二三十個子

D. 個把子｜两重量单位把子｜斤把子｜转次把子｜岁把子｜米把子

E. 十盈只子｜一百多個子｜二十几岁子

A类是"两数词+量词+子"格式，这里的"两"不是确量，而是约量。这种约量结构后加"子"尾，表示约数少量，或者说"概数主观小量"（陈小荷，1997）。B类是"单个数词+量词+子"格式，表示估约，同时带有主观小量意味。这种结构的数词是确数，量词读轻声，而且范围有很大限制，主要是度量衡单位。比如"八米"是客观量，"八米子"是指八米左右，在说话人看来略嫌少，是主观量。A、B类的"两斤子"在书面上形式相同，意义上略有差别，A类的"两"是约数，"两斤"不一定就是两斤，也可能三斤、四斤，但不管多少斤，加上"子"缀后主观上都觉得少，重在强调小量。B类的"两"是确数，加"子"尾后的格式偏重表估量，大致两斤，不会超过三斤。但这两种结构在话语中语音的区分是很明显的，量词分别读原调和轻声。C、D、E类是表概数的词加"子"尾。C类是相邻两数组合的约量结构。不加"子",表示概数,实际数量可以大,也可以小,但若加"子",则表示这种大致数量比较小。D 类是"量词 + 把 + 子"形式,也是表示数量不大。在高安话中,这里的"子"不能去掉。E 类"数词 + 盈/多/几 + 量"表示量多,加"子"则表示主观量小。例如:"十几岁人还不懂事啦"是说"十几岁"数量大,而"十几岁子人晓得什哩哦"是说"十几岁"年纪还小。需要注意的是,C、E 类的量词,以及 D 类的"把"一般都读轻声。

(三)"箇""许"修饰形容词,表示程度,相当于普通话的"这么""那么"。"子"附在"箇/许 + 形容词"后,表示程度轻。其中形容词可以为单音节,也可以为双音节。例如:

单音节形容词:箇重子|许长子|箇热子|许远子|箇久子|许宽子|箇多子|许细子

双音节形容词:箇喫价厉害子|许齐整漂亮子|箇伶俐干净子|许攒劲努力子

下面举例对比。

(15) A. 箇重(个东西)也拿得起啊?这么重(的东西)都拿得起啊?

B. 箇重子(个东西)也拿不起啊?这么点重(的东西)都拿不起啊?

(16) A. 你女箇喫价啦!你女儿这么厉害啊!

B. 你女箇喫价子嘞!你女儿也就这么点本事!

(15) A 中说话人认为东西很重,(15) B 则认为东西很轻。(16) A 是夸赞的口吻,称赞对方女儿很厉害,(16) B 则认为对方的女儿不那么厉害,带有轻蔑的意味。可见,这种"子"尾是表示主观小量,只不过这里的"量"是程度而已。值得注意的是,这里的形容词(不管单音节还是双音节),都要求是非贬义的。这种结构要使用贬义形容词,必须在前面加否定副词"冇",如"冇箇丑凶恶子""冇许懒子""冇箇邋遢子",表示"丑""懒""邋遢"的程度极高。

(四)"子"附在单音形容词重叠形式后边,构成"AA 子",相当于普通话的"AA 儿(的)"。例如:

瘦瘦子|矮矮子|短短子|狭狭窄窄子|细细子|轻轻子|慢慢子

"AA 子"可以做不同的语法成分。可以修饰名词做定语,但要加结构助词"个",如"短短子个棍仔、矮矮子个棚仔"等;修饰动词做状语,如"慢慢子喫、轻轻子放"等;放在动词后做补语,如"切得细细子、舞弄得狭狭子"等。

"AA 子"中的 A 倾向于有标记形容词,谢留文(1991)称其为表示消极意义的形容词,与之相反的无标记形容词(积极意义的形容词),一般构成"AA 哩"式(下文讨论)。或许消极意义也可以看成一种小量。

(五)"子"附在单音动词重叠形式后构成"VV 子",表动作的随意或短暂。如"话话子_{随意说说}""嬉嬉子_{随便玩玩}";还可以两项动词连在一起,"表示动作的交替进行"(汪国胜,1993),如"哭哭子,笑笑子"表示一会儿哭,一会儿笑。也可表轻松意味,如"听听子歌,看看子书"等。这些都可以看成动作的小量。

2.2.1.2 仔

(一)高安话里"儿子"的意义用"崽 [tsɛi⁴²]",其轻声弱化形式我们用"仔 [tsɛ⁰]"来表示。"仔"尾在高安话里是典型的名词词尾,能产性很强。词尾"仔"的功能主要是做名词标记,不少带"仔"尾的词语又有小称作用。例如:

A. 杯仔｜簿仔｜池仔｜鸽仔｜铳仔｜褡仔｜袜仔｜仓仔｜席仔｜镜仔｜镰仔｜瓠仔｜调仔｜杈仔｜钳仔｜燕仔｜妹仔｜叔仔｜舅仔｜姨仔｜姑仔｜孙仔｜背褡仔｜麻爵仔｜奸鸟仔｜手镜仔｜耳环仔

B. 车仔｜刀仔｜鸡仔｜扇仔｜鱼仔｜尺仔｜羊仔｜牛仔｜狗仔｜猪仔｜屋仔｜炉仔｜盘仔｜船仔｜交椅仔｜眼镜仔｜屌头仔｜崽种仔｜牙刷仔｜骚牯仔

A 类不能去掉"仔"尾,去掉"仔"尾后要么不能单说,如"杯仔、簿仔、池仔、铳仔、褡仔、耳环仔"等;要么意义改变,如"妹仔"是指女孩,去掉"仔"则是妹妹的意思。B 类去掉"仔"后能单说,加"仔"后有小称意义,也即加不加"仔"有通称和小称之别,如"牛"是通称,"牛仔"是小牛的意思。"刀"是通称,"刀仔"则指小刀,尤指削铅笔的小刀。以上 A、B 两类或构词,或表小称,都只能用"仔"尾,不能用其他词尾。

(二)但有些词语既可加"仔"尾,又可带"哩"尾,带"仔"

尾有指小作用，带"哩"尾则有指大意味。比较：

桌仔小桌子——桌哩大的八仙桌

桶仔小桶子——桶哩大的水桶、木桶

鸡婆仔小母鸡——鸡婆哩大母鸡，老母鸡

（三）"子"附在约量结构后表概数主观小量，而"仔"也可以附在"数量结构"后面，但表示的是确数主观小量。例如：

三斤仔｜五只仔｜六条仔｜一把仔｜两件仔｜三岁仔

"三斤仔"意思是"只有三斤"，主观认为量小。比较：

（17）A. 小张钓之三斤鱼。小张钓了三斤鱼。

B. 小张钓之三斤仔鱼。小张才钓了三斤鱼。

（17A）句是客观描述"三斤鱼"，（17B）句基本意义也是"三斤鱼"，但主观上嫌数量少，说话人带有轻蔑、不满意情感。

有意思的是，在高安话里，有些量词借自名词，而这些名词有的可以带"仔"尾，因此有些"数+量+仔"形式成了歧义结构，有两种切分：一种是"数+［名+仔］"，另一种是"［数+量］+仔"。以"三箱仔"为例，可以切分为：

A. 三［箱仔］：这一结构"箱仔"整体为名词，借用作量词。该只是客观描述三箱东西，对数量不作主观评价。

B. ［三箱］仔：这种结构就是通过"仔"尾对"三箱"整体数量进行评价，表示数量少，某样东西只有三箱。

这两种切分在语音方面有明显的分别，主要体现在量词（名词）的轻重上，A结构里的名词念原调，B结构里的量词要念轻声。

2.2.1.3　哩

"哩"尾也是高安话里典型的词尾之一，其作用主要有二：其一，做名词标记；其二，构成形容词重叠式"AA哩"。

（一）做名词标记

1）高安话里有些附加式名词只能是"哩"尾。例如：

A. 崽哩男孩｜蝇哩苍蝇｜豆哩黄豆｜梨哩｜桃哩｜柚哩｜枣哩｜茄哩｜帐哩｜顶哩顶针｜磨哩｜梗哩植物的茎｜星哩星星｜气哩气味｜园哩菜园｜雹哩冰雹｜屑哩碎渣

B. 拐脚哩瘸子｜眯眼哩

C. 腈肉哩瘦肉｜肥肉哩｜草药哩｜草坪哩｜结巴哩｜哑巴哩｜缠人虫哩

这些词都不能用"子"或"仔"尾进行替换。A 组去掉后不成词或不单说。B 组是表示某种特征的人，去掉"哩"后变成短语，意义也发生改变。这类词比较少。C 组去掉"哩"尾能成词也不改变基本意义，但习惯上还是要带上语缀"哩"。

2）有些"X 哩"尾的词也有"X 仔"尾，但二者语法意义不同。例如：

板哩/仔｜梳哩/仔｜桌哩/仔｜带哩/仔｜袋哩/仔｜帽哩/仔｜凳哩/仔｜鸭哩/仔｜鹅哩/仔｜鸡公哩/仔｜鸡婆哩/仔｜绳哩/仔｜袄哩/仔｜鞋哩/仔｜裤哩/仔｜桌哩/仔｜竹哩/仔｜棍哩/仔｜篮哩/仔｜刨哩/仔｜轿哩/仔｜箪哩/仔｜巷哩/仔｜罐哩/仔｜叶哩/仔｜鸟哩/仔｜篓哩/仔｜篾哩/仔｜圳哩/仔｜塘哩/仔

这些带"哩"尾和"仔"尾的词，基本意义相同。不过正如前文所述，"仔"尾具有小称作用；带"哩"尾的词所指事物倾向于比"仔"尾大，"哩"除了做名词标记，同时兼有指大意味。

"哩"尾和"仔"尾有时还有区别意义的作用。比较：

饼哩糍粑——饼仔饼干

巾哩毛巾——巾仔手绢

3）位于重叠形式后构成名词。有些名词性、量词性、动词性和形容词性语素等不能重叠，但带上"哩"尾后可以重叠，构成名词的生动形式。例如：

A. 瓶瓶哩｜罐罐哩｜棍棍哩｜影影哩影子｜子子哩豆状脓疱｜筋筋哩｜屑屑哩｜脚脚哩残渣｜毛毛哩｜水水哩液体状的东西

B. 块块哩｜条条哩｜包包哩

C. 盖盖哩｜罩罩哩｜架架哩｜凭凭哩倚靠的东西、靠山

D. 尖尖哩物体尖锐的部分｜弯弯哩弯儿

（二）构成形容词重叠式"AA哩"

与"子"类似，"哩"也可以附在单音形容词重叠形式后构成"AA哩"式，所不同的是"AA哩"中的A往往是无标记形容词，意义往往是与"AA子"相反。"AA哩"表示程度的加深。例如：

壮胖壮哩｜高高哩｜长长哩｜宽宽哩｜粗粗哩｜重重哩｜快快哩｜深深哩｜好好哩｜死死哩

这类形容词有些也可以说成"AA子"，但说话人主观认为A程度不是那么深。如"长长哩"表示很长，程度高，而"长长子"则表示有点儿长，程度较低。这也证明了"子"表主观小量范畴，而"哩"表主观大量范畴。

从功能上看，"AA哩"可以做状语，如"快快哩走、重重哩打"；也常做补语，如"长得壮壮哩、堆得高高哩、把门关得死死哩"；做定语通常要加"个"，如"长长哩个人、高高哩个楼房"。

2.2.1.4 "子、仔、哩"尾之间的关系

"子、仔、哩"是高安方言中非常重要的后缀，三者都可以做名词标记。除此之外，又有各自的特点，其分布呈互补关系，如表2-1所示。

表2-1　　　　　　　　"子、仔、哩"尾之间的关系

意义、功能＼条件	子	仔	哩
名词词尾	名词标记		
	部分表蔑称意义	小称标记	指大意味
数量结构后	概数主观小量	确数主观小量	
约量结构后			
"箇/许+形容词"后	程度低		
重叠形容词后	程度低		程度高
重叠动词后	动量小		
量范畴	主观小量		主观大量

总体来说，三者都表达了一种主观量范畴，有各自的分工。从跨语

言（方言）的角度看，"子、仔、崽"都属于"子"系后缀，高安方言的"子、仔"尾都是主观小量标记，但二者有着不同的分布和功能。"仔"附在名语素后构成名词，表示小称意义；附在数量结构后表确数主观小量。"子"除构成一般名词外，还可附在谓词性语素后表示消极意义名词；附在数量结构和约量结构后表概数主观小量，附在"箇/许+形容词"和重叠形容词AA后，表示程度低。"哩"则与前二者相反，整体上表主观大量。做名词词尾时可以有指大作用，"AA哩"结构表程度重。因此，高安方言的"子、仔"尾和"哩"尾都是主观量表达手段，分别指主观小量和主观大量。

2.2.1.5 讨论

汉语广泛使用的名词后缀有"子、头、儿、囝"四种（李如龙，2005），它们都有表小指爱的功能，或者说属于小称范畴。小称范畴在汉语（包括普通话和方言）中是已经入库的，因为在汉语中有专门的形式手段来表达"小"的意义（郭中，2018）。汉语中小称的标记手段主要有儿化或"儿"缀、"子"（崽、仔）缀、"囝"缀、重叠、音变，等等（刘丹青，2013；郭中，2018）。小称范畴在语义和功能上都具有扩张性，可以扩张到量范畴。高安（太阳）方言的"仔""子"主要功能是做小称标记或表主观小量。需要探讨是，高安（太阳）方言乃至赣方言具有特色的"哩"（包括"里、俚、伲、立"等书写形式）的来源是什么？高安（太阳）话的"哩"为什么会有指大意义和主观大量作用？

关于"哩"的来源，学界也有不少讨论。李如龙（2005）认为赣语的"哩、嘚、伲"和客家的"呃、咧"可能都是"子"尾，但不十分确定。庄初升（2021）论证了包括"哩"在内的多个名词后缀都来源于儿子义"崽"的语义虚化和语音弱化，而"崽"又源于"子"。颜森（1989）认为黎川方言的"伲"字本字应为"儿"字，但没有详细论证。蒋冀聘（2004）认为湖南沅陵乡话的词缀"立"来自赣方言的"伲"，而"伲"又来自北方话的"儿"。张民权（2012）从音韵学的角度进行论证，明确指出赣语的"伲"尾就是"儿"尾。我们认为，从高安（太阳）话的"子、仔、哩"后缀的分布和不同功能来看，"仔"尾是"崽"虚化的结果，"哩"尾更可能来源于"儿"尾。高安话里"哩""仔"尾很多情况下可以附在同一语素后，如"板哩/板仔、梳哩/梳仔、桌哩/桌仔"等，但意义不同，后者表小称，前者表示相对较大的事物。不管哪种意见，都表明赣语的"哩"都来源于表小孩意义的"儿"或"子"，再发展为小称标记。

那么小称如何发展为指大意义（甚至大称范畴）和主观大量范畴呢？小称范畴具有显赫性，在不同的语言里面，小称范畴可以扩展到不同的语义语用功能范畴。或许郭中（2018）在前人研究的基础上概括的小称范畴的显赫扩张地图能给我们提供一定的启发。高安（太阳）话的"子、仔"和"哩"的语义和用法可能沿着两条不同的路径发展。"子、仔"的用法主要朝着小量或少量方向扩展；而"哩"则朝"小孩→小→部分格→大量→大称/强化"这一方向扩展。当然，"这些扩展用法之间，不一定是连续的，可能存在跳跃性"（郭中，2018）。高安（太阳）话"哩"缀从"小孩"义朝"大量""大称"方向的演变就是跳跃性的。

从已有的研究来看，世界上的语言中由小称范畴扩展为大称、大量范畴的较少。颜森（1989）明确提到黎川方言的"仔尾有时可能指较大的事物，而儿尾一般指较小的事物"。只不过高安（太阳）方言是仔尾指较小的事物，哩（儿）尾一般指较大的事物，与之刚好相反。谢留文（1991）分析了"讲、狠、几"加形容词带"子、里"尾的结构，认为"子、里"尾分别表示说话人认为程度轻、程度重。李善熙（2003）则指出"子、里"尾分别表主观小量和表主观大量。不过，这一扩展线索，还需要更多、更深入的语言研究进行论证。

2.2.2 公

后缀"公"的作用主要是附在名语素和形语素后边构成名词。

（一）后缀"公"可以构成表雄性动物的词，但是高安方言的这类词比较少，只有"鸡公、狗公"，而且"鸡公"在口语里要带后缀"哩/仔"才能说。

（二）大部分带"公"缀的词表示带有某些不好的特征的人（多指男性）。例如：

蠢公 傻子｜刁公｜色公 好色的男性｜鸭公 男妓｜聋公 聋子，不限于男性

（三）也有的指某一种人，不分男女，如"斋公"指不吃荤菜的人。

（四）有些表示人的器官或其他事物。例如：

鼻公鼻子｜尾公植物的末端｜汈公一口气潜水叫一个~｜雷公｜虾公｜银鮘公

2.2.3 婆

后缀"婆"的作用主要是构成动物名词或人物名词。

（一）带后缀"婆"的词一般用来表示雌性动物。例如：

鸡婆｜鸭婆｜猪婆｜牛婆｜狗婆

这些词可以加上后缀"哩"或"仔"。有的添加后会增加义项，如"鸭婆哩"除有"母鸭"的意义外，还可以指旧俗结婚的伴婆（伴娘）。

（二）有的以"婆"为后缀的词，一般要带上后缀"哩"或"仔"，表示具有某些特征的女性，多含贬义。如：

蠢婆哩/仔｜蝉婆哩｜膪婆（哩）指牙尖嘴利的女性｜疯婆哩/仔

（三）也有的词语不反映雌雄、性别。例如：

虱婆虱子｜蛩婆蟑螂｜闲事婆喜欢管闲事的人｜搓婆喜欢挑事的人

2.2.4 牯

"牯"后缀的词原来主要是表示雄性牲畜的词。例如：

骚牯雄性黄牛｜黄牯阉割的黄牛｜水牯雄性水牛｜猪牯（哩）公猪

单纯以"牯"为后缀的词较少，多数要再加上"哩"构成"X牯哩"后，能产性才会大大增强，而且可以用来表人或事物。

（一）表示某一类不正常或从事非正当行业的人：

□[tsa¹³]眼牯斜着眼睛看人的人｜瞎子牯哩｜贼牯哩｜强盗牯哩｜流氓牯哩

或主观上认为不太好的人，有轻蔑色彩：

兵牯哩小卒｜壮牯哩胖子｜矮牯哩｜老者牯哩老头子｜好喫牯哩好吃的人

（二）附于人名后表示蔑称。例如：

强猪牯哩｜磊猪牯哩｜华猪牯哩｜夯猪牯哩

"单音节人名+猪"本是对人的昵称，带上"牯哩"则变成蔑称。

（三）表示带有球形状而体积小这一特征的东西：

洞牯哩｜眼牯哩｜葱牯哩｜大蒜牯哩｜蕌牯哩｜膝脑牯哩膝盖｜螺丝牯哩踝｜石窝牯哩石头

2.2.5 头

实义的"头"念[hau³⁵]。做语缀时一般念轻声[hau⁰]，主要附在名语素后构成事物名词或方所名词。表示事物名词的有"芋头、禾头、斧头、盖头、钁头锄头、犁头"等。加在表方位或指代词后面构成方所名词的有"里头、外头、箇头、许头"等。有的念[tʰəu⁰]，如"蝉头傻瓜"。有的后起的新词念[tʰau⁰]：插头。

2.2.6 脑

普通话或方言里很多以"头"为后缀的词，高安方言使用"脑[lau⁰]"作为后缀①，主要是词根为名词性语素的词。例如：

日脑太阳｜骨脑｜石脑｜拳脑｜木脑｜膝脑｜钟脑｜枕脑｜砖脑｜舌脑｜指脑｜科脑科头，不戴冠帽

这类词有很多后面还可以加上后缀"牯哩"。如：

石脑牯哩｜膝脑牯哩｜拳脑牯哩｜砖脑牯哩｜科脑牯哩｜肩脑牯哩

2.2.7 场

"场"念轻声，主要附在动词性语素后，构成抽象名词，这类词普通话一般以"头"为后缀，表示有这样做的价值。如：

看场｜听场｜话场｜喫场｜噍嚼场｜去场｜争场｜嬉玩场｜□[kʰiau²¹]玩、聊天场｜做场

"X场"一般用在否定句或反问句中，做"冇/有"的宾语，例如：冇什哩喫场。｜箇个电视有什哩看场哦？

2.2.8 鬼

"鬼"附在名词性语素、形容词性语素和动词性语素后表示某一种

---

① 清江的洲上、新干的三湖也把"太阳"叫作"日脑"，见陈昌仪（1991：242）。

人，带有强烈的贬义色彩。

（一）附在名词性语素后：烟鬼｜酒鬼。

（二）附在形容词性语素或形容词后：饿鬼｜穷鬼｜独鬼｜懒鬼｜色鬼｜小气鬼｜短命鬼（哩）。

（三）附在动词性语素或词语后：哭鬼｜病鬼｜赌鬼｜跛鬼｜怕死鬼｜替死鬼。

2.2.9 客

"客"［kʰa⁰］附于实语素后用于称谓某一类人，带有贬义色彩。如：屎客｜屎客_{大便失控的人，喻指无能之人}｜嫖客｜骚客｜逗客_{喜欢打扮并炫耀的人}｜虱婆客_{头上长有很多虱子的人}｜口水客。"男人、女人"在高安话里要说成"男客人哩、女客人哩"，"客"读不送气音，无贬义色彩。

2.2.10 佬

后缀"佬"附在表示籍贯的词语后称呼外地人，通常还要加后缀"哩"：南昌佬哩｜铜鼓佬哩｜浙江佬哩｜台湾佬哩｜河南佬哩｜外国佬哩｜日本佬哩｜美国佬哩。也可以附于少数形容词和名词后，指称某类人，含贬义：好佬_{好人，多为反语}｜乡巴佬｜和事佬。

2.2.11 翻

"翻"位于双音节拟声语素后表示发出什么样的声响，具有描摹声响程度的作用。"翻"附在拟声语素后构成的整体在句中主要做补语。例如：

（18）渠俚他们两个人笑得哈哈翻。

（19）我硬忍得咕咕翻。

（20）箇只家伙打门打得空空翻。

（21）外头个鼓打得咚咚翻，快去看一下什哩事。

（22）细伢仔小孩喫面喫得哒哒翻。

2.2.12 □［ŋa⁰］

（一）"□［ŋa⁰］"附在某些实语素后构成表频率的副词，能产性较低。例如：净□[ŋa⁰]常常｜时□[ŋa⁰]时时｜日□[ŋa⁰]天天，每天｜先□[ŋa⁰]之前，刚才。

（二）也可以构成时间名词：今□[ŋa⁰]今天。高安太阳话的这一说法不能类推。但高安城区话除"今□[ŋa⁰]"外，还有"明□[ŋa⁰]明天、后□[ŋa⁰]后天"的说法，规律性较强。

（三）还可以附在一些单音节程度副词后，起强调程度的作用：太□[ŋa⁰]｜伤□[ŋa⁰]十分、非常｜真□[ŋa⁰]。此外，还有副词"正□[ŋa⁰]倒、倒是、向□[ŋa⁰]干脆"。

2.2.13 里

"里[li⁰]"主要附在表物名词和时间名词后构成表示方所和时间的名词。具体功能如下。

（一）附在表物名词后，构成方所名词，相当于普通话的"……里"：屋里家里；村里｜家里｜心里｜手里｜背里后面｜豚里里面｜咀巴里嘴巴里｜镬里｜间里房间里｜厅下里｜学里学校｜教室里｜罐子里｜圳子里水沟里。如果表物名词本身带有同音的后缀"哩"，则不能再用"里"表方所，而应改用"嗲[tɛ⁰]"，如：罐哩嗲罐子里｜圳哩嗲水沟里｜塘哩嗲池塘里｜桶哩嗲桶子里。可见，一般名词后缀"哩"可能与表方所的"里"有联系。

（二）表示地方行政组织，相当于现在的村名。例如：园里｜湾里｜泉塘里｜模里｜石库里｜油榨里｜江坑里｜徐聂里。"里"前为单音节的，现在自然村名直接加"村"，如"园里村"；"里"前为双音节的，要么改"里"为"村"，如"泉塘村"，要么改为别的名称。

（三）附在时间名词后，仍表示时间：日里白天｜夜里｜冷天里｜春天里｜正月里｜四五月里｜初七八里。

2.2.14 俚

"俚"作为后缀，可以有表示"家"的意义、人称复数、修饰亲属称谓和表人名词做领属性定语、表示亲属关系等功能。

（一）表示"家"的意义，不能独立使用，必须粘附在单数人称代词、亲属称谓词和表人名词后面，构成表物名词：我俚我家｜尔俚你家

（合音是"你"）｜渠俚他家｜姑姑俚｜母舅俚｜小张俚｜老师俚｜同学俚｜明日来我俚喫昼饭_{明天来我家吃中饭}｜姐姐在姑姑俚做客。

（二）附在单数称代词后面，表示人称的复数：我俚_{我们，排除式}｜尔俚_{你们}（合音也是"你"）｜渠俚_{他们}。高安方言的"俚"不同于普通话的"们"，不能附在表人名词后表示复数，只能表示"家"的意义（如上所述）。

（三）附在单数人称代词后面，一起修饰亲属称谓词和其他表人名词，表示领属，相当于普通话的"的"。或者说复数人称代词做领格，表单数意义。例如：我俚姆妈｜渠俚爷_{父亲}｜尔俚/你老弟｜渠俚家婆｜我俚明明｜我俚同学｜渠俚战友｜尔俚/你老板。如果代词单数修饰的是一般名词，则不能用"俚"，只能用"个"：我个书｜尔个箱仔｜渠个东西。如果代词是复数或说"X家"意义的"X俚"，则还要加助词"个"：我俚个花生｜渠俚个牛。"俚"前的"X"也可以是表人名词，这时仍要加"个"表领属：外婆俚个鸡蛋_{外婆家的鸡蛋}｜小田俚个衣裳_{小田家的衣服}。

（四）附在表亲属关系的并列名词后面，表示这些词语之间的关系：爷崽俚｜娘女俚｜兄弟俚｜姊妹俚｜姑嫂俚｜叔伯母俚_{妯娌关系}｜姨父度俚_{连襟关系}。但是没有"公孙俚、婆孙俚"这样的说法。这类词语可以不用"俚"而用数词直接修饰，这时表示的是具有某种关系的几个人：两爷崽｜三娘女｜两婆孙｜四兄弟｜五姊妹。

2.2.15 个

高安方言的"个"大致相当于普通话的"的"（包括状语标记的"地"）。现代汉语教材一般把"的"看成结构助词（语气词暂不讨论）。不过，朱德熙（1982）把"的"分成副词后缀、状态形容词后缀和助词（构成"的"字结构）。这从词语内部的结合程度来说很有见地。高安方言甚至很多赣方言的"个"构成的一些表人和表物名词与普通话的"的"字结构还不太一样，从构词角度看，结构要凝固一些，而且这些词一般不在"个"后加中心语[1]：打铁个_{铁匠}｜作田个_{农民}｜剃

---

[1] 实际上，《现代汉语词典》（第七版）也收录了一些以"的"为后缀的词。名词：跑堂儿的｜掌柜的｜当家的｜屋里的｜好样儿的；形容词：够受的｜够瞧的；助词：似的｜什么的；等等。

头个理发师｜做生意个｜杀猪个｜教书个｜补伞个｜打杂个｜缝衣裳个｜过路个｜鬼打个｜天收个｜打短命个｜耿个整的｜零个｜嬉个玩具｜喫个｜用个。还有的构成副词：真个｜当真个。另外，像"雪白、飘轻、乜软"之类的 XA 式状态形容词也必须后附"个"才能自由运用。

除构成一些较凝固的词外，"个"的语法功能主要有：

（一）作为定语的标志，中心语是名词性词语。

①定语和中心语之间是领属关系：我个书包｜渠俚个花生｜方伢仔俚个地｜叔叔个鞋哩｜杯仔个盖盖哩杯子的盖儿｜学里个老师｜背上个痣。但如果定语是单数人称代词或表人名词且中心语是亲属称谓词或与说话人有关系的表人名词、机构名词时，一般不用"个"，而用"俚"：渠俚崽｜小红俚老弟｜我俚同学。除非特别强调领属才用"个"：渠个崽是他的儿子，不是别人的儿子。

②定语和中心语之间是一般的修饰关系。定语可以是形容词、名词、代词、动词及各类短语。

定语是形容词：

a. 一般形容词：长个棍仔｜绿个褂子｜简单个问题｜伶俐个被窝干净的被子。

b. AA 式形容词。这类词要在 AA 形式后附"子"或"哩"才能做定语：长长哩个竹竿｜短短子个棍子｜大大哩个苹果｜细细子个绳仔｜圆圆哩个西瓜。

c. AABB 式形容词：齐齐整整漂漂亮亮个妹仔｜伶伶俐俐干干净净个地板｜结结赖赖特别麻烦个人。

d. XA 式形容词：喷香个菜｜□［pʰiɛ⁵⁵］腥个鱼仔｜□［tat³］直个路｜□［ɡɛt³］薄个纸｜□［lɛŋ⁵⁵］粗个绳哩｜冰冷个手｜飞滚个水｜焦干个路。

e. X 咕 XA 式形容词：乜咕乜烂个南瓜｜□［tat³］咕□［tat³］直个路｜□［tʰɛŋ³⁵］咕□［tʰɛŋ³⁵］厚个袄哩｜冰咕冰冷个水。

f. 程度副词＋形容词：蛮远个路｜蛮听话个细人子。还有变式"蛮咕蛮 A"：蛮咕蛮远个路｜蛮咕蛮喫价个崽。

g. X 人式形容词：烦人个事｜辣人个菜｜挤人个车。

h. 其他形容词：赖败死之个东西很脏的东西｜累煞人哩个事累死人的活儿。

定语是名词：木脑哩个凳仔｜竹哩个交椅｜化学_{塑料}个勺仔｜昨日个饭｜左边个路｜镬里个汤｜桌子上个书｜树上个鸟哩。

定语是代词：渠个名声｜箇垯_{这里}个田地｜哪垯_{哪里}个棉花。

定语是动词：喫个水｜卖个菜｜洗脚个桶哩｜暎牛个崽哩｜读书个地方。当定语表示获得的方式、原因时，要在动词（限单音节动词）后加"得"，一般用于过去或已经发生的事件：买得个苹果_{买的苹果}｜租得个屋_{租的房子}｜□[tsɛŋ⁴²]得个疤_{摔跤造成的伤疤}｜踩得个迹哩_{踩出的痕迹}。

定语是各类短语：我俚婆婆个袄哩_{我奶奶的棉袄}｜昨日买得个米_{昨天买的米}｜我把渠个糖子哩_{我给他的糖果}｜赊得老胡个肥料_{从老胡那里赊来的米}｜送得把渠个裤哩_{送给他的裤子}｜放得桌子上个杯仔_{放在桌上的杯子}｜打猪草个钩仔｜尔同块渠个工钱_{你和他的工钱}。

当然，定语加"个"本身也可以构成名词性结构，指代上文提及或说话双方知晓的人和事物，可以单说：红个｜长长哩个｜麻人个｜竹哩个｜我个｜撑伞个｜卖个｜捡得个｜喂猪个｜放得床上个。

（二）在某些动宾短语中间插入代词或指人名词（N）和"个"构成"VN个O"式，可分为以下几种情况。

①"N"是动作支配的对象，是述宾结构VO的受事：寻渠个眉眼_{找他的麻烦}｜开小王个玩笑｜发哪什个气_{生谁的气}｜告强伢仔个状｜□[lu⁵⁵]骗渠个洋盘_{糊弄他}｜作尔个蝾。

②"N"与主语相同，是动作的施事，表示N只管做自己的事，不要参与其他无关的事：（尔）喫尔个饭，冇头脑个事不要尔管_{你吃你的饭，乱七八糟的事情不要你管}｜睏尔个觉，我俚会搞正来，不着要尔劳_{睡你的觉，我们会处理好，不用你操心}。

③在某些习语里，主语不出现，"N"只能是代词"尔、渠"，表示施事：打尔个乱话_{常规语序为"尔打乱话"，意为"你胡说八道"}｜打渠个乱话。

（三）用于"V+时量+个+O"结构，与时量构成伪定语，其中的"个"可以去掉，但加上"个"起强调时量长的作用：读之三年个书，连字都不会写｜打之六年个工，冇落到一分钱_{打了十年的工，没存到一分钱}｜教之二十年个书，什哩学生冇见过。如果强调时量少，"个"要去掉或换成"子"，而且句子一般有表示量少的词语限制：通么也就读之三年子书，怎会认得箇多字呢总共也就读了三年书，怎么会认识这么多字呢。

（四）用在谓语动词后面，强调已发生的动作的主体、时间、地点和方式等：渠拿个钱他付的钱｜我俚姆妈昨日洗个被窝｜在山上睏个觉｜我趴进来个。一般不能直接强调宾语，没有普通话"回来坐的飞机"对应的说法。像"坐飞机来个坐飞机来的"之类强调的是整个方式"坐飞机"。如果要强调宾语，还要在动宾短语间插入"得"：坐得飞机来个｜开得车去个｜挑得谷来个。

（五）"个"用于句末，表示一定的语气。A. 上文第（四）如果"个"后无宾语，"个"像个语气词，除表示强调外，也表示已然：渠拿个｜昨日洗个｜坐车来个｜我从许边走个。B. 表示在任何条件下都会或不会发生的一种肯定：渠不得来个他不会来的｜反正要去个，不如早毛子去。｜横直要驮骂个，我向□［ŋa⁰］扯毛子凑反正要挨骂的，我干脆再扯一点。

（六）用在状语后面，谓词性中心语前面：相当个好｜特别个伶俐｜大胆个做｜飞快个走｜死命个喊拼命地喊｜里里外外个扫一遍。当状语是 AA 式形容词或副词时，要加后缀"哩"或"子"，一般不再加"个"：好好哩话｜快快哩走｜深深哩挖｜慢慢子喫｜偷偷子拿。一些名词性的"X 个"也能做状语：生个喫生吃｜活个埋活埋。

（七）"X 个"（X 是被附成分）还能做主语：我拣两斤辣椒，烂之个我不要｜卖东西个过来之，尔要买什哩么；做宾语：喫东西莫喫太□［ŋa⁰］酸之个，会酸倒咯牙齿吃东西不要吃太酸的，容易酸倒你牙齿｜枣哩要拣红个买；做谓语：里只尔个，许只渠个｜箇张桌子杉木哩个｜里本书同学送得个。如果是形容词加"个"做谓语，限于 XA 式形容词及其变式 X 咕 XA，其他形容词不加"个"就能做谓语：外头个花喷香个｜里条路乜咕乜烂个。还能做补语，也限于 XA 式形容词及其变式 X 咕 XA：镬里个水烧得飞滚个｜去外婆俚个许条路修得□［tat³］咕□［tat³］直个去外婆家的那条路修得笔直笔直的。

2.2.16 人

高安话里念轻声的"人"附在形容词性语素、动词性语素和名词性语素后构成感受类形容词（本书统称"X 人"式形容词）。这种感受多是超过人的承受能力或心理预期的,因此,主要反映的是"说话者对某事物的消极评价"(刘小川,2017)。

2.2.16.1 "X人"式形容词的结构特点

"X人"的"X",从音节来看,只能是单音节的实语素,不能是双音节或多音节的。从"X"的性质来看,以形容词性语素和动词性语素居多,少数为名词性语素。这里的语素绝大多数都是成词语素,去掉后缀"人"可以独立成词。有的"X"不独立成词,而且本字不明,不好判断词性,我们将其归为其他类。

(一)X为形容词性语素:冷人|热人|辣人|麻人|痛人|痒人|累人|愁人|烦人|躁人|滑人|吵人|干人口渴|胀人|急人|闷人|涪人使人感觉冰冷

(二)X为动词性语素:吹人|晒人|烧人|笑人|咬人药水、盐等刺激皮肤、伤口而产生的疼痛感|劳人|撑人吃得太饱而产生的不适感;说话喜欢顶撞人|气人|挤人|硬[ŋaŋ]^{13}人触着凸起的硬物觉得不舒服|□[tuʔ]^{3}人因针刺扎进身体而感觉难受|磨人|□[iŋ]^{21}人因抓挠身体敏感部位而产生痒的感觉|怄人|炕人|吓人|割人|隁人因摩擦、接触粗糙物体而产生的不适感|跺人小孩子过分调皮给人带来的烦躁感|缠人|哽人|□[hat]^{3}人因与高温物体接触而觉得烫|呛人|结人

(三)X为名词性语素:烟人|冰人|汁人|油人油腻感

(四)X为其他语素:掩人感觉羞愧、丢脸|触人尿、药等产生的刺激性气味使鼻子难受

形容词"X人"的"人",其语音形式必须是轻声,否则"X人"要么不成立,要么是个短语,而不是词。以"吓人"为例,如果念[haʔ^3 ŋin^{35}],是动宾短语,与"打人、□[so^{35}]人骗人"等结构相同;如果念轻声[haʔ^3 ŋin^0],则是形容词。从语义上看,"人"的意义已经虚化为后缀。

关于"X人"的性质,一般认为"X人"是一种自感结构(胡双宝,1984;项梦冰,1997:320—324;罗昕如,2006),而且限于表示说话人的某种不愉悦的感受,如没有"香人、爽人"等说法。"X"具有非自主性,"人"具有无指性,二者结合紧密,为其词汇化提供了有利条件。(夏俐萍,2016)高安方言的"X人"相对来说,内部结合比

较紧密，已经词汇化为形容词。与性质形容词一样，能够受程度副词"蛮、相当"和其他表程度的词语（如"有毛子、一忽都不_一点儿都不_"等）修饰。

"X人"式形容词一般不能扩展，只能插入表程度的词语"煞（杀）"，后面习惯上还要加个后缀"哩"①。例如：气煞人（哩）｜烟煞人（哩）｜急煞人（哩）。"X煞人哩"的"人"不念轻声，要念本调。可见，"X人"也经历了一个短语词汇化的过程。而且"X人"虽然数量不少，但其实是个封闭的类。它不能随意类推，汉语方言里有各自的约定性。比如高安方言有"辣人、麻人"，但没有"酸人、苦人"。但是在"X煞人哩"结构里，"X"的范围却要大得多，很多自感式"X人"不成立的说法，却可以进入"X煞人哩"结构。例如：

*酸人——酸煞人哩　　*苦人——苦煞人哩
*臭人——臭煞人哩　　*搞人——搞煞人哩

由于"煞"表程度很高，"X煞人哩"结构不能再受表程度的成分修饰。

2.2.16.2　"X人"式形容词的语法功能

从组合功能看，"X人"式形容词能受表程度的词语修饰，例如：有毛子热人｜蛮吓人｜伤烦人之_太烦人了_｜好累人｜一忽都不挤人。

从做句法成分能力看，"X人"式形容词主要做谓语、定语和补语。

做谓语如：

（23）里垯_这里_热人，许垯_那里_冷人。

（24）箇個药有毛子咬人。

（25）灶下_厨房_蛮呛人。

做定语如：

（26）渠要喫辣人个菜。

（27）该只烧人个碗莫掇得来。_这只很烫的碗别端过来。_

（28）坐之一张蛮挤人个车。_坐了一辆很挤的车。_

做补语如：

---

① 如果不加后缀"哩"，当"X"为动词时，"X煞人"可能是自感词"X人"的扩展式；也可能是动宾短语，"煞"不表程度，而是实义的"死亡"意义。如"吓煞人"可以是两歧结构，但"吓煞人哩"只能是前者。

（29）箇只菜舞得蛮辣人。

（30）昨日夜里喫得蛮撑人。

（31）里个天，吹风扇吹得冷人。

"X 人"在指称化后也可以做主语和宾语，转指的一般要加助词"个"。

做主语如：

（32）辣人不要紧，只要好喫就行。

（33）麻人个也不怕，我喫过来。

做宾语如：

（34）箇只细伢仔蛮喫价厉害，唔怕痛人。

（35）等给我拿瓶水，我要蛮冰人个。

2.2.17 得

高安方言非动词的"得"（一般念轻声）语法功能比普通话多得多，比如，作为构词后缀，用作结构助词、动态助词、副词、语气词和介词等，相同的结构形式在不同的语境下可能意义差别很大。这里只介绍作为词尾的"得"：

记得｜觉得｜晓得｜认得认识｜听得听见,听到｜看得看见｜省得免得｜喜得幸亏、幸好｜好得好在、幸好｜舍得｜懒得｜见得让人觉得｜显得｜值得｜要得｜闲得有空

2.3 中缀

高安方言的中缀比前缀还少，主要是"里、咕、啊、似"四个，其中除"咕、似"有一定的能产性外，其余构词能力都较弱。

2.3.1 里

"里"主要嵌在双音节名词、形容词里，形成"A 里 AB"格式，构成表消极意义的形容词。AB 是名词的：蠢里蠢气｜蝉里蝉气｜鬼里鬼气｜邪里邪气；AB 是形容词的：小里小气｜糊里糊涂｜古里古怪｜啰里啰唆也说啰里八唆｜邋里邋遢｜撒里撒脱；AB 不成词或方言里不怎么

说的：流里流气｜妖里妖气｜土里土气｜蛮里蛮气｜木里木触｜逞里逞气形容男性爱打扮、炫耀。少部分"A 里 AB"或"A 里 BC"式是拟声词：叽里咕噜｜噫里□［uɛ55］嘟大声呼喊、吵闹的声音。

这类词语能做谓语、补语、定语，少数能做状语。

做谓语：

(36) 箇只崽哩邪里邪气，紧到搞乱，话都话不张。这个男孩子太淘气了，一直搞乱，怎么说也不听。

(37) 渠许個人啰哩啰唆，一毛子事紧话得。他那个人太啰唆了，一点儿小事情说个没完没了。

做补语：

(38) 去做客也穿得土里土气，不怕掩人啦？去做客也穿得土里土气，不嫌丢人吗？

(39) 肚哩早就饿得叽里咕噜。肚子早就饿得叽里咕噜了。

做定语：

(40) 世间上冇看过箇蠢里蠢气个人来。世界上没见过这么傻气的人。

(41) 邋里邋遢个妹仔冇哪什欢迎。邋里邋遢的女孩子没人喜欢。

少数后附"个"能做状语：

(42) 莫蠢里蠢气个话！别傻里傻气地说！

2.3.2 咕

(一)"咕"用于 XA 式形容词的变式"X 咕 XA"。例如：

铁咕铁紧｜雪咕雪白｜喷咕喷香｜□［pɔʔ3］咕□［pɔʔ3］硬｜溜咕溜滑｜□［thɛt3］咕□［thɛt3］重｜□［sɛŋ35］咕□［sɛŋ35］黄｜□［sɔ55］咕□［sɔ55］干｜飘咕飘轻｜揪咕揪韧｜□［liɛ35］咕□［liɛ35］长｜□［pha55］咕□［pha55］膁

"X 咕 XA"形容词比 XA 式形容词表达的程度更深，不能受程度副词修饰。与 XA 式形容词一样，也必须加后附成分"个"才能自由运用。"X 咕 XA 个"在句中能够充当谓语、定语和补语，有时也能充当主语和宾语。功能与"XA 个"类似，此处不赘述。

(二)"咕"还可以构成一些四字词语"X 咕 AB"的中缀，其中的 AB 多是形容词，"X 咕 AB"词语也有程度很深之意。例如：

作咕认真非常认真｜作咕正经｜肃咕冷静｜正咕理道正儿八经、理所当然｜墨咕漆黑

2.3.3 啊

高安方言的"啊"置于同一类型意义相关的两个名词之间，构成并列结构，意义相当于"A 和 B"，但结构比短语更凝固一些，像是一个词。太阳话里这类词比较少，主要有：娘啊爷｜兄啊弟｜公啊婆。这类词不能类推，也不能调换顺序，如不能说"爷啊娘、弟啊兄"。这种"A 啊 B"式在城关话较多，A、B 可以是名词，也可以是动词和形容词：娘啊爷｜兄啊弟｜鸡啊鸭｜接啊送｜长啊短｜红啊白。①

"啊"也可用在重叠的单音节动词中间，构成"V 啊 V"式，表示动作的反复进行，同时表达说话者对这种反复行为的厌烦情绪。这种格式常用于否定句或反问句：莫到箇址挤啊挤，去背里排队别在这里挤啊挤的，到后面排队去｜就只晓得笑啊笑，又不话什哩｜哭啊哭，哭什哩东西｜紧到话啊话，有什哩好话得—直说来说去，有什么好说的。

高安方言这种在某些词语中表并列关系的"啊"，用于句中就进一步语法化为选择问句和正反问句的标记，相当于"A 或/还是 B""A 还是不/冇 A"意义。不管是选择问句还是正反问句，"啊"前后的问项之间的语势过渡较为紧密，中间没有明显停顿。这个"啊"也不像是一般的语气词，因为句末还可以加上语气词"啊、哦、啰"等。

选择问句，例如：

（43）尔要喫粉啊喫面啰？你想吃粉还是吃面呢？

（44）坐车啊走路去外婆俚哦？坐车还是走路去外婆家呢？

（45）劈瓜仔要喫生个啊熟个啊？黄瓜要吃生的还是熟的啊？

（46）尔俚去高安啦南昌？你们要去高安还是南昌？

用于正反问句，常用"A 啊不/冇 A"格式，"A 啊冇 A"可省略为"A 啊冇"，"A 啊不 A"却不可以省略成"A 啊不"。如：

（47）你外公来之啊冇来？你外公来了没？

（48）老师话得个尔听得之啊冇？老师说的你听到了没？

---

① 见高安市志编纂委员会编《高安市志（1986—2006）》，2009 年版，第 987 页。

（49）我想去看戏，尔去啊不去？我想去看戏，你去不去？

如果 A 是动宾短语、中补短语，否定问项的宾语、补语可省去。例如：

（50）不早来之，去屋里啊不去啊？时间不早了，回家不回啊？

2.3.4 似

"似"嵌在单音节数词或量词的重叠形式之间形成"A 似 A"格式，意思是快要达到某个数量或某个数量多一点。不管多少，在说话人看来数量已经很多了，表示概数主观大量。

数词限于百及以上位数词，例如：百似百｜千似千｜万似万｜里样子去外头做事也有百似百块钱一日现在去外面打工也有一百多块钱一天｜收成好个话，一年卖得万似万斤谷收成好的话，一年也能卖上万斤稻谷。

量词一般是易于度量的名量词，例如：個似個｜斤似斤｜两似两｜升似升｜尺似尺｜米似米｜丈似丈｜年似年｜日似日。还有一些是借自名词的量词：桶似桶｜袋似袋｜车似车｜碗似碗｜箱似箱｜盒似盒。动量词也能进入这种"A 似 A"格式，例如：转次似转｜下似下。

"A 似 A"在句法中主要做定语，如果 A 是数词，可以直接修饰名词，也可以加量词后修饰名词：千似千（斤）谷｜万似万块钱｜個似個月｜米似米长｜丈似丈高｜升似升米｜碗似碗饭｜箱似箱苹果。或者所修饰的中心语不出现，直接代指这种名词性词语，这时"A 似 A"可以做宾语。例如：

（51）去之一转医院，花之我千似千。去了一趟医院，花了我一千多块钱。

（52）箇只细伢仔蛮打得饭，一餐要喫碗似碗。这个小孩很能吃米饭，一顿要吃一大碗。

（53）里只鱼仔起码有斤似斤。这条鱼起码有一斤多。

语境允许的情况下，也能做主语，比如在名词性谓语句里，谓语含有"每一"的意义：

（54）米似米一根。

（55）万似万一個月。

这种句子语序颠倒一下，"A 似 A"就能单独做谓语：

（56）一根米似米。

(57) 一個月万似万。

在对比情况下也能做谓语：

(58) 细个鱼仔两把子，大个斤似斤。小的鱼一两多点重，大的有一斤多。

2.4 小结

本章描述了高安方言的语缀，包括前缀、后缀和中缀。前缀数量较少，主要有"老、小、第、初"等名词前缀（没有普通话的前缀"阿"），"发、开"等动词类前缀以及特殊的状态形容词前缀。后缀比较发达，本章列举了"哩、仔、子、公、婆、牯、头、脑、场、鬼、客、佬、翻、口〔ŋa⁰〕、里、俚、个、人、得"等后缀，其中大部分是名词前缀，"人"是自感形容词后缀，"得"是动词后缀。"哩、仔、子"是最广泛也是颇具方言特色的后缀，本章着重探讨了它们的分布情况。这三个后缀都可以做名词标记，"哩"有指大意味，"仔"是小称标记。此外，三者在其他的功能上也成互补关系。"仔"除做小称标记外，还附在数量结构后表确数主观小量。"子"不做小称标记，但附在约量结构后表概数主观小量，附在"箇/许 + 形容词"和重叠形容词 AA 后，表示程度轻。"哩"则与前二者相反，在形容词"AA 哩"式表程度加重的语法意义，整体上表主观大量。中缀主要有"里、咕、啊、似"等。

第 3 章　重叠

重叠是一种重要的构词和构形手段。重叠可以实现多种语法功能，可以构造语素、构造复合词、构造新词形、构造新的句法结构以及表达"疑问"范畴（徐杰，2009）。高安方言的重叠式很有自己的特色，其形式和意义都不同于普通话和其他汉语方言。本章主要探讨高安方言名词、形容词、量词、动词和副词的重叠形式及其语法意义和语法功能。为了较为全面地考察高安方言中重叠的各种形式和意义，本章对重叠式采用较为宽松的标准，把具有某类词的功能的重叠形式都纳入重叠式的范围，同时这里所说的重叠式也包括叠结式（如邢福义，1993；储泽祥，1996、2009 等）。

3.1　名词重叠

高安方言严格意义的重叠式名词跟普通话一样数量很有限，主要是亲属称谓名词和少数表人表物名词。但是，加上后缀"哩"构成的"AA 哩"式名词却数量丰富，很有方言特色。

高安方言的名词有 AA 式、AA 哩式、AA 仔式和 AABB 式等重叠形式，其中以"AA 哩"式数量最多，其余形式数量相对较少。

3.1.1　AA 式

3.1.1.1　AA 式的类别

（一）亲属称谓名词重叠式。亲属称谓的 AA 式，有的 A 是成词语素，有的 A 是不成词语素。

①A 是成词语素。例如：

公公_祖父｜婆婆_祖母｜爷爷_父亲｜叔叔｜婶婶｜姑姑｜哥哥｜姐姐｜妹妹_包括妹妹和弟弟｜姨姨_母亲的妹妹

这里的 A 有意义，能单说或本身可以成词。引称时经常使用基式 A。不过，A 前面一般要有表领属的成分。例如：

（1）许個是渠俚公。那个是他祖父。

（2）你爷去做什哩去之啊? 你父亲干吗去了？

（3）把细伢仔放得我俚妹箇𪵪。把小孩放在我妹妹这里。

亲属称谓用重叠式显得更为亲昵。有的亲属称谓词语也可以不用重叠式，比如"婶婶"可以说"婶仔"。年轻人受普通话的影响，不说"爷爷""老弟"而分别说"爸爸""弟弟"。老一辈称呼母亲叫"□□［it³ia？³］"，中青年称"姆妈"，幼小则叫"妈妈"。

②A 是不成词语素。例如：

伯伯_父兄，也称"大伯"｜太太｜母母

这类较少，其中"太太［hai¹³hai⁰］"和"母母"分别是"太婆_曾祖母"和"母舅_舅舅"的爱称。

（二）人名昵称重叠式。将人的单名重叠来称呼比自己年龄小的人，会显得尤为亲切。比如：

琴琴｜玲玲｜斌斌｜亮亮｜辉辉｜昭昭｜平平｜婷婷｜涛涛｜广广｜丽丽｜珠珠｜晶晶

（三）时间名词重叠式。带有量性质的单音节时间名词重叠表示"每一"或周遍意义。例如：

天天｜年年

谭永祥（1980）认为这些名词能表示时间的计算单位，跟量词有等同之处，既可以重叠表示"每"的意义，又能直接受数词修饰。

高安方言里能重叠的时间名词很少，没有普通话的"分分、秒秒、刻刻、时时"等说法。因为要表示"每"的意义，还有一套方法，那就是用后缀"□［ŋa⁰］"，比如"日"和"时"就不大用重叠式，而是添加后缀的方式：

日□［ŋa⁰］每日｜时□［ŋa⁰］时时、每时

不过，这种说法不能类推，能产性较低。

（四）普通名词重叠式。普通名词除儿语（如"车车、鸭鸭、碗

碗"等）外，能重叠为"AA"式的较少。能够重叠的广用语主要有：

新新_{新人、新娘}｜奶奶_{乳房}｜髦髦［mau⁵⁵mau⁵⁵］_{婴儿}｜东东_{厕所，也说}"窖哩"｜先先_{老一辈用来指先生、老师}

3.1.1.2 语音特征

AA式变调的主要是亲属称谓名词和人名昵称词语。先来看看亲属称谓名词重叠式的特点。这类词变调特点是调型为平调如阴平（调值为55）和入声（调值为3）一般不变调，如"公公、叔叔、伯伯"。其他情况通常要变调，后字变成轻声或高调，前字有些也要发生变化。

①后字变成轻声，接近于调值3。例如：

爷［ia³⁵］　　爷爷［ia¹³ia³］
婶［ʂən⁴²］　　婶婶［ʂən⁴²ʂən³］
妹［mɛi¹³］　　妹妹［mɛi¹³mɛi³］

其中"爷爷"前字也发生变调。下面将谈到"爷爷、婶婶"还有更亲密的变调读法。

②后字变为高平调，接近调值55，前字声调也发生一定的变化，变为21，同阳去调调值。例如：

婆［pʰɔ³⁵］　　婆婆［pʰɔ²¹pʰɔ⁵⁵］
哥［kɔ³⁵］　　哥哥［kɔ²¹kɔ⁵⁵］
姐［tɕia³⁵］　　姐姐［tɕia²¹tɕia⁵⁵］
姨［i³⁵］　　姨姨［i²¹i⁵⁵］
姑［ku³⁵］　　姑姑［ku²¹ku⁵⁵］

"哥、姑"本为阴平字，重叠时也发生变调，这似乎不合上面的变调规律，但它们在口语里单字都念阳平。值得注意的是，为了表达更亲密一点，"爷爷"也可以念成［ia²¹ia⁵⁵］。这样，上面几个字又很有规则：单用念作阳平的字，重叠后前字调值都变成21，后字都变成55。

③后字变为中升调35，读如阳平。例如：

母［mu⁴²］　　母母［mu⁴²mu³⁵］_{舅舅}

新派有的也跟普通话一样说"舅舅［tɕʰiəu²¹tɕʰiəu³⁵］"，但后字调值同样要变成35。另外，"婶婶"还有更为亲密的读法［ʂən⁴²ʂən³⁵］，也是前字不变调，后字读如阳平。

笔者接着考察了人名昵称重叠式的变调详细情况，发现与亲属称谓名词变调情况，完全吻合，如表 3-1 所示。

表 3-1　　　　　人名昵称重叠式变调与亲属称谓变调

调类	调值	重叠式"前字+后字"调值		
		变调	亲属称谓	人名昵称
阴平	55	55+55	公公	冰冰、微微
阳平	35	21+55	婆婆	婷婷、平平
上声	42	42+35	母母	武武、伟伟
阴去	13	13+3	妹妹	志志、汉汉
阳去	21	21+35	舅舅	丽丽、静静
入声	3	3+3	叔叔	力力、德德

综上所述，整体变调规则是大部分重叠式亲属称谓名词后字都要变为高调（包括高平调和中升调），这很符合"高调表示亲密"（朱晓农，2004）的观点。如果是一般名词，相同调类组合变调情况很不一样，后字要么变成轻声，要么不变调。比如，"花生（阴平）、牛栏（阳平）、酒鬼（上声）、屋脊（入声）"后字都读轻声，而阳去字调值本身很低，两字连读没有明显的变调。

可见，只有上面几类表示亲密义的重叠式词语才有这样的变调模式。

3.1.1.3　语法意义

AA 式除时间名词重叠式外都属于构词重叠，但也都附加一定的语义特征。亲属称谓名词、人名重叠式主要是体现亲密意义。普通名词重叠式数量极少，有的也表示小称、可爱等意义，如"新新、毽毽、东东"等。时间名词重叠式属于构形重叠，基式 A 是名词，但其重叠式却具有量词的功能，表示"每"或周遍意义。

3.1.1.4　语法功能

名词重叠式从功能上看都是名词性的，具有名词的特点。AA 式能充当主语、宾语和定语，做定语要加"个"。例如：

（4）公公八十多岁来之。爷爷八十多岁了。

（5）细人子都欢迎看新新。小孩子都喜欢看新娘。

（6）箇是丽丽个书包。这是丽丽的书包。

但是，时间名词重叠式有量词的性质，主要做状语，不做主语和宾语。如：

（7）渠年年都要去北京走一转次、趟。

3.1.2　AA 哩式

3.1.2.1　AA 哩式的类别

普通名词很少能重叠，但带上"哩"尾后不少可以重叠，构成名词的生动形式。例如：

A. 影影哩影子｜萬萬哩指"萬"字类麻将牌｜索索哩｜子子哩豆状脓疮｜筋筋哩｜毛毛哩｜水水哩液体状的东西｜皮皮哩｜根根哩｜茎茎哩｜把把哩｜灰灰哩｜粉粉哩｜珠珠哩｜肉肉哩｜囊囊哩｜坡坡哩｜冻冻哩｜罩罩哩｜牌牌哩｜尖尖哩｜冻冻哩｜夹夹哩

B. 屑屑哩垃圾｜脚脚哩残渣｜瓶瓶哩｜罐罐哩｜盖盖哩｜棍棍哩｜架架哩｜头头哩头目｜叶叶哩｜梗梗哩

A 组与 B 组表层形式上相同，但 A 组没有"A 哩"名词形式，而 B 组有"A 哩"名词形式，如"屑哩、脚哩、罐哩、架哩"，基本意义等同于"AA 哩"。

高安方言的"哩"尾与"仔"尾有时意义对立，一个指大，一个指小。B 组有的"AA 哩"，也能说成"AA 仔"，如"瓶瓶仔、罐罐仔、棍棍仔"等。A 组里却不大能这样说。

从 AA 哩的构成成分 A 的功能看，又可分为：

①A 为名语素的，例如：珠珠哩｜筋筋哩｜根根哩｜梗梗哩｜毛毛哩

②A 为动语素的，例如：盖盖哩｜罩罩哩｜□□［tɕʰiɛ⁵⁵ tɕʰiɛ⁵⁵］哩可以刺东西的尖长物体

③A 为形语素的，例如：尖尖哩物体尖锐的部分｜弯弯哩

3.1.2.2　语音特征

AA 哩式和 AA 仔式的变调都是第二个音节变为轻声。如果 A 是阳平字，那么第一个音节也发生变调，读如阴去调。请看：

基式 A 为阳平字：毛毛哩［mau¹³ mau⁰ li⁰］　皮皮哩［pʰi¹³ pʰi⁰ li⁰］瓶瓶仔［pʰiŋ¹³ pʰiŋ⁰ tsɛ⁰］

基式 A 为阴去字：棍棍哩［kuŋ¹³kuŋ⁰li⁰］　　架架哩［ka¹³ka⁰li⁰］
罐罐仔［kuaŋ¹³kuaŋ⁰tsɛ⁰］

也就是说，上面两类变调后调值模式相同。

3.1.2.3　语法意义

AA 哩式是通过重叠和附加的方式构词，是名词的生动形式，主要作用是构词。有些词语如"索索哩、水水哩、屑屑哩"等表示某一类事物或某种形状类的事物，同时含有数量多的意味。有些词如"瓶瓶哩、罐罐哩、棍棍哩"等可以表示一类东西，也可指单个的事物，能受"一＋量"修饰，可见，它们只是名词的一种生动的表达形式。有些 AA 哩式还有对应的 AA 仔式，由于"仔"缀主要表小，AA 仔式表示事物的小称意义。

3.1.2.4　语法功能

AA 哩式名词，主要充当主语和宾语，不大能做定语。例如：

（8）里种菜个叶叶哩蛮好喫。这种菜的叶子很好吃。

（9）冇看得渠个影影哩，不晓得去哪址去之。没看到他的影子，不知道去哪儿了。

有些词还能受数量词修饰。例如：

（10）快去寻一個罐罐哩来。快去找一个罐子来。

（11）拿两根棍棍哩架到箇址。拿两根棍棒架在这里。

3.1.3　AABB 式

3.1.3.1　AABB 式的语法意义

AABB 式主要是两个单音名词的叠结式。储泽祥（2009）认为："汉语的动词、形容词、量词都可以重叠，可以重叠的名词却极少。但是单音节的名词、动词、形容词、量词、数词等都可以叠结，叠结可以说是汉语重要而又颇具特色的构形手段。"叠结式的特点是单独不能重叠的名词以重叠的方式连用在一起，其基本含义是"集合性"，表示复数的意义（储泽祥，2009）。这里对重叠与叠结不作严格区分。名词的 AABB 式如：

里里外外｜前前后后｜上上下下｜间间角角｜日日夜夜｜瓶瓶罐罐｜爷爷崽崽｜崽崽女女

AABB 式通过重叠和加合的方式表示事物的集合，具有周遍性意义。这一意义表现在句法上的特征是 AABB 式词语做主语和宾语时经常有总括类副词"一下"（合音词，读［ia^{42}］）和"都"等同现，如例（12）、例（14）。

3.1.3.2　AABB 式的语法功能

AABB 式能做主语、宾语、定语，由于有些 AABB 式有一定的描摹性，所以也能做状语。表时间、方位的 AABB 式一般不做动词的宾语，主要做介词的宾语。例如：

（12）爷爷崽崽□［ia^{42}］一下喫醉之，有哪什管事。父子们都喝醉了，没谁管事。

（13）捡得瓶瓶罐罐进去。把瓶瓶罐罐都捡进去。

（14）把里里外外都扫一下。

（15）前前后后个柴屑哩都耙起来。把前前后后的柴草都耙起来。

（16）渠日日夜夜个做，不晓得累。他日日夜夜地做，不知道累。

3.2　动词重叠

高安方言里的单音动词一般不能单独重叠，即便极少数能重叠也没有普通话里表示"尝试""时量短""动量小"等语法意义。一般在儿语里动词可以重叠，代指与该动作有关的事物。例如：

喫喫吃的东西｜欶欶［sɔ^{21} sɔ^{35}］能吸的东西，一般指面条

单音节动词通常要加上后缀"子"才能重叠，构成"AA 子"或"AA 子，BB 子"格式，分别表示不同的语法意义。单纯能重叠的动词极少。

双音节动词一般不能重叠为 ABAB 式，只能重叠为 AABB 式，但这时的 AB 一般不是一个词或者说没有基式 AB，这种 AABB 重叠式实际是由两个相关或相反的动词重叠起来组合成的联合短语，其语法意义是表示动作的绵延和反复。

3.2.1　AA 式

3.2.1.1　AA 式的语法意义

高安方言里的单音节动词构成的重叠式很有限。通过仔细观察，发

现只有少数动词能构成 AA 式，如"哈欠打打"表示可以表达不停地打哈欠；"手仔反反"是指背着手的一种状态。AA 式表示动作的反复、状态的持续，是对动作、状态的一种描绘。

3.2.1.2 AA 式的语法功能

动词 AA 式的语法功能是只能做谓语，不做其他成分。例如：

（17）夜窝冇睏得够啊？哈欠打打！晚上没睡够吗？哈欠打个不停！

（18）要渠学徒，只现得渠手仔反反。要他去当学徒，只见他一直双手背着（不动手）。

3.2.2 AA 子式

3.2.2.1 AA 子式的构造特点

单音节动词可以通过重叠和附加"子"尾的方式构成 AA 子式。不是所有的动词都有 AA 子式，A 主要是具有持续性或反复性的动词，可以是及物动词和不及物动词。如：

丢丢子｜话话子｜想想子｜搞搞子｜看看子｜睨看睨子｜学学子｜嬉嬉子｜走走子

AA 子式第二个音节都要念轻声。

3.2.2.2 AA 子式的语法意义

"AA 子"式总体上来说表示时量短、动量小。具体说来可以分为：

①表示动作持续、反复的时间较为短暂。例如：

（19）电视看看子就会看清。（旧式的）电视看一会儿就会变得清晰。

（20）箇只机器眯眯子就搞得懂。这台机器弄一会儿就能搞懂。

（21）渠脾气一忽都不好，嬉嬉子就会来性。他脾气一点都不好，玩一会儿就会发脾气。

②表示动作的随意或轻而易举，有时可以加"个"。例如：

（22）渠身架大，石一袋仔谷硬丢丢子。他体形大，扛一袋子谷不在话下，随便丢。

（23）箇不是由到尔想想子个。这可不是由着你随便想想的。

③"AA 子"后面如果接宾语，一般也表示所行之事比较轻松，如例（24）。当 A 为贬义词时则表示不务正业或非长久之计，如例（25）。

（24）日口［ŋa⁰］就是钓钓子鱼仔过日子。每天就是钓钓鱼过日子。

3.2.2.3 AA 子式的语法功能

AA 子式的功能有些特别，主要做谓语、主语、宾语和定语。例如：

(25) 箇日□［ŋa⁰］就是彻彻子人阴间得过世啊？像这样天天骗骗人哪里能过一辈子呢？

(26) 我想想子还是不能箇样做。

(27) 渠不会话事，话话子就会现世。他不善言谈，说一会儿就会出丑。

(28) 踩踩子就会踩平咯。踩一会儿就会踩平。

(29) 我不是话话子个，我会做得把尔俚看。我不是随便说说的，我会做给你们看的。

(30) 箇话话子个事也有用啦？这随便说说的事情也能算数吗？

AA 子后面有时也可以带上宾语。如：

(31) 冇什哩事做，就是睐睐子牛。没什么事情做，就是放放牛。

3.2.3 AA 子，BB 子

两个单音节动词重叠加缀可以构成"AA 子，BB 子"式，A、B 主要是动作动词。例如：

哭哭子，笑笑子｜打打子，摸摸子｜喫喫子，嬉嬉子｜走走子，停停子

3.2.3.1 AA 子，BB 子式的语法意义

"AA 子，BB 子"式两项动词连在一起，"表示动作的交替进行"（汪国胜，1993），相当于"一会儿 A，一会儿 B"。例如：

(32) 往面前走得去，莫走走子，停停子。往面前走下去，别走走停停。

"AA 子，BB 子"式动词后也能加宾语，仍然表示动作的交替，多有习惯性或轻松意味。例如：

(33) 除之洗洗子衣裳，舞舞子饭，也冇什哩做得。除了洗洗衣服、做做饭，也没什么可做的。

(34) 喫喫子酒，□［tɕɕ⁴²］□［tɕɕ⁴²］子天，尔硬好似过年。喝喝酒、聊聊天，你真是好得像过年一样。

动作本身有轻松意味，但在别人看来，有时会让人产生厌烦情绪。例如：

(35) 不晓得帮一下大人，日□［ŋa⁰］就是打打子扑克，搓搓子麻将混日子。不知道帮帮父母，只知道每天打打牌、搓搓麻将混日子。

(36) 捞捞子耳朵，眯眯子指爪，看得都胀人。掏掏耳朵，弄弄指甲，看着都恶心。

3.2.3.2 AA子，BB子式的语法功能

"AA子，BB子"式本身具有动词性而且相当于两个连续的小句。例如：

(37) 尔还等细人子样，哭哭子，笑笑子。你怎么跟小孩子一样，一会儿哭，一会儿笑。

(38) 跺跺子，哭哭子，硬吵得人死！一会儿调皮捣蛋，一会儿又哭，真是吵死人了！

也能整体充当谓语。例如：

(39) 细伢仔就是箇样，不慰慰帖帖喫饭，老是喫喫子，嬉嬉子。小孩子就是这样，不认认真真吃饭，老是吃一会儿，玩一会儿。

"AA子，BB子"式动词后也能分别加宾语。例如：

(40) 看看子书，听听子歌，日子过得蛮闲悠。看一会儿书，听一会儿歌，日子过得很清闲。

3.2.4 AABB式

3.2.4.1 AABB式的语法意义

动词的重叠式AABB一般没有基式AB，AA或BB本身也只有在并列时才能重叠，并列的词从意念上说多半有一定的联系，或是反义词，或是近义词。这种重叠的意思是形容反复多次的动作行为（范方莲，1964）。李珊（2003：207—211）认为动词AABB的语法意义是表示动作的绵延和反复，语用上起到生动化的效果。

高安方言的AABB式动词主要是叠结的方式构成，只有少数是AB的重叠。例如：

A. 上上下下｜进进出出｜趴趴跺跺｜挑挑拣拣｜吵吵闹闹｜哭哭啼啼｜指指点点｜驳驳辩辩｜溜溜缩缩｜覗覗相相｜眯眯摸摸｜眯眯跺跺｜涂涂揭揭｜摩摩摸摸｜记记惦惦一直惦记着｜佝佝缩缩｜丢丢揭扔、丢揭

B. 戳戳骂骂｜□□[ti⁵⁵ti⁰]｜□□[tɕ⁵⁵tɕ⁰]啰里啰唆｜劳劳碌碌｜装装弓弓准备｜七七踔踔到处跑来跑去｜拨拨间[gaŋ¹³]间

A组没有基式。B组有基式，AB是一个词。不管哪一种格式都表

示动作的绵延和反复。B 组是 AB 本身就是一个行为，重叠式是这一行为的反复；A 组其实有两种情况，一种是 A 与 B 是反义关系（如"上上下下、进进出出"），A 与 B 两个行为可以分割。另一种是近义关系（如"挑挑拣拣、吵吵闹闹、哭哭啼啼"），A 与 B 一般不能分割。范方莲（1964）早已认识到，像 A 组 AB 是反义关系的格式"与其看成甲甲+乙乙的并列，倒不如看成甲乙的重叠式，如'上上下下'不一定是'上上'+'下下'，也可能是'上下'+'上下'"。但是对于 AB 是同义关系的没有具体说明是以何种方式反复。刘云（2009）主要从"有界""无界"的概念来解释双音节词重叠的类型。刘文认为"有界"的双音节词以 ABAB 的方式重叠，"无界"的双音节词以 AABB 的方式重叠。像"说笑"这类动词是"无界"的，"哭哭啼啼"这类主要是受了双音节动词 AB 的重叠方式的影响类化而来的，"哭啼"这类词可以虚拟为双音节词，同样是"无界"的。这两种观点虽然侧重点不同，但都把"AB"看成一个整体或均质的东西。李珊（2003）从绵延与反复的角度作了区分。相同或相近的成分构成的 AABB 多表示的绵延义突出一些，相反或相对的成分构成的 AABB 表示的反复义突出一些。

动词 AABB 重叠式很多用来描述人或事物的状态，具有形容词性特征。比如，"摩摩摸摸"用来形容人做事慢腾腾的；"趴趴跶跶"形容人特别顽皮、好动；"拨拨间间"形容物件摆放得东倒西歪，造成道路不畅。

3.2.4.2　AABB 式的语法功能

AABB 式是谓词性结构，主要做谓语。例如：

（41）箇只家伙驳驳辩辩，不张教。这个家伙喜欢跟人顶嘴，不听教导。

（42）渠做事摩摩摸摸，半日都做不圆。他做事慢吞吞的，半天都做不完。

有些也能做定语：

（43）许是一個挑挑拣拣个人，蛮结赖。那是个挑三拣四的人，很麻烦。

3.2.5　A 啊 A 式

单音节动作动词还有"A 啊 A"重叠式。例如：

看啊看｜摸啊摸｜打啊打｜跶啊跶｜走啊走｜笑啊笑｜扫啊扫｜喊啊喊

3.2.5.1　A 啊 A 式的语法意义

A 为单音节动词,"A 啊 A"的语法意义为表示动作的持续、反复。例如:

(44) 搞啊搞,搞什哩东西?

这种句式可以与"紧到"同现,构成"紧到 V 啊 V"表示动作一直持续。例如:

(45) 莫紧到话啊话,听得心里烦人。别一直说啊说的,听得心里烦透了。

(46) 紧到吵啊吵,吵够之嘛?一直吵啊吵的,吵够了吗?

"A 啊 A"式常用于否定句和反问句,分别表示否定和诘问。这种句式的语用意义(语值)是表示对持续动作的不满和厌烦。

3.2.5.2　A 啊 A 式的语法功能

A 啊 A 主要在句中做谓语。例如:

(47) 莫到里址踩啊踩,地下个水泥还有干。别在这里踩啊踩的,地上的水泥还没干。

(48) 尔紧到眯啊眯,眯得金子出啦?你一直弄啊弄,能弄出金子来啊?

3.3　形容词重叠

高安方言的单音节形容词单独也不能重叠,多数需要添加词缀构成各种重叠形式,例如:AA 哩式 AA 子式、AXX 式、X 咕 XA 式等。双音节形容词 AB 重叠为 AABB 式比较自由。

3.3.1　AA 哩式

3.3.1.1　AA 哩式的语法意义

AA 哩形容词相当于普通话的"AA 儿(的)"或"很 A",表示程度的加深,同时也具有描绘性。

①从第二章(2.2.1)对后缀"哩"的探讨可知,"哩"本是相当于"儿"的后缀。一般来说,进入"AA 哩"式的 A 多是表大量、积极意义的形容词,或者说是无标记形容词。张国宪(2006:22—23)把形容词分为饰物形容词和饰行形容词。有些词既能饰物又能饰行。据此这里也分为三组:

A. 高高哩｜长长哩｜□□［maŋ⁴²maŋ⁴²］长、高哩｜壮壮哩｜宽宽哩｜粗粗哩｜大大哩｜平平哩｜圆圆哩｜厚厚哩｜尖尖哩｜歪歪哩｜咸咸哩｜干干哩｜黄黄哩｜红红哩｜黏黏哩｜糊糊哩｜蝉蝉哩

B. 快快哩｜惨惨哩｜早早哩｜晏晚晏哩｜紧紧哩

C. 深深哩｜好好哩｜重重哩

A、B两组都能表示性状，具有描绘性。B组词具有副词性，可以修饰动词做状语，从语义特点上看对动作有可控性。C组可以饰物也可以饰行。

②有标记形容词有的也可以构成"AA哩"式，"哩"的作用还是往大里说，在这里体现为加深这种消极意义，例如："瘦瘦哩"是指特别瘦，"狭狭哩"意思是特别窄。例如：

（49）不怎样打得饭，又不喫肥肉哩，怪不得长得箇瘦瘦哩。<small>不怎么能吃饭，又不吃肥肉，难怪长得这么瘦。</small>

（50）许条路修得狭狭哩，车都不得过。<small>那条路修得窄窄的，连车都过不了。</small>

3.3.1.2 AA哩式语法功能

"AA哩"式不能受副词"不"或"蛮"修饰。"AA哩"式最常用的句法功能是做补语。做补语时，很多单音形容词都能重叠。例如：

（51）田里个草长得□□［maŋ⁴²maŋ⁴²］哩。<small>田里的草长得高高的。</small>

（52）渠把被窝铺得平平哩。<small>她把被子铺得平平儿的。</small>

（53）书堆得高高哩做什哩？<small>把书堆得高高儿的做什么？</small>

（54）菜莫舞得咸咸哩，喫不进。<small>菜不要做得咸咸的，否则吃不下去。</small>

（55）话正啊话得好好哩，做就不去做。<small>说倒是说得挺好的，就是不去做。</small>

（56）走得快快哩去赶什伽？<small>走得飞快的去赶什么？</small>

李劲荣、陆丙甫（2016）从不同感官出发把普通话的单音形容词分为视觉类、味觉类、触觉类和知觉类形容词。视觉类、味觉类和触觉类重叠自由，而知觉类重叠受限，原因是前者具体可感，易于生动形象地描绘，而后者较为抽象，不易把握。知觉类中的后一组（指"俊、猛、难、准、广、偏、贵、贱、强、弱、狂、妙、帅、贪"等）常被看作因表示绝对义而不能重叠。但是高安方言却不尽然，"难、准、偏、贵"等是可以重叠的。如果是已然句，"AA哩"前面可以加指示代词

"箇这",有"这么 A"的意思。例如:

(57)题目出得箇难难哩,哪什做得出啰?题目出得这么难,哪个做得出来哦?

(58)我保险保证射得准准哩。

(59)住又住得偏偏哩,电话又冇有,真难寻尔嘞。住又住得这么偏,电话又没有,要找到你真难啊?

(60)渠个东西卖得贵贵哩,莫买渠个。他的东西卖得很贵,别买他的。

"AA 哩"可以充当多种句法成分。可以做谓语。例如:

(61)里根棍仔长长哩。这根棍子长长儿的。

(62)昨日个月光圆圆哩。昨天的月亮圆圆儿的。

(63)渠贴得个画仔歪歪哩。他贴的画歪歪儿的。

(64)上昼渠都还好好哩,下昼就人不舒服。上午他都好好儿的,下午却感觉不舒服。

"AA 哩"也可以做状语,主要是 B 组词。例如:

(65)有什哩事好好哩话,莫相讲!有什么事好好儿说,别吵架!

(66)不听话就惨惨哩打一顿。不听话就狠狠地打一顿。

(67)深深哩挖,越深越好。深深地挖,越深越好。

(68)嘎□[tseŋ⁴²]到之好嘛,要尔快快哩窜啦?现在摔倒了好过吧,谁叫你飞快地跑的?

"AA 哩"做定语要加"个"。例如:

(69)渠俚大人等渠做之一幢高高哩个屋。他父母给他盖了一栋高高的房子。

(70)许种红红哩个辣椒蛮辣。那种红红的辣椒很辣。

(71)你姆妈拿之一根长长哩个棍仔来之。你妈拿了根长长的棍子来了。

(72)好好哩个人怎会变成箇样?好好儿的人怎么会变成这样?

当"AA 哩个"后的中心语不出现或移位时,"AA 哩个"可以代指所修饰的名词性短语。这时可以做主语和宾语。例如:

(73)等我拣两斤辣椒,黄黄哩个我不要,我要红红哩个。替我挑选两斤辣椒,黄黄的我不要,我要红红的。

(74)园里啮斫之蛮多冬瓜,大大哩个摘得来喫,细细子个让渠长。菜园里长了好多冬瓜,大大的摘来吃,小小的那种让它继续长。

(75)有厚厚哩个同块薄薄子个,尔要买哪种?有厚厚的和薄薄的,你要买哪种？

3.3.2 AA 子式

3.3.2.1 AA 子式的语法意义

后缀"子"表主观小量。"AA 子"总体上是从心理上把事物的性质往小里说。具体来说，有不同的情况。

①与后缀"哩"相反，进入"AA 子"式的 A 多是量比较小、意义消极的形容词，或者说是有标记形容词。"AA 子"表示的意义是"很 A"。也分为饰物和饰行两组。

A. 矮矮子｜短短子｜躬躬子_{短小子}｜瘦瘦子｜狭狭子｜细细子｜扁扁子｜秃秃子｜薄薄子｜苗苗子_{小小儿的}

B. 轻轻子｜慢慢子｜缓缓子｜假假子

B 组带有副词性，修饰动词做状语比较自然。

②有些形容词本身就是消极意义的，"AA 子"表示轻蔑意味。例如：

懒懒子｜蠢蠢子｜蝉蝉子｜木木子

③有些"AA 子"表示"略微 A"的意义，主要是颜色词和表味觉的词语。例如：

青青子｜黄黄子｜红红子｜蓝蓝子｜甜甜子｜酸酸子｜咸咸子｜淡淡子

其中颜色词语经常说成"AA 色子"，这种格式更富能产性。例如：

黄黄色子｜红红色子｜白白色子｜绿绿色子｜蓝蓝色子

不过，有时无标记形容词也能说成"AA 子"，如"壮壮子、高高子、长长子"，等等。但在主观心理上还是往小里说，没有"AA 哩"的程度高。

3.3.2.2 AA 子式的语法功能

①"AA 子"式不能受否定副词"不"和程度副词"蛮"等修饰。

②"AA 子"在句中能充当补语、状语、谓语。加"个"后能充当定语、主语和宾语。

做补语，例如：

(76) 天热起来之，渠把头发剪得短短子。_{天气热起来了，他把头发剪得}

短短的。

(77) 菜不裁得薄薄子难得熟。菜不切得薄薄的很难熟。

(78) 箇丘田里个禾冇打药，叶哩长得黄黄子。这口田里的水稻没打药，叶子长得黄黄的。

做状语，例如：

(79) 轻轻子放，莫打烂咯。轻轻地放，别打碎了。

(80) 不着急，还早得很，可以慢慢子走。不用急，还早得很，可以慢慢儿走。

(81) 渠假假子话个。他假装说的。

做谓语，例如：

(82) 里种个梦瓜仔短短子。这种黄瓜短短的。

(83) 今年做得个盐菜酸酸子。今年做的咸菜酸酸的。

(84) 许个人个头发黄黄子。那个人的头发黄黄的。

(85) 渠冇娶到老婆，冇有钱，自己也懒懒子。他没娶到老婆，没有钱，自己也有点懒。

加"个"可以充当定语，例如：

(86) 里冷个天莫穿箇薄薄子个衣裳。这么冷的天不要穿这么薄的衣服。

(87) 渠通么钓到之一只苗苗子个鱼仔。他只钓到一条小小的鱼儿。

(88) 拿我许件红红子个褂子来。把我那件红红的衣服拿来。

(89) 莫跟箇蝉蝉子个人浪费口水。别跟这种傻傻的人浪费口舌。

"AA子个"充当主语和宾语。例如：

(90) 土豆莫买细细子个，细细子个难得洗难得削。土豆别买小小的（那种），小小的不好洗也不便于削。

(91) 许个瘦瘦子个就是我俚兄。那个瘦瘦的就是我兄长。

(92) 咸个渠不喫，要喫甜甜子个。咸的他不吃，要吃带点甜味的。

3.3.3 ABB 式

3.3.3.1 ABB 式的语法意义

ABB 式，A 代表形容词，B 有的是词缀（如 A 组"巴、乎"之类，一般把这类看成附加式合成词）；有的开始有实义，现也趋于词缀化，重点是突出 A 的语义（如 B 组）。例如：

A. 干巴巴｜凶巴巴｜热乎乎｜干梭梭｜光溜溜

B. 空荡荡｜冷漯漯｜软绵绵｜孤单单｜矮秃秃｜矮墩墩｜火辣辣｜懒惰惰

ABB 式都是形容词，表义比单音形容词 A 程度更深，也显得生动。这一形式一般要加"哩"才能自由使用。

有些 ABB 式（主要是 A 组）也能说成 BA，如"干梭梭、光溜溜、热乎乎"都有"梭干、溜光、乎热"的形式。

3.3.3.2 ABB 式的语法功能

ABB 哩式可以做谓语、补语、状语、定语，有时也能做主语和宾语。

做谓语，一般要加"个"：

（93）蛮久有喫水，口里干巴巴哩个。很久没喝水，口里干巴巴的。

（94）里只间伤□［ŋa⁰］大之，冷天里冷漯漯哩个。这个房间太大了，冬天冷清清的。

（95）不晓得为什哩心里空荡荡哩个。不知道为什么心里空荡荡的。

（96）早上买得个包子里样子还热乎乎哩个。早上买的包子现在还热乎乎的。

（97）箇個天太□［ŋa⁰］热之，田里干梭梭哩个，再不落雨就怕会干煞咯禾。这个天太热了，田里干干的，再不下雨只怕禾苗会干死。

做定语，也要加"个"：

（98）软绵绵哩个布做得个衣裳穿起来才舒服。

（99）干梭梭哩个饭我喫不落吃不下。

（100）莫拿凶巴巴哩个眼色看到我。

（101）热乎乎哩个包子喫得才正舒服嘞！热乎乎的包子吃着真舒服！

做补语，不加"个"：

（102）挂得钩哩上个肉吹得干梭梭哩。挂在钩子上的肉吹得干干儿的。

（103）渠拿地板擦得光溜溜哩。

（104）南瓜煮得软绵绵哩。

前面加上指量短语或数量短语后可做主语和宾语，但是要加"个"：

（105）许个矮墩墩哩个是渠俚外甥。那个矮墩墩的是他外甥。

（106）不要□［paŋ⁵⁵］硬个，要拣里种软绵绵哩个。不要很硬的（那种），要挑这种软绵绵的。

3.3.4 XXA 式

3.3.4.1 XXA 式的语法意义

高安话里还有一种状态形容词 XXA 式，A 是单音形容词，XX 是重叠式词缀，该式主要用来表示 A 的不同程度，有的程度高，有的程度低。表程度高的如：

造造湿｜□□［tṣʰε⁵⁵tṣʰε⁰］光

表程度低的要加"子"，构成"XXA 子"式，表示量很低，相当于"一点点 A"。例如：

麦麦干子｜麦麦热子｜麦麦滚子

3.3.4.2 XXA 式的语法功能

主要做谓语：

（107）落雨冇带伞，□［tsʰεi²¹］得身上造造湿。下雨没带伞，身体被淋得很湿。

（108）△面上□□［tṣʰε⁵⁵tṣʰε⁰］光，豚里里面一萝糠。

（109）里個衣裳麦麦干子，还要晒一下仔凑。这件衣服不太干，还要再晒一会儿。

也可以做补语：

（110）水不要蛮滚之，烧得麦麦热子就要得。水不要太烫了，烧得有点热就可以。

（111）里样子天热，衣裳晒得麦麦干子也穿得。现在天气热，衣服晒得不怎么干也能穿。

3.3.5 AABB 式

AABB 式有两种情况：一种是形容词 AB 的重叠；另一种是 AA 和 BB 的叠结。

3.3.5.1 状态形容词 AABB

①特点和语法意义。这种 AABB 是 AB 的重叠，基式 AB 本身是个形容词。高安方言里的 AABB 跟普通话一样，表达的程度比基式更深。但也有不同于普通话的特点，有些普通话不能重叠的双音节形容词，在高安方言里可以重叠（如"聪明、奸诈、舍高勤快"等）。张国宪

（2006：154）认为"这些形容词大都表示事物恒久的属性，而重叠式具有主观等意味，意义上的主观感受与理智判断的互斥性是这些词不能重叠的一个原因"。但这解释不了方言中能重叠的现象。还有的AABB像重叠又像叠结。AABB重叠式分如下两组：

A. 伶伶俐俐｜聪聪明明｜能能干干｜舍舍高高非常勤快｜歪歪扭扭｜正正当当｜高高兴兴 客客气气｜渠渠歪歪｜齐齐整整漂漂亮亮｜謷謷戾戾非常不顺从、不听话｜尖尖钻钻斤斤计较｜辛辛苦苦｜弯弯曲曲｜挖挖拐拐形容人心眼坏｜奸奸诈诈｜凶凶棒棒形容人做事鲁莽｜清清楚楚｜古古执执｜熨熨帖帖｜庚庚健健健健康康｜新新鲜鲜｜神神壳壳神气活现｜马马虎虎｜结结赖赖很麻烦、反复纠缠｜后后生生非常年轻｜奇奇怪怪｜懒懒惰惰｜顺顺遂遂｜平平整整｜扎扎实实｜老老实实｜舒舒服服｜轻轻快快｜自自在在｜激激灵灵｜斯斯文文

B. 宽宽大大｜长长大大｜粗粗□□［maŋ⁴² maŋ⁰］长、高

这两组AB都是形容词。B组的形式像是叠结，但其中的AB如"长大""粗□［maŋ⁴²］"可以自由运用，还能受程度副词修饰。例如：

（112）该只崽哩蛮长大。这个小伙子体形很高大。

（113）蛮久冇见，嘎硬长得长长大大。很久没见，现在长得高高大大。

（114）渠比尔粗□［maŋ⁴²］到子。他比你壮实高大一些。

（115）箇只崽哩粗粗□□［maŋ⁴² maŋ⁰］，石一袋哩谷不在话。这个小伙子特别壮实高大，扛一大袋稻谷不在话下。

B组里的这种AABB式既有又A又B的意义，又有程度加深、表达更生动的作用，兼有重叠式和叠结式的特点。与A组的AABB式和"大大细细"类的叠结式AABB都不相同。

②语法功能。形容词AABB重叠式的句法功能，可以充当谓语、定语、补语、状语等成分。

做谓语：

（116）昨日个菜看起来还新新鲜鲜。昨天的菜看起来还很新鲜。

（117）箇個老人家七十多岁还庚庚健健。这位老人家七十多岁了还健健康康。

（118）渠俚妹仔硬舍舍高高，买菜、舞饭、洗衣裳，什哩事都替大人做得好好哩。他家女儿真是勤快，做饭、洗衣服，什么事都替父母做得好好儿的。

（119）许只女客人哩尖尖钻钻，喫不得一忽亏。那个女人斤斤计较，吃不得一点亏。

（120）同块渠佮不来，渠许种人有毛子事就紧到结结赖赖。跟他一起玩不来，他有点事就不断纠缠，很麻烦。

（121）新屋下宽宽大大。新房子又宽又大。

（122）渠俚婆婆还后后生生。他奶奶还很年轻。

（123）听得话渠俚妹仔齐齐整整。听说他女儿很漂亮。

做定语，要加"个"。例如：

（124）伶伶俐俐个屋下着尔搞得赖败死之。干干净净的屋子被你弄得脏兮兮的。

（125）今囗［ŋa⁰］穿之件齐齐整整个衣裳嗟，要去哪址哦？今天穿了件漂漂亮亮的衣服，准备去哪里啊？

（126）尔箇个人真奇怪，新新鲜鲜个菜不喫，要喫过之餐个。你这个人真奇怪，新鲜的菜不吃，要吃过了餐的。

（127）奸奸诈诈个人，哪什敢黏到？这么奸诈的人，谁敢和他在一起。

（128）冇看过箇挖挖拐拐个人来！从来没见过心眼这么坏的人！

（129）自家宽宽大大个屋不住，窜到里址来睏。自己又宽又大的房子不住，跑到这里来睡。

（130）世间上怎会有箇结结赖赖个人！世界上怎么会有这么麻烦的人。

（131）渠独意嫁之一箇后后生生个老公。她倒嫁了个很年轻的老公。

（132）冇想到尔聪聪明明个人还会做出箇个蝉事来。没想到你这么聪明的人还会做出这种傻事来。

做补语：

（133）过年来之，齐把屋下门前扫得伶伶俐俐。要过年了，人们都把屋里门前扫得干干净净。

（134）里样子囗［ia⁴²］一下穿得齐齐整整。现在都穿得漂漂亮亮。

（135）渠个眼睛蛮好，还覗得清清楚楚。他视力很好，还看得清清楚楚。

（136）贴箇对联贴得歪歪扭扭。贴个春联贴得歪歪扭扭。

（137）我俚母舅把门口的地面打得平平整整。我舅舅把门口的地面弄得平平整整。

（138）都是自家人，莫搞得客客气气。

（139）渠俚爷长得后后生生，等崽哩样个。他父亲长得很年轻，像小伙子似的。

做状语：

（140）尔老老实实（个）话，是尔做个啊不是？你老老实实说，是不是你做的？

（141）好正毛子，莫凶凶棒棒个做事。小心点儿，别莽莽撞撞地做事。

（142）想舒舒服服个喫顿饭都不把。想舒舒服服吃顿饭都不让。

（143）伢俚照子高高兴兴个去学里，尔就日囗［ŋa⁰］吵吵闹闹。人家高高兴兴地去学校。你却天天吵吵闹闹。

前面加上指量短语或数量短语后可做主语和宾语，后面必须带"个"：

（144）许個齐齐整整个有来呀？那个漂漂亮亮的没来吗？

（145）我不要箇黄之个，我要买新新鲜鲜个。我不要这种黄了的，要买新鲜的。

3.3.5.2 叠结式 AABB

这种 AABB 不是 AB 的重叠，而是 AA 和 BB 的叠结。A 与 B 之间的语义关系相近叫作"差义叠结"（储泽祥，1996），相反或相对叫作"反义叠结"（邢福义等，1993）。AABB 叠结式的语法意义不是程度加深，而是表示性状的兼容。不过，高安方言典型的形容词 AABB 叠结式比较少，一方面可能是方言不像普通话有那么多的文献语料；另一方面，高安方言形容词 AABB 式里的 AB，在普通话看来不是一个词，但在方言里已经词化。高安话的 AABB 叠结式主要是"大大细细、老老少少、好好丑丑"等构成的名词性词语，指"大的小的、老的少的、好的坏的"，表示周遍意义。

3.3.6 X 咕 XA 式

"X 咕 XA"式即 XA 式形容词的一种增量变式（见 2.3.2）。

3.4 副词重叠

现代汉语普通话副词的重叠"严格意义上的构形重叠数量十分有限"，而且"构形重叠和构词重叠界限相当模糊"。（张谊生，1997）高安话里的副词能重叠的数量极少，其中很多也属于构词和构形的交叉。

副词重叠式主要有 AA 式、AA 子式、AABB 式、A 咕 A 等形式，但是每种数量都特别少。

3.4.1 AA 式

AA 式副词可以分为两类：一类是基式 A 是副词，重叠式也是副词。重叠式比基式程度加深或语气加重。这类词如"真真、总总、偏偏"，其中"真真、总总"属于构形重叠，"偏偏"一般把它看成构词重叠，但是我们认为它比基式语气更强，因此又有构形的特点。另一类是 A 不是副词或者 A 不能自由运用，属于构词重叠，如"明明、通通、将将刚刚、刚好、整整"等。

AA 式的功能比较单一，只能做状语。例如：

（146）渠许种人真真讨厌。他那种人真讨厌。

（147）莫总总话，我晓得之。别一直说，我知道了。

3.4.2 AA 子式

AA 子式必须含有"子"尾才能自由运用。这类词主要是 A 为动词或动词性语素，AA 子式相当于副词，如"偷偷子、溜溜子"。其句法功能是只能做状语。例如：

（148）我偷偷子来个，有把渠看得。我偷偷来的，没让他看见。

（149）渠溜溜子出去之。他偷偷地出去了。

另一种是 A 为饰行形容词构成的 AA 哩式和 AA 子式，功能上也与副词相当。AA 哩式如"快快哩、早早哩、晏晏哩"等。AA 子式如"慢慢子、缓缓子、轻轻子"等。这两类重叠式也有些差别。AA 哩式既可以做状语，又能做补语。例如：

（150）明日早早哩起来去买菜。明天早早儿地起来去买菜。

（151）走得快快哩，去赶什伽? 走得快快儿的，去赶什么?

还能受指示程度的代词"箇"修饰。例如：

（152）在里做郎子什哩，来得箇晏晏哩? 在忙些什么，来得这么晚?

可见，即便是饰行的 AA 哩式也不是纯正的副词。相比之下，饰行的 AA 子式更像副词一些，它只能做状语。例如：

（153）慢慢子话，莫急。慢慢儿说，别急。

（154）轻轻子撕开来。轻轻地撕开。

3.4.3　A咕A式

个别表程度的单音节副词能构成A咕A式，如"最咕最、蛮咕蛮"。重叠式明显比基式程度更高。这种形式既不像构词，也不像构形。它们更多的是与形容词构成"最咕最X""蛮咕蛮X"式结构。A咕A式只能修饰性质形容词做状语。例如：

（155）老李硬是最咕最老实个人，不得彻尔个。老李是最最老实的人了，不会骗你的。

（156）等我长大之，我要买一只蛮咕蛮大个飞机。等我长大了，我要买一只很大很大的飞机。

3.4.4　AABB式和ABAB式

有两种由双音节副词AB构成的重叠式属于构形重叠，但是数量极少。一种是AABB式，如"确确实实"；另一种是ABAB式，如"千万千万"。两类重叠式都比基式附加了一定的语法意义，AABB式比基式程度更重，ABAB式比基式更显强调意味。

两类重叠式的功能都是做状语。例如：

（157）确确实实是箇样，不着争。确确实实是这样，不用争论。

（158）尔千万千万莫听渠个，渠乱话个。你千万千万不要听他的，他胡说的。

3.5　量词重叠

高安话的量词重叠能力不像普通话那么发达，能直接重叠的数量也极少，一般都要加缀才能重叠。量词重叠式有AA式、AA哩式、A打A（子）式、A似A式和A把两A子式。

3.5.1　AA式

普通话里单音量词基本都能重叠，表示"每一"意义。高安话里能重叠的量词很有限。下面是常用的量词重叠式。

名量词：個個丨餐餐

动量词：转转丨下下丨盘把盘

即便加上有时间名词构成的"天天、年年"等带有量词功能的词，数量依然很少。

高安话的 AA 式的语法意义也是表示"每一"或周遍义。句法功能是在句中做主语、状语，一般不做其他成分。做主语，例如：

（159）要是個個像尔就开之身啰。要是每个人都像你就完蛋了。

（160）不晓得为什哩，转转有渠个份。不知道为什么，每次都有他的份。

做状语，例如：

（161）渠盘盘赢，真是奇怪嘞！他每把都赢，真是奇怪。

（162）许個井晏尔还想餐餐喫肉啊？那个时候你还能顿顿吃肉吗？

有些 AA 式能做定语，是受普通话的影响，是比较文气的说法。例如："条条道路通北京。"

3.5.2 AA 哩式

由量词构成的重叠式 AA 哩，主要表示事物的形状或论 A 计量。例如：

A. 条条哩丨块块哩丨片片哩丨丝丝哩丨飒块、片飒哩

B. 只只哩丨斤斤哩丨個個哩丨支支哩丨包包哩

A 类表示事物的形状，相当于"一 A 一 A 的"，如"条条哩"表示一条一条儿的。B 类是已然分好的个体，使用时论 A 计量。两类的核心意义是分开的个体。

AA 哩式最主要的句法功能是做宾语，有时也做主语和定语，做定语要加"个"。例如：

（163）把土豆裁成条条哩。把土豆切成一条一条儿的。

（164）鸡蛋是称斤斤哩啊点個個哩卖哦？鸡蛋是论斤两还是论个数卖呢？

（165）莫买包包哩个菜，不蛮新鲜。别买一包一包的那种菜，不怎么新鲜。

3.5.3 A 打 A（子）式

"A 打 A（子）"是较老派的说法，表示周遍性，有"所有的"或"每一"意义。例如：

個打個子｜只打只子｜家打家子｜张打张子｜转打转子

"A 打 A（子）"式主要做定语、主语。

做定语：

（166）個打個子蛋都是新鲜个。<small>每个鸡蛋都是新鲜的。</small>

（167）何垃件打件子衣裳是赖败个啊？<small>难道每件衣服都是脏的吗？</small>

做主语的情况较多。例如：

（168）渠昨日买得个苹果個打個是烂个。<small>他昨天买的苹果个个都是坏的。</small>

（169）过年炒之蛮多菜，只打只子是好菜。<small>过年炒了好多，每碗都是好吃的菜。</small>

一般不能做宾语。

3.5.4　A 似 A 式

"似"嵌在单音节量词的重叠形式之间表示概数，相当于"一 A 多"，是一种主观大量。例如：

個似個｜斤似斤｜两似两｜升似升｜尺似尺｜米似米｜丈似丈｜年似年｜日似日

一些借自名词的量词也有这一格式：

桶似桶｜袋似袋｜车似车｜碗似碗｜箱似箱｜盒似盒

动量词也能进入这种格式。例如：

转次似转

关于"A 似 A"的语法功能和用法，见 2.3.4。

3.5.5　A 把两 A 子式

A 把两 A 子式表示"一两 A"，是一种主观小量。这种重叠式能产性比较高，A 可以是各种单音节量词。例如：

個把两個子｜斤把两斤子｜米把两米子｜尺把两尺子｜箱把两箱子｜碗把两碗子｜分把两分子｜块把两块子｜转把两转子｜下把两下子

表示重量单位的"两"，进入 A 把两 A 子式，要把数词的"两"改成"二"，说成"两把二两子"。

表示位数的数词（"十"除外）也能进入这一格式：

百把两百子｜千把两千子｜万把两万子

一些名词也有这样的形式。例如：

日把两日子｜年把两年子｜昼把两昼子｜岁把两岁子

这些词都有量化功能。

A把两A子式在句法里主要做定语、主语、宾语。例如：

（170）买箱把两箱子苹果就够之。买一两箱苹果就够了。

（171）酒不蛮会喫，两把二两子就喫醉之。酒不怎么会喝，一二两就醉了。

（172）冇几多人，只来之個把两個子。没多少人，只来了一两个。

A为动量词时，该重叠式也能做补语。例如：

（173）嬉转把两转子不要紧，又不是净［ŋa⁰］嬉。玩一两次没关系，又不是经常玩。

3.6 重叠的功能

以上尽可能多地列举了高安方言的重叠形式，分析了不同形式的类别、语音特点、语法意义和句法功能。总结这些不同形式的特点，发现高安方言的重叠作为一种语法手段，有以下功能[①]。

3.6.1 用来构词构形

重叠作为一种语法手段，有多种功能，其中构词和构形是两大最重要的功能。就构词来说，高安方言重叠形式的一大特点就是词本身单纯能重叠的较少，一般是重叠和附加手段综合运用构词。高安方言的构词重叠大致有三种。

（一）重叠成词语素构成合成词，如"爷爷、婆婆、叔叔"等亲属称谓词。

（二）重叠不成词语素构成合成词，如"母母、新新、先先、东东"等。有的比较复杂，只是部分重叠，又分为重叠语缀和重叠词根两类。重叠语缀的如"干巴巴、热乎乎、造造湿、麦麦干"等；重叠词根的如"空荡荡、懒惰惰、矮墩墩"等。

---

① 以下几种功能参考了苏俊波（2012：52—57）。

（三）多数情况下是重叠加语缀构成合成词。如各种"AA＋哩/仔/子"形式。

①AA 哩/仔式为名词：弯弯哩、圈圈哩、瓶瓶仔、棍棍仔

②AA 哩/子式为形容词：长长哩、大大哩、细细子、苗苗子、红红子

③AA 子式为副词：偷偷子、溜溜子、轻轻子

典型的构形重叠主要是 AABB、ABAB 形式。

形容词：伶伶俐俐、聪聪明明、舍舍高高、尖尖钻钻、后后生生

动词：进进出出、吵吵闹闹、眯眯跦跦、觃觃相相

副词：确确实实、千万千万

然而，不少情况下很难区分是构词还是构形。有些重叠式必须含有中缀或后缀，像是构词，但实际上没有产生新词，只有附加的语法意义，从这个角度讲应该是构形。比如，"话啊话、话话子、米似米、个打个子"等形式的词语就不太像构词，还是偏向于构形。

3.6.2 改变语法功能

重叠可以改变语言单位的语法功能。就构词重叠来说，有些重叠式的词类会发生变化。例如：

动词性→名词性：盖盖哩、钩钩哩、毄[tɕiu¹³]拧毄哩、冻冻哩、夹夹哩

形容词性→名词性：新新、空空哩、尖尖哩

形容词性→副词性：轻轻子、慢慢子、缓缓子

动词性→副词性：偷偷子、溜溜子

就构形重叠来说，重叠式的语法功能也可能与基式不同。比如，名量词主要与数词结合修饰名词做定语，动量词与数词结合做补语，它们的重叠式 AA 式却主要做主语（不能做宾语），如"個個、转转"等；AA 哩式也主要做宾语，有时也做主语、定语，如"条条哩、片片哩、包包哩"。

3.6.3 区别词语意义

重叠还可能改变语言单位原来的意义。有时，重叠式与基式的语义

截然不同，主要是体现在构词重叠方面。比如，身体部分名词重叠后与基式差别就很大，不过，二者之间有引申关系。例如：

脑——脑脑哩（植物的根部）

口——口口哩（路口；容器通向外面的地方；状如口型的破裂处）

嘴——嘴嘴哩（器物像嘴的部分）

手——手手哩（手柄）

这些 AA 哩式名词，都没有"A 哩"形式。

除了概念意义不同，有些重叠式也会增加不同的色彩意义。①增加感情色彩。亲属称谓名词重叠式增加了亲密感，普通名词如"先先"也增加了尊敬、亲切意味。②增加形象色彩。有些 AA 哩式名词基本意义与 A 哩相同，但重叠式表达更加生动，如"叶叶哩、屑屑哩"等。有些词语 A，加上后缀"哩"构成"A 哩"，意义已经发生变化，还可以重叠 A 构成更为生动的形式"AA 哩"。例如：

脚——脚哩残渣——脚脚哩残渣

3.6.4 附加语法意义

构形重叠都会附加一定的语法意义。有的表示遍指且含有"每、每一"的意义，如"餐餐、转转"等。有的表示主观量的变化，如"个似个、年似年、万似万"强调量大；"个把两个子、年把两年子、万把两万子"表示量小。有的表示程度的变化，如"长长哩、大大哩、自自在在、聪聪明明"都表示程度的加深。有些表示动作的持续、反复，如"打啊打、看啊看"等。有的表示时量短、动量小，具体来说有不同的意义：如"话话子、看看子"等表示反复、持续的动作时间比较短；"丢丢子、掂掂子"等表示轻而易举。

3.7 小结

本章主要分析了高安方言的重叠现象，包括各种重叠的形式特点、语法意义和语法功能。这里所指的重叠式范围较宽，包括了构词重叠和构形重叠。名词重叠式主要有 AA、AA 哩和 AABB 式。前两种形式主要是构词，其中 AA 式词附加了亲密色彩，AA 哩构成名词的生动形式。

后一种主要表达周遍义。动词重叠式有 AA 式、AA 子式、AA 子，BB 子式、AABB 式。其中 AA 式很不发达，只有极个别的例子，语法意义也不等同于普通话的 VV 式。更为重要的差别是，高安话的动词重叠式里没有普通话的"尝试体"意义。形容词重叠式有 AA 哩、AA 子、ABB、XXA、AABB 和 X 咕 XA 式，没有 AA 式。形容词重叠式里最发达的一类是 AABB 式，而且有许多普通话里不能重叠的形式，如"聪聪明明、机机灵灵、自自在在、奇奇怪怪、新新鲜鲜"等词语。副词重叠式有 AA 式、AA 子式、A 咕 A 式、AABB 式和 ABAB 式，其中 AA 子式基式 A 是动词性或形容词性，如"偷偷子、轻轻子"等。副词重叠式尽管有多种形式，但数量都很少。量词重叠式有 AA、AA 哩、A 打 A（子）、A 似 A 和 A 把两 A 子等形式。其中 AA 式和 A 打 A（子）都表示周遍或逐指义，但前者可能是受普通话的影响，在地道的方言里很少。后两种形式 A 似 A 式和 A 把两 A 子式分别表示主观大量和主观小量。

　　高安方言重叠式的一个显著特点是语素和词重叠的能力都较弱，纯粹的重叠形式不发达。如果不加语缀，很多重叠式都不成立。名词重叠式只有亲属称谓词较多，其他普通名词重叠式较少。AA 哩式名词"手手哩""尖尖哩"等都必须带后缀"哩"才能重叠。动词里本身能重叠的数量极少，必须带"子"缀构成"AA 子"才行。动词类的 AABB 式严格意义上属于叠结现象，由基式 AB 构成的 AABB 式不多。形容词里单音节的词离开后缀"哩"或"子"都不能重叠。量词也不像普通话那样有大量的重叠形式，更为老派、地道的重叠式应该是"A 打 A（子）"。副词重叠形式不管是构词、构形的还是单音节、双音节的都特别少。可见，高安话的重叠主要是一种加缀式重叠。

第 4 章　体貌

4.1　体貌概说

本章主要探讨动词（也包括变化形容词）的体貌范畴。关于汉语的"体貌"，历来有不同的名称，如"情貌"（吕叔湘，1942/1982）、"动相"（王力，1943/1985）、"体"（高名凯，1948）、"时态"（陈平，1988），其他还有"相""貌""态"等，都是指"动作行为或事件在时间进程中的状态"和"动作行为的情貌特征"（陈泽平，1996）。这里不纠缠名称和定义问题，统称"体貌"，具体则称"体"，如完成体、经历体、短时体等。本章旨在描写江西高安方言的体貌系统，主要探讨完成体、进行体、持续体、经历体、近经历体、起始体、先行体、重行体、将然体、已然体、短时体和尝试体等。表达这些体貌意义的方式有词汇（助词和副词）、语法格式和重叠等广义形态。

4.2　体貌系统

4.2.1　完成体（实现体）

完成体表示动作、行为的完成或性状变化的实现。高安方言用"之 [tsʅ⁰]"或"咯 [kɔʔ⁰]"，附在动词或形容词后表示，相当于普通话做词尾的"了₁"。但二者用法上有区别，前者多用于已然句，后者只用于未然句。

4.2.1.1　之

"之"是高安方言里典型的完成体标记（这里用的是音借字，其本字是"着",见4.3),附在动词或形容词后表示动作、行为或性质变化的完成。根据参照时间的不同,可以表示过去或现在已经完成、将来完成和假定完成。例如:

(1) 收花生个来之。收购花生的人来了。

(2) 渠俚崽昨日着别人打之。他儿子昨天被别人打了。

(3) 等尔下个礼拜去䁖之尔就晓得。等你下个星期去看了你就会知道。

(4) 细毛子声,渠听得之不得把尔去。小点儿声,(让)他听到了不会让你去。

(5) 尔面上怎红之啊?你脸上怎么红了啊?

(6) 渠个伤嘎好之。他的伤现在好了。

动词后如有补语(表动量、时量的成分除外),"之"要放在补语之后。例如:

(7) 箇个字写错之,写过!这个字写错了,重新写过!

(8) 渠喫醉之,乱话事。他喝醉了,乱说话。

(9) 一粒老鼠屎舞坏之一镬粥。

即使补语是趋向动词,"之"也必须置于补语之后。例如:

(10) 渠溜出去之。

(11) 一只老鼠钻进来之。

一些在普通话里做补语的趋向动词,在高安话里则将其作为连动式的第二个动词来用,而且两个动词后边要加"之"。例如:

(12) 我俚外婆送之一袋哩花生来之。我外婆送来了一袋花生。

(13) 渠俚崽带之蛮多钱去之。他儿子带去了很多钱。

高安方言的这种带趋向的连动式经常在前一个动词后加"得"。"得"除做结构助词外,也有表完成的意义。上面两个例句前一个"之"也可换成"得"。

但表动量、时量的补语要放在"之"(和宾语)的后面。例如:

(14) 渠喊之我两转,我都冇听到。他叫了我两次,我都没听到。

(15) 我在车站等之半個钟脑。我在车站等了半个小时。

(16) 渠来看之一下就走之。他来看了一下就走了。

动词如带宾语,"之"必须在宾语的前面。例如:

(17) 喫之昼饭去屋里。吃了中饭回家。

（18）叔叔拿之一百块钱把给我。

（19）大个舅母杀之鸡，要我等去喫。大舅妈宰了鸡，叫咱们去吃。

一般认为，普通话口语的"V 了 O"是粘着形式，即不能结句，要成句必须添加给它提供时间参照的成分，如后续的 VP、数量短语，或者添加外部时间参照的"了₂"（郭锐，2015）。但是高安方言的"V 之 O"不需要添加后续事件或数量短语等其他成分就能够自由成句，而且非常自然。例如：

（20）渠喫之饭。他吃了饭了。

（21）箇块园哩锄之草。这块菜园地已经锄过草了。

非但如此，很多双音节动词（不限于动宾式动词）若表示的是完成的事件，都要把完成体标记"之"插入动宾中间。例如：

（22）路上耽工之蛮久，搞得摩之夜。路上耽误了很久，使得摸黑了。

（23）箇两婆俚又相之讲。这两口子又吵架了。

（24）渠旧年冇准备得好，考试儃之八。他去年没准备好，考试失败了。

"摩夜"是动宾式词语，完成体助词"之"放在动宾之间。但是"相讲""儃八"不是动宾式，"之"也要这些双音节之间。

如果宾语为动词，在普通话里，"前面的动词不能加'了₁'"（吕叔湘，1980：352），但在高安方言中，"之"置于宾语之前。这与赣语安义方言的完成体"得"（万波，1996）相似。例如：

（25）渠答应之来帮忙。他答应来帮忙了。

（26）我计划之明日去。我打算明天去了。

普通话里的"了₁"在有些动词后表示动作有了结果，与动词后的"掉"相类似（吕叔湘，1980：352）。高安方言用"泼"附于动词后来表示这一意义，要表示动作结果兼完成，还必须再附加"之"。例如：

（27）渠跌泼之两块钱。他掉了两块钱。

（28）公公把不要个东西都掟泼之。爷爷把不要的东西都扔掉了。

（29）渠个车卖泼之。他的车卖掉了。

"泼之"也可置于某些表消极意义的形容词后。例如：

（30）篮仔里个苹果烂泼之。篮子里的苹果烂掉了。

（31）箇只电视机蛮久冇用，坏泼之。这台电视机很久没用，坏掉了。

（32）田里个水干泼之。田里的水干掉了。

普通话的"了₂"可用于句末肯定事态出现了变化或即将出现变化，而且动词后有宾语时，"了₂"用在宾语后。高安方言的"之"在肯定句中一般不表示这样的意义，而主要表示动作的完成，若动词后有宾语，"之"一定在宾语前。在否定句中却可以表示情况出现了变化，往往含有"不再 VP""没再 VP""别再 VP"的意味。高安话里的"Neg + V + 之"结构层次是"［Neg + V］+ 之"，这与普通话的"别 V 了₂"（吕叔湘，1980：357）的第一种情况有些类似。不过，在高安方言里如果 VP 是动宾结构，"之"仍置于宾语前。否定词不限于表示劝止的"莫"，还有"不""唔""冇"等。例如：

（33）酒喫够之，不/唔喫之。酒喝够了，不（再）喝了。

（34）许個崽哩嘎冇读之书。那个男孩子现在没有（再）读书了。

（35）莫哭之！别（再）哭了！

（36）莫话之渠！再话就会哭。别（再）说她了！再说就要哭了。

因此，"之"在肯定句里主要表动作、性质状态的完成或实现；在否定句表示事态的变化。

4.2.1.2　咯

"咯"也能附在动词后表示动作的完成，但一般只用于未然句以及表示未达到和可能达到某种结果的句子里。

A. 用于未然句，主要体现在有先行意义的句子和祈使句。例如：

（37）喫咯饭着，等下来做。先吃饭，待会儿再做。

（38）把汤啜得喫咯！把汤喝了！

前一例句，把"咯"换成"之"也能接受。但第二个例句是祈使句，不能换成"之"。换成"之"后意义发生变化，"把汤啜得喫之"意思是"把汤喝完了"，是已经完成了的动作。

B. 表示未达到或不达到某种结果要用"咯"，不能用"之"。这种句子动词前有"不、冇、莫"等否定副词，动词后有表示结果的补语，格式是"Neg + V + C + 咯"。例如：

（39）不喫圆咯不放过手。不吃完不罢休。

（40）冇打烂咯。没打烂。

（41）冇喫醉咯。没喝醉。

（42）莫打烂咯。别打烂了。

（43）莫丢泼咯，留到还有用。别扔掉了，留着还有用。

以上例句都不能用"之"。否定副词"莫"表祈使否定，"Neg + V + C + 咯"表示的是"别、不要产生某种结果"。如果换成"之"，"莫"表猜测义"该不会"，那么这一格式表示的是"该不会已经造成某种后果了吧"，句末常常有语气词。例如：

（44）莫打烂之哦？该不会打坏了吧？

（45）莫跌泼之嘞？寻之蛮久都冇寻到。该不会是丢了吧？找了很久都没找到。

上面说的动词后的结果补语多是说话人心理不希望看到的结果。如果结果补语是褒义的或者这种结果是说话人期望完成或实现的，动补后的虚词要用助词"来"［lɛi⁰］①，这种用法多见于肯定祈使句。例如：

（46）莫歪个揌个，坐正来！别歪歪扭扭的，坐端正！/坐好！

（47）喫圆来！莫浪费咯。吃完！别浪费了。

（48）石块哩太大之，打烂来！石块太大了，将它打烂！

（49）把塘里嗰个水抽干来，好捉鱼仔。把池塘里的水抽干，好抓鱼。

C. 表示将要、可能发生的结果，也用"咯"不用"之"，谓语动词前一般有能愿动词"会"。动词如果接宾语，"咯"要放在宾语前。例如：

（50）快弄起来，老师看得之会缴泼咯。快藏起来，老师看到了会没收掉。

（51）一转莫放箇多油，会浪费咯。一次别放这么多油，会浪费掉。

（52）箇只家伙不听话，会气煞咯人。这个家伙不听话，会气死人。

（53）莫劳操心冇头脑个事，会把人劳干消瘦咯。

（54）落雨来之，衣裳不收进来会打湿咯。快下雨了，衣服不收进来会打湿。

4.2.1.3 得来

"得来"要念轻声［tɛ⁰ lɛi⁰］，附在动词后表示动作、行为的完成。（若念［tɛ⁰ lɛi³⁵］，"得"无实义，"来"表示趋向，如"拿得来、走得来"）动词后若带宾语，宾语要放在"得""来"之间。"V 得（O）

---

① 项梦冰（1996）认为"来"是未然体标记，林立芳（1997）认为是用在祈使句里帮助表示祈使语气。高安方言的"来"不完全用于祈使句，如"箇只事我会搞正来"。虽然主要用于未然句，但未然体的范围过大，"来"应该是一种表示希望达到某种结果的标记。

来"的语法意义是"等做完某事后时间已经很晚了（来不及做其他事）"，它只能表示背景信息，不能作为前景信息，因此，必须要有后续小句。其完成意义可以是已经完成或虚拟完成。例如：

（55）我把箇几样事搞得来，摩之夜。<small>等我把这几件事搞完，天已经黑了。</small>

（56）哦嚛！我喫得饭来，车仔已经走之。<small>糟糕！等我吃完饭，车都已经走了。</small>

（57）洗得衣裳来，昼饭都熟之。<small>等洗完衣服，中饭都做好了。</small>

（58）等尔梳得头来，总要到九点钟才出门槛嘞。<small>等你梳完头，恐怕要到九点钟才能出门吧。</small>

（59）等渠打得牌来，什哩事也做圆之嘞。<small>等他打完牌，什么事都做完了。</small>

4.2.2 进行体

进行体表示动作正在进行中。普通话要么在动词之前加副词"在"或"正在"来表示，要么在动词后加助词"着"，要么二者并用。高安话里则采用动词前加副词"在里 [hɛi²¹ li⁰]"来表示动作的正在进行意义。例如：

（60）渠在里看书，莫吵渠！<small>他在看书，别打扰他！</small>

（61）你姑姑去当圩去之，冇在里割禾。<small>你姑妈赶集去了，没在割水稻。</small>

（62）等下着，渠在里喫饭，里样子不闲得。<small>先等一下，他正在吃饭，现在没空。</small>

（63）旧年里样子在里涨水，今年个天时好多之。<small>去年这个时候在涨水，今年的天气好多了。</small>

高安方言的"在里"有两种语音形式。

其一，念本调 [hɛi²¹ li⁴²]，表示处所，意义是"在这里"，不是个凝固的词，而是个动宾短语。例如：

（64）婆婆，尔个眼镜在里嘞。<small>奶奶，你的眼镜在这里呢。</small>

不过，念本调的"在里"一般不做处所状语，也即它不是个动宾/介宾短语，要表示相同的意义做状语必须采用"在里址"。如果"在里"做状语，一定念轻声，不表示处所，而是进行体标记。比较如下：

（65）＊我俚在里 [hɛi²¹ li⁴²] 看电视。<small>我们在这里看电视。</small>

（66）我俚在里址看电视。<small>我们在这里看电视。</small>

（67）我俚在里 [hɛi²¹ li⁰] 看电视。<small>我们正在看电视。</small>

其二，后字念轻声［hɛi²¹ li⁰］，有好几个不同的意义和词性。

（1）表示存在；在家、在场。这些都是动词的用法。

①表示存在。例如：

（68）渠俚太公还在里。他曾祖父还健在。

（69）昨日把尔个钱还在里嘛？弄正来，莫跌泼咯。昨天给你的钱还在吗？藏好啦，别掉了。

②在家或在场。例如：

（70）你爷在里嘛？要渠夜窝去我俚喫酒。你父亲在家吗？叫他晚上去我家喝酒。

（71）小刘在里嘛？要渠接电话。小刘在吗？让他接电话。

（72）渠俚相讲个井晏尔在里嘛？他们吵架的时候你在场吗？

（2）表示体貌：

①表示动作的进行，位于动词前状语位置，相当于副词，如例（60）—例（63）。

②表示动作的持续。与"得"配合使用，位于动词后，相当于助词。（见下文关于持续体的介绍）

4.2.3 持续体

持续体表示动作或状态的持续。汉语普通话用持续体标记"着"来表示，包括动词的静止延续状态和动作结束后事物呈现的状态，陆俭明（1999）称之为"静态的持续"。储泽祥（2004）则把这种持续体称为定格体。

高安方言表持续意义有好几种方式：①在"V得"后用"在里"；②用"到"；③用"得"字句；④用完成体"之"表示。

4.2.3.1 后置的"在里"

高安方言的"在里"（轻声）位于动词前是进行体标记；位于"V得"后或者句末（包括小句末尾）则表示动作的持续。这种分工比较明确，与汪国胜（2016）考察的结果相似。高安方言后置的助词"在里"作为持续体标记主要分三种情况。

其一，"动词+得+宾语+在里"格式，有动作的进行和持续意义。例如：

（73）渠扯得我个衣裳在里，我走不开。他正扯着我的衣服，我走不了。

（74）我挑得担在里，不闲得跟尔话。我正挑着担子，没空跟你说。

（75）我搦得渠个手在里，快拿渠手里个剪刀抢泼咯。我正抓着他的手，快把他手里的剪刀夺掉。

其二，"动词+得+在里"格式，表示某种动作姿态、状态的持续。例如：

（76）渠坐得在里，冇睏觉。他坐着，没有睡觉。

（77）你屋下个门开得在里。你家的门开着。

（78）许徛得在里个就是尔要寻个人。那站着的就是你要找的人。

"在里"后面有时可以再接一个动作，前一个动作表示方式、状态，后一个动作有进行意味。例如：

（79）渠俚跍得在里打窍话。他们蹲着在说悄悄话。

（80）箇两婆俚关得门在里打架。这两口子关着门在打架。

其三，"处所词+动词+得+宾语+在里"格式，相当于"某处存着（存有）某物"。例如：

（81）镬里浸得米在里。锅里浸着米。

（82）（箇只）间里放得谷在里。（这个）房间里放着稻谷。

（83）楼上堆得秆在里。楼上堆着稻草。

（84）车里装得货在里，坐不人正。车里装着货，坐不了人。

上面的"在里"既有普通话持续体"着"的意义，又仍然保留有处所义，"里"复指做主语的处所词，同时整句含有空间被占据的意思。一个有力的证据是这里的"在里"可以换成"在嘚在里面"，"嘚"是个与"里"相当的方位词，表示里面、内部。例（81）的"在里"的"里"复指"镬里"，同时暗含锅里浸泡着米，不能作其他用。例（82）和例（83）亦同。例（84）是因果复句，前一分句是因，后一分句是果，这更明显地说明了前一分句的空间被占据意义。可见"在里"语法化还不够彻底，但是人们已经把"在里"看成一个词。这几个句子都不能删除句末助词"在里"，否则不成句。

4.2.3.2 到

"到"也可以表示状态的持续，但仍有趋向意义，常用于祈使句，表示命令、请求、建议、提醒或安排等，希望听话人保持（或不要保持）某个动作。例如：

（85）睏到！多歇一下仔。躺着！多歇会儿。

（86）快坐到，马上就上课。

（87）听到嘞！我不得讲第二遍。听着！我不会讲第二遍。

（88）死命个扳到，生怕跌落去。拼命地攀着，唯恐掉下去。

（89）莫儘到徛到，过来坐。别一直站着，过来坐。

（90）把大门锁到！

（91）手表尔戴到。

"到"用于连动式，前一动作表示后面动作的方式，相当于普通话表示方式的"着"。例如：

（92）坐到看书。坐着看书。

（93）睏到喫东西。躺着吃东西。

（94）捧到细人子坐车。抱着小孩坐车。

（95）扪到肚里笑。捂着肚子笑。

（96）眯到眼睛话。眯着眼睛说话。

（97）戴到帽仔晒日脑。戴着帽子晒太阳。

或后一动作行为表示目的、结果：

（98）留到把细人子喫。留着给小孩吃。

（99）奔到莫把看得。藏着别让人看见。

（100）总总扯到我个手不脱。一直拉着我的手不放。

4.2.3.3 得

"得"也可以用于连动式，相当于普通话的"着"，主要表示方式。如：

（101）箇种鸡炒得喫要好喫紧。这种鸡炒着吃要好吃些。

（102）我走得来个，冇坐车。我走着来的，没坐车。

（103）里个袋哩伤重之，挈不起，我拖得进来个。这个袋子太重了，提不动，我拖着进来的。

4.2.3.4 用完成体"之"表示

（104）墙上贴之一幅画仔。

（105）车里坐之两个人。

4.2.4 经历体

经历体表示动作或事件曾经发生，且在参考时间以前事件已经终止（项梦冰，1996）。普通话用"过"作为经历体标记，高安方言用"过来 [kuɔ⁰ lɛi⁰]"表示，动词若带宾语，宾语必须位于"过"与"来"之间。例如：

(106) 许個人我见过来。那个人我见过。
(107) 我看过箇本书来。我看过这本书。
(108) 老李以前做过篾匠来。
(109) 渠俚外甥蛮早就去过外国来。
(110) 我冇作过田来，农业上个事好多都不晓得。

在否定句中，当谓语动词后不出现宾语时，"来"可以省略。例如：

(111) "恁坐过飞机来嘛？""冇坐过。"
(112) 箇色个人硬冇看过（来）！这种人，真是少见！

动词后如果带动量、时量补语，位置同宾语。例如：

(113) 北京，我去过一转来。北京，我去过一次。
(114) 渠在福建待过三年来。他在福建待过三年。

如果动词后既有宾语又有动量、时量补语，二者的位置与宾语的类型有关。如果宾语是一般事物，则动量、时量补语在前，宾语在后。例如：

(115) 我俚婆婆奶奶坐过两转次飞机来。

如果宾语是代词，那么宾语在前，动量、时量补语在后。例如：

(116) 我喊之渠三转，渠都冇听得听见。

4.2.5 近经历体

近经历体或者叫近过去完成体，是指某一事件或情况在不久前发生，也即王力（1943/1985）的"近过去貌"，龚千炎（1995）的"近经历时态"。这里的"近"也可以是主观心理上的。高安方言用句末（包括分句末）助词"来 [lɛi⁰]"表达这一体貌意义，与普通话的"来着₁"有点类似，但也有很大不同。

4.2.5.1 "来"的分布

①"来"的句法位置。高安方言的"来"附着在整个句子末尾或分句末尾，是事态类助词，表示近过去完成的事件，典型的格式是"去（NP处所）VP来"，隐含行为主体一去一回的过程。例如：

（117）渠去娘边来。她去娘家来着（人已回来）。

（118）我□□［kʰaŋ¹³ laŋ⁰］去田里觇来，蛮多草在嘚。我刚才去农田里看了，田里有好多草。

（119）旧年去打工来，冇在屋里。去年去打工了，没在家。

（120）尔去哪址来，怎去之箇久啊？你去哪里了，怎么去了这么久？

（121）箇去做什哩来？累得成箇样。这是干吗去了？累成这样。

如果没有动词"去"，则只表示近过去完成的事件，不反映行为主体的移动过程。例如：

（122）昨日我打电话把尔来，尔冇接。昨天我给你打过电话，你没接。

（123）你娘啊爷等尔话来嘛？明日去我俚喫酒。你父母跟你说过吗？明天去我家喝酒。

②"来"的句类选择。"来"不仅可以位于陈述句末尾，也可以用于疑问句，询问不久前发生的事。用于特指疑问句，可以问人、问事、问处所，但不能问方式、原因。例如：

（124）哪什前日去河里划水来？谁前天去河里游泳了？

（125）清时麻早去做什哩来？大清早的去做什么了？

（126）穿得齐齐整整去哪址来？穿得漂漂亮亮的去哪儿了？

（127）*渠怎样话来？

（128）*为什哩去北京来？

也可用于是非问句，但通常还要加疑问语气词，高安话的"来"没有普通话语气词"来着₂"的用法。例如：

（129）尔俚去拔花生来呀？你们刚才是去拔花生了吗？

（130）送你外婆去屋里来嘛？刚才送你外婆回家了吗？

（131）a. 普通话：他叫什么名字来着？b. 高安话：*渠叫什哩名字来？

也可以用于正反问句，句末一般要再加否定词"冇"。有趣的是，高安方言的正反问句肯定与否定之间还要加一个表选择问的标记

"啊"。例如：

（132）上個月大队里开会来啊冇？上个月大队里开会没有？

（133）下昼钓鱼仔来啊冇？下午钓鱼了没有？

由于"来"表示近过去完成的意义，只能用于已然句。因此，正反问句末的否定词只能用表已然的"冇"，不能表示未然的"不"。

"来"一般只能用于肯定句中，不能用于否定句。如果句子表示否定，必须去掉"来"，在谓语动词前加"否定"副词"冇"。例如：

（134）我去买东西来。 ｜我冇去买东西。

（135）渠昨日骂我来。 ｜渠昨日冇骂我。

（136）旧年里址涨水来。 ｜旧年里址冇涨水。

③ "来"字句对动词的语义选择。同近经历体的"来"共现的动词，一般是持续性或可重复进行的动作动词，瞬间结果动词、状态动词、关系动词等都不能与之共现，诸如下面的句子不成立。

（137）＊渠俚太婆曾祖母旧年死来。

（138）＊许個细伢仔饿来。

（139）＊我是篾匠来。

（140）＊许只老己叫什哩名字来？

（141）＊以前我有一支箇样个笔来。

④ "来"字句中通常不能有数量短语、动量短语等表示量的成分。否则，诸如以下句子都不成立：

（142）＊我去买一斤鱼仔来。我刚才去买了一斤鱼。

（143）＊渠踢我一下来。他踢了我一下。

上面两句都要删去数量、动量成分。当然，第一句"来"字念本调阳平时是动词，句子成立，但变成了连动式，而且句意也变得跟普通话一样，是个未然事件。第二句"来"字念本调句子不成立。

如果一定要强调数量、动量意义，不能用近经历体"来"，而要用时间词语和完成体配合表达。表示上面两句的意义，可说成"我 □□ [kʰaŋ¹³laŋ⁰] 刚才去买之一斤鱼仔"和"渠昨日踢之我一下"。

4.2.5.2 与经历体"过来"的区别

高安方言的近经历体标记"来"与经历体标记"过来"都表示过去发生的事情，但二者有很大区别。

①句法位置的区别。近经历体"来"一般只用于句末,是事态助词,动词后有宾语,"来"也要放在宾语后,位于句末;经历体"过来"只用在动词后,表示动作的时间范畴,是动态助词,动词后有宾语,宾语要插入"过""来"之间。例如:

(144)我去北京来。我最近去过北京。　｜我去过北京来。我去过北京。

(145)老王许日哩打尔来。老王那天打了你。　｜老王打过尔来。老王打过你。

②特指与泛指的区别。近经历体"来"是近过去(至少心理上认为很近)发生的事件,是特指不久前某一次行为。如"我去北京来"是说最近某个时间去过北京。这个句子还可以在谓语动词前加上表示近过去的时间名词,如可以说"我昨日去北京来"。经历体"过来"指的经历是泛指的,表明在说话之前至少有一次这样的经历。"我去过北京来"是指至少去过一次北京,且时间上一般是指较遥远的过去。也不能加上表示近过去的时间词语,如不能说"我昨日去过北京来"。正因为如此,近经历体"来"可以用于常规性的行为,如"喫饭来"可以说,是指刚才去喫饭了,而说"喫过饭来"一定会令人觉得莫名其妙。

③有无否定句的区别。高安话的"来"与普通话的"来着"一样,只用于已经发生的事情,没有否定句。"过来"可以用于未发生的事情,有相应的否定句。例如:

(146)＊我冇去北京来。　｜我冇去过北京来。我没去过北京。

(147)＊渠俚爷冇打渠来。　｜渠俚爷冇打过渠来。他父亲没打过他。

④可否有表示量的语言成分。近经历体"来"的句子一般不含有表示量的语言成分,如数量短语、动量短语等;而经历体"过来"的句子可以有这些成分。例如:

(148)＊我去许址买一斤鱼来。　｜我去许址买过一斤鱼来。我去那里买过一斤鱼。

(149)＊渠俚姆妈打渠一转次来。　｜渠俚姆妈打过渠一转来。他母亲打过他一次。

4.2.5.3　与普通话"来着"的区别

高安话的"来"和普通话的"来着"都表示不久前发生的事,而且普通话的"来着"的前身也是"来"。但是二者在用法和意义上都有差别。

①普通话的"来着"有表达语气的作用,如朱德熙(1982:209)认为"来着"是表时态的语气词。宋玉柱(1981)、张谊生(2000)则明确把"来着"分为时间助词"来着₁"和语气词"来着₂"。高安方言的"来"没有语气词的用法,用于疑问句时句尾还可以加上语气词,如前文所述。

②普通话的"来着"可以用来询问曾经知道但现在想不起来的事情。(刘月华,2001)高安方言的"来"没有这样的意义和用法。

③以上特点使得普通话的"来着"句中谓语动词类型大大增多,像"姓、是、有"这类关系动词都可用于"来着"句。例如:

(150)这个人我见过,他姓什么来着?(引自刘月华,2001)

(151)咱们学校的电话号码是多少来着,是62782723吗?(同上)

(152)原来我有支这样的钢笔来着,后来送给朋友了。(引自吕叔湘,1980)

高安话的"来"前面的谓语动词一般是行为动词,不能是关系动词、状态动词等,"姓、是、有"这些动词都不能与近经历体意义的"来"共现。

④普通话的"来着"只能用于句中有"谁、什么"的特指问句,不能用于一般问句。(吕叔湘,1980)高安方言的"来"除可用于特指疑问句外,还可以用于是非问句、正反问句等句类,使用范围较宽,这点类似于近代汉语"来"的用法。

4.2.6 起始体

起始体表示动作或状态变化的开始。普通话表示起始意义的语法手段除了"V起来",还有"V上、V开"(郭晓麟,2018)。高安方言用念轻声的"起来 [i⁰ lɛi⁰]"附在动词或形容词后表示起始意义,后面通常还要加上一个完成体标记"之"。例如:

(153)渠俚两个人又打起来之。他们两个又打起来了。

(154)怎好把哩哩哭起来之?怎么好端端的哭起来了?

(155)天晴起来之,把被窝拿出来晒。天晴了,把被子拿出来晒。

(156)才喫之一毛子酒,渠个面敦哩就红起来之。才喝一点酒,他的脸就红起来了。

与普通话不同的是,"之"必须置于"起来"之后,不能位于其前。下面几种说法都不成立:

(153)' *渠俚两個人又打之起来。

(154)' *怎好把哩哩哭之起来?

(155)' *天晴之起来,把被窝拿出来晒。

(156)' *才喫之一毛子酒,渠个面敦哩就红之起来。

动词如带宾语,其位置要插在"起来"的中间。例如:

(157) 两個人话定之事就打起架来之。两个人说着说着就打起来了。

(158) 箇大子人还喫起烟来之啊? 这么小的人还抽起烟来啦?

(159) 话之渠两句就嘟起嘴巴来之。才说他两句就嘟起嘴巴来了。

(160) 上昼都蛮大个日脑,下昼就落起雨来之。上午都很大的太阳,下午就下起雨来了。

"V起来"(包括"V起O来")后面的"之"非常重要。如果没有"之",要么句子不成立,要么不表起始意义,而是作为句子的从属分句或前位分句,具有话题功能,表示时间、方式、条件、假设等(齐沪扬、曾传禄,2009),或者简单地说表示着眼于某一方面(吕叔湘,1980:442)。例如:

(161) 该把镰仔用起来蛮顺手。这把镰刀用起来很顺手。

(162) 骂起人来冇哪什有渠样。骂起人来没有谁比她厉害。

(163) 许只妹仔话起事来有条有理。那个女孩说起话来有条有理。

(164) 读书冇一忽用,做起事来还要得。读书一点也不行,做起事来倒还可以。

(165) 莫儘到骨骨跦跦,我打起来尔又会哭死。别一直动来动去,如果我打你,你又会哭惨。

上面的例子都不能在"起来"后加"之","V起来"是表示就某一方面而言,同时也隐含条件、假设等关系,最后一句的假设关系更加明显。

值得注意的是,高安方言表起始义的"起来",一般不能和否定词"冇"共现,要表示否定,必须去掉"起来",否定了整个动作,自然就否定了动作的开始。例如:

(166) *渠冇笑起来。　　　　　　| 渠冇笑。

(167) *箇两个人冇打起架来。　｜箇两个人冇打架。

4.2.7　先行体

先行体表示某种动作行为先于另一动作行为发生（张一舟，2001：60）。就高安方言而言，动作行为的先后还涉及是否为同一动作主体的问题。如果是不同的动作主体，高安方言用位于动词性词语后的助词"起"和"边"，表示某个主体优先发出动作。例如：

(168) ——尔骂渠做什伽？你骂他做什么？
　　　——渠骂我起。他先骂我的。

(169) 上盘把我走起，里盘尔走起。（下棋打牌用语）

"起"一般用于已然事件句中，偶尔也可以用于未然句。

与之相反的是"边"主要用于未然句，位于动词前，意义相当于副词"先"（但是"先"没有已然、未然的限定）。例如：

(170) 你边去，莫等我。你们先去，别等我。

(171) 菜会冷，我等边喫。菜会冷，我们先吃。

如果是表示同一施事不同动作的先后次序，高安方言用助词"着 [tʂʰɔʔ]"和"□ [iəuʔ]"来标记。为便于书写，这里用音义相近的"优"字代"□ [iəuʔ]"。"着""优"都位于句末，含有"先……再说"意义，但二者的功能有不同的分工。"着"只能用于肯定句中，"优"一般用于否定句中。下面分别探讨这两个先行体标记。

4.2.7.1　先行体肯定标记"着"

①"着"的使用格式。先行体标记"着"可以位于动词性词语和名词性词语后构成"VP着"和"NP着"。

其一，VP着。

"VP着"一般要与完成体标记"之"共现。例如：

(172) 看之箇集电视着，衣裳等下洗。先看完这集电视，衣服等一下再洗。

(173) ——快去修□ [ia⁰] 一下压水井嘞。快去修一下压水井呢。
　　　——我打之里盘牌着。等我打了这把牌再说。

(174) ——把镬里个汤张起来吧？把锅里的汤盛起来吧？
　　　——让渠滚之着。等它开了再说。

这些句子VP前都可以再加"先"，构成"先VP着"格式。再举几个例子：

（175）先瞓個覺着，管渠三七二一啦。
（176）——快来歇下仔。快来休息一会儿。
　　　——我先挑咯箇担水着。我先挑了这担水再说。
（177）——几𠮩晏去屋里呀？什么时候回家呀？
　　　——先割泼里毛子禾着嘞。先割完这点水稻再说。

有时复句中前一分句已经出现时间副词"先"和否定副词，后一分句的"VP 着"一般就不再出现"先"，而应该用"等"，组成"先 Neg + VP，等 VP 着"格式。例如：

（178）我先不等尔话，等你大人来之着。我先不跟你说，等你父母来了再说。

（179）先莫去姑姑俚，等渠俚归来之着。先别去姑姑家，等他们回家了再说。

这种格式，前一分句可以加上先行否定标记"优"，与先行肯定标记"着"并用，构成"VP 优，VP 着"格式，此时"先"可不出现，如例（179）可以说成：

（180）（先）莫去姑姑俚优，等渠俚归来之着。

当然，前面分句或语境没有副词"先"，也可以单独用"等 VP 着"，一般是在催促某人或问某人何时行动语境中使用。例如：

（181）——放之学，快去屋里嘞。放学了，快回家吧。
　　　——等我扫之地着。等我扫完地再说。
（182）——箇久来之，还不还钱啦？这么久了，怎么还不还钱啊？
　　　——等我赚到之钱着。等我赚到了钱再说。

其二，NP 着。

"NP 着"的"NP"主要是表将来时间的词语。

（183）——仓仔里个谷有蛮燥，拿得去晒一下。谷仓里的稻谷不是很脆，拿去晒一下。
　　　——明日着。明天再说。
（184）——把箇块腊肉送得去姨姨俚。把这块腊肉送到小姨家去。
　　　——下昼着。下午再说。

"NP"也可以是带有未来时间次序的词语，比如"下 + 数量词语"。

例如：

（185）——我也来打扑克。

——下一盘着。下一把再说。

（186）——去高安个话等我带毛子腐竹归嘞！如果去高安的话帮我带点腐竹回来吧！

——下转着。下次再说。

②"着"的语义凸显。表先行体意义的"着"从语义上说涉及 A、B 两个动作行为或事件，先实施 A 动作或事件，再考虑 B 动作或事件，总体上"着"有"先……再说"意义。但由于语境和句法的不同，"着"会有不同的语义凸显，有的凸显"先"义，有的凸显表语气的"再说"义，有的凸显"先……再说"义进而虚化成表示一种条件。

其一，凸显"先"义。

如果"VP 着"位于先行句，后续句是另一动作或事件时，"着"主要凸显"先"义。例如：

（187）看之箇集电视着，衣裳晏毛子洗。先看完这集电视，衣服晚点再洗。

（188）喫之饭着，等下再去当圩。先吃饭，待会儿再去赶集。

有些句子施事无后续行为，后续句无"再"义副词，也只凸显"先"义。例如：

（189）坐下仔着，饭马上就熟。先坐一会儿，饭马上就好了。

（190）等下仔着，渠俚就会来。先等一会儿，他们很快就来。

其二，凸显"再说"义。

这里的"再说"已经不具有言说义，而是"再考虑、打算"的意思，学界一般认为表示某种语气。首先，"NP 着"凸显"再说"义最明显，不具有"先"的意义，如"明日着"是"明天再说"，"下盘着"是"下一把再说"。当然"NP 着"的先行句是隐含的，而且含有"此时先不……"意义。其次，如果"VP 着"无后续句或位于后续句，一般都可以理解为"先……再说"义。从以上很多例句都能看出。但如果是"先 VP 着"，则"着"主要凸显"再说"义，如例（175）—例（177）。先行句有先行否定意义时，如"先 Neg + VP，等 VP 着"或"（先）Neg + VP + 优，等 VP 着"格式，则"着"只凸显"再说"义，如例（178）—例（180）。

其三，凸显"先决条件"义。

"着"的"（先）……再说"义进一步虚化，就变为"先决条件"义，这种句子往往是先行句是结果，后续句是条件。例如：

（191）要买玩具可以，考之前三名着。

（192）拿红包把我。给我红包。——喊之叔叔着。

（193）姐姐，我要喫糖子。姐姐，我要吃糖果。——还打我么着？

上面例子的"着"似乎可以直译为"（先）……再说"的意思，但重点是说条件。第一句是说考试考了前三名才可以买玩具；第二句表示只有喊了一声叔叔，才可以得到红包。最后一句是用问句的形式表示条件，"么着"现已演变成一个疑问语气词，实际是个跨层结构，"还打我么着"是"还打我么/着"，意思是要先回答"打不打我？"这个问题才考虑给不给糖果吃。

张一舟等（2001）认为先行体是表示一个行为、事件的发生，须以另一行为、事件作为先决条件，或在另一行为、事件之后。张文从两个方面来给先行体下定义，但其实先行体至少有一个由表动作行为先后到表先决条件的语法化过程。高安方言的"着"也应该经历着由凸显行为、事件的先后，到"（先）……再说"义，再到表示先决条件义的渐进演变过程。

4.2.7.2　先行体否定标记"优"

高安方言表示动作、事件先行意义的标记比较特别，先行肯定用"着"，先行否定表示"先不/别……"意义则必须用"优"，其一般格式是"（先）Neg-VP 优"，其中"Neg"是表示未然否定的副词"不"或祈使否定的副词"莫"。例如：

（194）莫喫优，等下客看得之会话。先别吃，待会儿客人看到会说的。

（195）先莫踩优，箇個水泥地板还有干。先别踩，这块水泥地板还没干。

（196）先不等渠话优，省得渠难过。先不跟他说，免得他心里难过。

"优"和"着"还经常前后对照使用。例如：

（197）先莫慌优，我去看眈着。先别慌，等我去看看再说。

（198）我先不去母舅俚优，等渠归来之着。我先不去舅父家，等他回来了再说。

相对于"着"，"优"的语法功能和意义都显得比较单纯。由于

"优"只有"先不/别……"意义，没有"着"那样有"再说"和表示先决条件的意义。因此，它的语法功能有很大的限制：①句法位置上比较单一，只位于先行句中，而"着"既可以位于先行句，也可以位于后续句。②不能位于 NP 后，组成"NP 优"格式。

4.2.8 重行体

重行体表示动作重新进行。高安方言的重行体标记是"过"[kuɔ⁰]，动词前可加"重新、再、又"一类副词。例如：

（199）里件衣裳有個洞牯哩，换过一件。这件衣服有个洞，重新换一件。

（200）箇只题目做错之，重新做过。这道题做错了，重新做一遍。

（201）菜冇洗得伶俐，再洗过。菜没洗干净，再重新洗过。

（202）许只桶仔太细之，我又买过之一只。那个桶子太小了，我又重新买了一个。

（203）电视机烂之，修不正，要买过一個新个。电视机坏了，修不好，要重新买一个新的。

重行体标记"过"可以跟完成体标记共现。例如：

（204）衣裳冇洗得伶俐，我等尔洗过之。衣服没洗干净，我帮你重新洗过了。

（205）许只表烂之，换过之一只。那块手表坏了，重新换了一块。

（206）以前个路塞泼之，嘎修过之一条路。以前的路堵住了，现在重修了一条路。

有人把重行体归入反复体，笔者认为不是很确切。虽然重行体也需要动作再一次发生，但重点是表示前一次行为不理想，动作需要重新进行。高安方言表示动作的重复除了可用副词"再"外，还经常用处于补语位置的副词"凑"来表示。例如：

（207）喫一碗凑。再吃一碗。

（208）加毛子凑。再加一点。

（209）话一句凑。再说一句。

（210）买两斤凑。再买两斤。

（211）打一下凑。再打一下。

不过，这里的"凑"前面必须要有表示量的成分（包括数量短语和动量短语），否则诸如下面的说法都不成立。

（212）＊喫凑｜＊加凑｜＊话凑｜＊买凑｜＊打凑

可见，"凑"主要是表示量的增加。

4.2.9 将然体

将然体表示动作或状态在不久之后发生。高安方言用"会嗟X嗟"格式表示在将来很短的时间内就要出现某种情况，相当于"快要"的意思。"会嗟X嗟"中的"X"可以是谓词性词语，也可以是体词性词语。谓词性词语可以是动词，也可以是一些表状态变化的形容词。例如：

（213）会嗟落雨嗟，快去收被窝。快要下雨了，快去收被子。

（214）米会嗟喫圆咯嗟，去买一袋哩来。米快要吃完了，去买一袋来。

（215）我会嗟到南昌嗟。我快到南昌了。

（216）快来喫饭，饭会嗟冷嗟。快来吃饭，饭都快要冷了。

（217）柿哩转之红，会嗟熟嗟。柿子变红了，快要熟了。

（218）伤口会嗟好嗟，不着担心。伤口快好了，不用担心。

"会嗟X嗟"的X也可以是表时间推移性的体词性词语。例如：

（219）渠会嗟八十岁嗟。他快八十岁了。

（220）会嗟清明嗟，可以少穿毛子衣裳。快清明了，可以少穿点衣服。

"会嗟X嗟"表示的是即将发生的动作或事件，句中不能出现表将来时间的词语，下面两个句子不成立。

（221）＊明日会嗟落雨嗟。

（222）＊下個礼拜会嗟通路嗟。

"会嗟X嗟"格式的句子表示的是一种预测、预计，而不能表达主观意图，所以当主语是第一人称时，其中的"X"不能是自主动词，下面两个句子不成立。

（223）＊我会嗟睏觉嗟。

（224）＊我会嗟收衣裳嗟。

但是，如果给这些动词加上结果补语，句子就成立，例如：

（225）我会嗟睏着咯嗟。我快要睡着了。

（226）我会嗟收圆咯衣裳嗟。我快要收完衣服了。

罗荣华（2013）认为赣语上高话的"嗟"的本字是"去"，而且吕叔湘（1941/1985）等很早就观察到近代汉语的"去"表将然的用法。高安话的"会嗟 X 嗟"的"嗟"本字应该也是"去"。

"会嗟 X 嗟"有的也说成"会嘚 X 嗟"或"在嘚 X 嗟"，意义和用法都一样。

4.2.10 已然体

已然体表示事态已经或即将出现变化。普通话用句尾助词"了₂"表示，高安方言的"之"用在肯定句中主要是做完成体标记，在否定句末有表示出现新情况的意义。我们也可以说"之"兼表完成和已然，不过，动词后带宾语时，"之"要放在宾语的前边。另外，"之"的参照时间是可以是过去、现在和将来。高安方言里位于句末的"来之 [lɛi⁰ tsʅ⁰]"是事态助词，表示已然意义，而且以现在说话时间为参照，可附在名词语和动词语后面，有表示事态对现实的相关性，一般都有或可以补出后续小句。这类名词语和动词语一般具有推移性和增减性。

4.2.10.1 NP 来之

高安方言的"NP 来之"叙述情况已经或即将出现变化，对应于普通话的"NP 了"句式。能进入"NP 了"句式的 NP 具有推移性（邢福义，1984）。同样，"NP 来之"的 NP 也必须具有推移性。例如：

（227）嘎大人来之，不着要娘啊爷记到。现在是大人了，不用父母牵挂。

（228）三十岁来之，还不懂事！都三十岁了，还不懂事！

（229）尔认当还早啊？今□[ŋa⁰]初十来之。你以为还早啊？今天初十了。

（230）冷天里来之，多穿毛子衣裳。冬天了，多穿点衣服。

（231）九点钟来之，还不起来呀？九点钟了，还不起床呀？

4.2.10.2 VP 来之

这一格式的 VP 很受限制，VP 里一般要有数量或指量等具有推移性或增减性的成分，表示情况已经或即将达到某个程度。有些可与完成体标记"之"共现，"之"在位于动词后，"来之"附于句末。例如：

（232）箇紧水果放之蛮久来之，就怕喫不得叽。这些水果放了很久了，恐怕不能吃吧。

（233）我俚等之两個钟脑来之，车仔还冇来。我们等了两个小时了，车还没来。

（234）我做之三個来之，渠一個都还冇做得圆。我都做了三个了，他一个都没做完。

（235）几年冇见，就长得箇高来之啊？几年没见，就长这么高了啊？

（236）大水没［mut³］到我颈下来之。大水水位达到我脖子了。

以上例句都不能删除数量或指量成分，否则句子不成立。只有少部分句子VP不需要含有数量或指量成分。例如：

（237）落雨来之，快收衣裳。下雨了，快收衣服。

（238）钱渠还得把尔来之。钱他还给我了。

（239）箇只事小徐话声我俚来之。这件事小徐告诉我们了。

第一句可能是个凝固的表达，如果把"落雨"换成"出日脑出太阳"就不行。后面两句表示事态已经出现变化，而且动作具有移动性特征，受益者是第一人称和第二人称，动作有内向性。如果换成第三人称（或第三者人名），那么动作具有外向性，"来之"必须换成"去之"。如：

（240）钱我还得把渠去之。钱我还给他了。

（241）小徐话声渠俚去之。小徐告诉他们了。

4.2.11 短时体

短时体表示动作或变化所经历的时间短暂或动量较小。普通话里以重叠动词形式或在动词后加"一下"来表示。高安方言表示短时体用"VV子"或"V下（仔）"。

4.2.11.1 VV子

高安方言的动词一般不能直接重叠，必须加后缀"子"才能说。"VV子"表示动作的时量短，相当于"V一会儿"。例如：

（242）渠个脾气一忽都不好，嬉嬉子就会来性。他的脾气一点儿都不好，玩一会儿就会发脾气。

（243）鞋哩穿穿子就会穿松咯。鞋子穿几次就会变松。

"VV子"有时侧重表动量小，可用来表示做某事轻而易举。（见3.2.2）"VV子"可以连用变成"V_1V_1子，V_2V_2子"，表示"表示动作的交替进行"（汪国胜，1993），相当于"一会儿V_1，一会儿V_2"。（见

3.2.3）

4.2.11.2　V下（仔）

普通话的"一下儿"既表示时量，又表示动量。（朱德熙，1982：66—67）高安方言"下"（念轻声 [ia⁰]，"一下"的合音）和"下仔"（念 [ia⁰ tsɛ⁰]，"一下仔"的合音；有时也念 [ha⁰ tsɛ⁰]。意义都相当于"一会儿"）附于动词后来表示时短、量小意义。但意义和功能都有不同。

"下"侧重于表动量。例如：

（244）里個什哩字啊？尔帮我看下。这个是什么字啊？你帮我看一下。

（245）桌哩上蛮多灰，拿布擦下。

（246）日脑落之窟，去收下被窝。太阳下山了，去收一下被子。

"下仔"细说起来有两个。

"下仔₁"更侧重表时量，前面的动词一般是可持续的，例如：

（247）等下仔₁，渠马上就来。

（248）歇下仔₁着，过下仔₁再做。

（249）热得人死，到树下来坐下仔₁。

这种"下仔"时间意义较实在，相当于"一会儿"，更像是时量宾语，例（244）—（246）里的"下"都不能换成"下仔₁"。

"下仔₂"相当于"下"的主观小量，一般做补语，尤其是后面再带宾语，时间意义不那么实在，比"下"表达的动量更小，有悠闲、轻松意味，类似于普通话表短时意义的动词重叠形式。例如：

（250）日□ [ŋa⁰] 就是洗下仔₂衣裳，舞下仔₂饭，冇什哩事做。每天就是洗洗衣服，做做饭，没什么事做。

由于"V下"和"V下仔₂"都可以表示动量小，所以用于祈使句都可以起到缓和语气的作用，但"V下仔₂"仍然显得更委婉些，因为高安方言的"仔"尾表示主观小量（聂有才，2019）。例如：

（251）a. 许只题目渠不会做，尔教渠！这道题他不会，你教他！

b. 许只题目渠不会做，尔教下渠！这道题他不会，你教一下他！

c. 许只题目渠不会做，尔教下仔₂渠！这道题他不会，你教教他！

上面三句：a 句用动词基本形式，显得比较生硬；b、c 两句语气缓和得多；c 句比 b 句语气更委婉。

高安话的短时体"下""下仔₁"和"下仔₂"都可以和完成体标记共现，完成体"之"位于动词和短时体词语之间。例如：

（252）我俚上昼去口［lɔŋ⁵⁵］之下街。我们上午去逛了一下街。

（253）昨日渠帮我晒之下谷。昨天他帮我晒了一下稻谷。

（254）桶仔里个衣裳我洗之下。桶子里的衣服我洗了一下。

（255）我想之下，还是里样做比较好。我想了一下，还是这样办比较好。

（256）夜窝渠看之下仔₁电视就睏之。晚上他看了一会儿电视就睡了。

（257）渠在门口徛之下仔₁，冇进去。他在门口站了一会儿，没进去。

（258）我冇做什哩，就是晒之下仔₂被窝。我没做什么，就是晒了下被子。

4.2.12 尝试体

高安方言表示动作的尝试意义，不用动词的重叠形式，而是在动词后加"口口［taŋ⁰ laŋ⁰］"，也可简化成"口［taŋ⁰］"，为行文方便，我们暂且用音近的"眈"来代替。例如：

（259）外头在里吵什伽？去觑眈。外面在吵什么？去看看。

（260）较眈里件衣裳合身嘛？试试这件衣服合不合身？

（261）量眈有几高子。量量看有多高。

（262）鞋哩上个迹哩拿刷仔刷眈，看眈刷得伶俐嘛？鞋子上的污渍拿刷子刷一刷，看看刷得干净吗？

（263）尔想眈要怎样做。你想想看要怎么做。

这里的 V 只能是单音节的，不能是双音节的动词。双音节动词后只能接表短时意义的"下"或"下仔₂"，不能接尝试体标记"眈"。例如：

（264）尔同渠商量下/下仔₂。你跟他商量一下。

不过，虽然"商量"是双音节词，但高安方言也可以换用"打商量"来表示，这样仍可以用尝试体标记"眈"。如上面一句可以换成：

（265）尔同渠打眈商量。

尝试体和短时体有联系，都带有时量短、动量小意义，具有缓和语气的作用。因此，例（259）—（263）的"V眈"都可以换成"V下"（表尝试义的"看眈"除外），基本意义相近。而且，在普通话里这两种体貌意义都可以用重叠动词形式来表示。不过，这两种体貌还是有较大的区别。首先，语义不一样。短时体表示动作经历的时间短促或动量较小，而尝试体表示动作的尝试性。其次，表短时意义的几个动作可以连用，表示轻松意味，如前文的"V下仔₂"。而表尝试意义的"V眈"无此意义和功能。另外，短时体表述的动作、事件可以是未然的，也可以是已然的，能与完成体"之"共现。尝试体用于未然的动作、事件中，因此不能跟完成体"之"同现。

4.2.13 反复体

反复体表示动作的反复进行。高安方言用副词"儘到"和动词重叠式来表示反复体。

4.2.13.1 儘到

副词"儘到 [tɕiŋ⁴² tau⁰]"或作"紧到"是"一直、总是"的意思，修饰一些动词（如单变动词、可反复进行的动词）时可以表动作的反复进行。例如：

（266）一句事莫儘到话，话之一道就是。一句话别一直说个不停，说一次就行了。

（267）儘到打渠做什哩？渠又冇生尔。老是打他做什么？他又没惹你。

（268）箇個字怎儘到写错啊？这个字怎么老是写错啊？

（269）我不想买渠个东西，渠儘到缠到。我不想买他的东西，他一直缠着我。

4.2.13.2 VV

高安方言动词极少能重叠构成 VV 式，仅有一些能重叠，表示动作反复、持续进行（又见 3.2.1）。例如：

（270）哈欠打打。

（271）手仔拴拴。

（272）眼珠眯眯。

这种形式更多的是描绘一种动作状态。

4.2.13.3 V 啊 V

"V 啊 V"格式表示动作的反复，但通常附加说话人的否定态度，常用在否定句、反问句中。这种格式动词后面都不能带宾语。例如：

（273）一早就看得渠在里搞啊搞，不晓得搞郎子什哩。一大早就看到他在这里弄啊弄,不知道弄些什么。

(274)莫到箇垯这里跳啊跳,危险得很。

(275)□［tɕɛ⁴²］啊□［tɕɛ⁴²］,有什哩□［tɕɛ⁴²］得。吹啊吹,有什么好吹牛的。

"V 啊 V"前面可以加副词"儘到"。例如:

(276)儘到扯啊扯,我个衣裳都着渠扯烂之。一直扯啊扯的,我的衣服都被他扯烂了。

4.2.13.4 VVV

"VVV"格式也可以表动作的反复。例如:

(277)吵吵吵,烦得人死!一直吵吵吵,烦死人了!

(278)话话话,话什哩嗟?一直说个没完,说什么呢?

当然,有时也可以不表动作的持续、反复,而只是表示提醒、催促等意义,语气急切。例如:

(279)走走走,去屋里回家,落雨来之!

(280)来来来,喫喫喫!

4.3 完成体"之"的来源

高安方言太阳话的完成体标记我们记作"之",念［tsʅʔ⁰］或［tsʅ⁰］。高安城区话有的记作"至"(《高安市志》,2009),有的记作"嘚"或"得"。笔者认为,高安太阳话的和城区话里的完成体标记的本字都应该是唐宋表完成体"着(著)"。

从用法上看,唐代的"着"已经有了表示动作的完成或实现的意义(刘坚,江蓝生等,1992;刘坚、曹广顺等,2018;吴福祥,2015)。例如:

(281)细看只似阳台女,醉着莫许归巫山。(岑参《醉戏窦子美人》)

(282)乞取池西三两竿,房前栽着病时看。(王建《乞竹》)

宋代也延续了这种用法。例如(转引自刘坚,江蓝生等,1992:101):

(283)又只恐你,背盟誓,似风过。共别人,忘着我。(杨无咎

《玉抱肚》)

(284) 散文即在孔子，孔子便做着天在。(《朱子语类》卷三六)

(285)《孟子》辨《告子》数处，皆是辨倒着《告子》便休，不曾说尽道理。(《朱子语类》卷五九)

从语音上看，高安（太阳）方言的"着"有两个读音：一是念 $[tʂʰɔʔ^3]$，如"着急、着火"以及被动标记"着"。二是念 $[tʂɔʔ^3]$，如"着棋"。而完成体标记念 $[tʂɿʔ^0]$ 或 $[tʂɿ^0]$，从语音演变来看，也是有可能的。"着"的声母都是舌尖后音，"着棋"的"着"声母与表动作完成的标记声母相同，都是不送气。体貌标记由实义动词语法化，语音也逐步弱化，韵母脱落，其演变轨迹可能是 $tʂɔʔ^3 → tʂʰɔʔ^3 → tʂɿʔ^3 → tʂɿʔ^0 → tʂɿ^0$。

从方言的分布看，有的方言也有相同的情况。不少汉语方言里完成体助词都来源于"着"，比如梅祖麟（1988）就认为吴语上海话的"仔"、湘语长沙话的"达"等都来源于"着"。更为重要的一点，安徽有些方言的完成体标记也是音同"之"字，其来源也是"着"。比如，含山话的"之"既是完成体标记又是持续体标记（江蓝生，1995）；另外，桐城话里的完成体也作"之"（李金陵，1994）。

高安城区话的完成体标记读作 $[tə^0]$，很容易写成"得""嘚"类字，并且认为本字可能是"得"，而且"得"也有完成体用法。但在高安太阳话里完成体标记读如"之"，声母是舌尖后音 $[tʂ]$，不同于声母为 $[t]$ 的"得"，所以"之"的来源不可能是"得"，而是"着"。而城区话声母较多地保留古音，没有分化出 $[tʂ]$ 类翘舌音声母（即无舌上音），"之""至""嘚""得"声母都是 $[t]$，读轻声时整个字的音值也相近，比照太阳话的演变规律，其完成体标记来源也可能是"着"。邵宜（2007）就明确将高安话里读 $[tə^0]$ 的完成体助词写作"着"。可见，表完成体意义的高安太阳话的"$[tʂɿ^0]$"和城区话的"$[tə^0]$"来源都是"着"。

4.4 小结

本章详细介绍了高安方言的体貌系统，各种体貌意义的表达形式总结如表 4-1 所示。

表 4-1　　　　　　　高安方言体貌意义的表达形式

体貌意义	语法形式
完成体	V 之（已然） V 咯（未然） V 得来
进行体	在里 V
持续体	V 得在里 V 到 V₁ 得 V₂
经历体	V 过来
近经历体	V 来
起始体	V 起来
先行体	VP 起 边 VP VP 着（肯定） VP 优（否定）
重行体	V 过
将然体	会嗟 VP 嗟
已然体	NP 来之 VP 来之 VP 去之
短时体	VV 子 V 下（仔）
尝试体	V 眺
反复体	儘到 V VV V 啊 V VVV

高安话的体貌表达形式很有特色。完成体（实现体）意义有两个主要标记："之"和"咯"。它们之间分工比较明确，前者主要用于未然情况，后者相反，只用于未然事件句。完成体标记"之"，笔者认为其本字是来源于唐宋表完成体"着（著）"。"在里"位于动词前表示动作正在进行，位于句末表示持续体意义。不仅有经历体，还有近经历体，而且各种形式不交叉，不易造成歧义现象。先行体标记除"起"外还有"着"和"优"。"着"字在不少汉语方言里都有先行体意义，但"优"却基本未见报道。还有更为有特色的是尝试体意义不用动词重叠式，而是在动词后加"□□ [taŋ⁰ laŋ⁰]"，也可简化成"□ [taŋ⁰]"，简作"V 眈"。遗憾的是，还不知道其来源。

第 5 章　代词

本章主要介绍高安方言的代词系统，包括人称代词、指示代词和疑问代词。每节先列出各种代词的形式，再探讨它们的语法功能。此外，还探讨了一些代词的非指代用法。

5.1　人称代词

5.1.1　人称代词的形式

高安方言人称代词的单数、复数形式列表如下：

表 5-1　　　　　　高安方言人称代词的单、复数形式

人称	单数	复数
第一人称	我	我俚（排除式）　我等、我恁（包括式）
第二人称	尔　恁（尊称）	尔俚/你
第三人称	渠	渠俚
自指	自家　各人	
他指	别人　别伢俚　伢俚	
统指	齐（侪）　大家	

5.1.2　人称代词的功能

5.1.2.1　我、尔、恁、渠

高安话的第一人称、第二人称和第三人称单数分别是"我 [ŋɔ^{55}]""尔 [n̩^{55}]""渠 [tɕie^{55}]"。"恁 [nɛŋ^{55}]"是第二人称单数的尊称。

"渠"字读阴平①，"我""尔"和"恁"受其影响也都读阴平，这是语音感染的作用（李荣，1965）。这些代词都可以做主语和宾语，没有主格、宾格之分。例如：

（1）我明日去高安走一转次、趟。

（2）尔在里做什哩？你在做什么？

（3）恁身体还蛮庚健嗷！您身体还蛮健康的呢！

（4）渠就怕恐怕有七十多岁哦。

（5）有什哩好事话声告诉我啊？

（6）请师傅来教尔。

（7）里件袄哩送得把恁。

（8）你崽不听话，要好好哩磨憾渠。你儿子不听话，要好好管教他。

这些单数三身代词一般不能单独做定语，做定语有以下几种情况。

①单数三身代词单独做定语，被修饰语只能是表方所的名词或短语，表方所名词如"面前、背里、上等、下等、左边、右边、边里"等，方所短语有两种情况。一种情况是与身体部位有关的方位短语，如"身上、颈上、背上、面上、脑骨上、鼻公里、眼睛里、胯里、手里、夹下、脚下"等；另一种情况是与人称有领属关系的名词加上方位词构成的方位短语。分别举例如下：

A. 修饰方位词

（9）渠住得我上等。他住在我上面。

（10）尔面前有一只蛇。你前面有一条蛇。

（11）东西在恁右边。东西在您右边。

（12）眼镜就在渠边里。眼镜就在他旁边。

B. 修饰身体部位方位短语

（13）我背上有一個痣。我背上有一颗痣。

（14）尔面上怎会有一個疤？你脸上怎么会有一块疤？

（15）抢落渠手里个刀来。把他手里的刀抢下来。

C. 与人称有领属关系的方位短语

---

① 据项梦冰（1997）汀州片客家话中"佢"也多读为阴平，而且不少方言的"我、尔"也受"佢"的影响而读阴平。

（16）书放得我桌仔上。书放在我桌子上。

（17）钱在尔枕头下。钱在你枕头下。

（18）恁包里装得是什哩啊？您包里装的什么呀？

（19）渠桶仔哩蛮多鱼仔。他桶子里有很多鱼。

②用复数人称代词"我俚、尔俚、渠俚"修饰亲属称谓词以及指称亲属的词，表单数意义。"你"的意义和用法与"尔俚"相同，是"尔俚"的合音。吕叔湘（1985）曾指出汉语有用复数代单数的情形，主要是第一身代词和第二身代词做领格。与之不同的是，高安话整个三身代词修饰亲属称谓词时都是用复数形式来表示。例如：

（20）我俚姐姐在里读初中。我姐姐在读初中。

（21）尔俚家婆有几多岁子啊？你婆婆有多少岁啊？

（22）你外甥开车来接尔来之。你外甥开车来接你了。

（23）渠俚老婆蛮舍高。他老婆很勤快。

③人称代词加结构助词"个"（相当于普通话的"的"）来修饰普通事物名词。例如：

（24）我个书在哪块仔？我的书在哪里？

（25）许個人把尔个牛牵起走之。那个人把你的牛牵走了。

（26）渠个事不要尔管。他的事不要你管。

单数人称代词做定语时，亲属称谓名词前也可以加"个"，有强调意味。例如：

（27）箇是尔个娘，不是我个娘嘞！这是你的母亲，不是我的母亲。

5.1.2.2 我俚、我等、尔俚、你、渠俚

"我俚［ŋɔ⁵⁵li⁵］、我等［ŋɔ⁵⁵tɛŋ⁵］"分别是第一人称复数的排除式、包括式。包括式有时也说"我恁［ŋɔ⁵⁵lɛŋ⁵］、俺恁［ŋɛŋ⁵⁵lɛŋ⁵］"。"尔俚［n̩⁵⁵li⁵］、你［ni⁵⁵］"都是第二人称复数形式，如前所述，"你"是"尔俚"的合音，二者用法无明显差别。"渠俚［tɕiɛ⁵⁵li⁵］"是第三人称复数形式。它们都可以做主语、宾语和定语。

做主语、宾语，例如：

（28）我俚不像尔俚/你，喫之饭有事做。我们不像你们，吃了饭没事做。

（29）尔俚/你三個人坐到面前去。你们三个人坐到前面去。

（30）我等莫管渠俚许办人。咱们别管他们那帮人。

做定语时，用于普通事物名词前要加结构助词"个"。例如：

（31）我俚个书。我们（排除式）的书。

（32）我等个钱。咱们的钱。

（33）尔俚个桶仔。你们的桶子。

（34）渠俚个错。他们的错。

用于亲属称谓词及跟自己有关系的人、团体、处所的名称前可以不加"个"，如"渠俚外婆｜尔俚师父｜我俚学里｜渠俚单位上｜我俚屋里"等，与表单数意义的用法相同，话语中一般不太注意去区分单复数意义。若一定要判断单数、复数意义，则要看语境。但"我等"只有复数意义，没有单数意义。例如：

（35）尔俚两兄弟快毛子走，尔俚妈在面前等。你们两兄弟快点儿走，你们母亲在前面等。

（36）我等外公话渠明日会来。咱们外公说他明天会来。

然而，高安话的"我俚、尔俚、渠俚"又有"我家、你家、他家"的意义，如"去我俚/尔俚/渠俚喫饭"意思是"去我家/你家/他家吃饭"。此外，"俚"前面也不限于代词，还可以是亲属称谓词及其他表人的名词。例如：

（37）姑姑俚做之新屋。姑姑家盖了新房子。

（38）母舅俚买之车。舅舅家买了车。

（39）去小明俚喫酒。去小明家喝酒。

人称代词复数式做领格，同时具有"X家"义的现象，在汉语方言中并不少见。严修鸿（1999）主要从三方面论证了客家方言中人称代词单数的领格源于北方话中表示复数的"我家、你家、他家"。一是不少汉语方言（如山西、陕西、河北、河南、安徽、江苏等省份）都有以"我家、你家、他家"来做人称代词的复数形式；二是人称代词修饰亲属类名词用复数形式，通常表单数人称；三是不少方言（如云南的建水、昆明、文山，安徽泾县等）单数人称代词修饰亲属称谓词，都不用结构助词"的"，而用"家"。笔者认为这里有两个"家"，一个是复数的后缀，另一个表示修饰关系（限于修饰亲属类名词）。二者用相同的标记，有必然性，也有偶然性。复数后缀一般是有集体或表多义的词演化而来,附在单数人称后表复数,比如,普通话的"们"①、方言的"家""俚"等形式。复数标记,不同的方言可能会有不同的选择。而另一个表修饰关系的标记则是来源于实义的"家"或相当于"家"义的词。官话区以用"家"居多,而非官话区用类似于"家"义的词,如湖北大冶的"漏"(汪国胜,1995)、江西安义的"俚"(万波,1999)、江苏吴江话的"拉"(刘丹青,1999)等。如果"们"的来源是"门"的话,也属于"家"这一类词。有的方言"X家"表实义与表修饰关系有明显的区分标记,比如,湖北大冶话、江西安义话都通过单数人称 X 的变调与否来区分。复数标记与修饰标记有的可能不同;有的却相同,如严修鸿(1999)引用的地方都用"家",吴江话都用"拉"。高安话都用"俚",因此,"俚"可能是一个相当于"家"或居住处所意义的后缀。本字可能是"里"。张惠英(1995)也认为吴语复数人称代词词尾"俚"可能就是"宅里"的"里"。《说文解字》:"里,居也。"段《注》:"二十五家为里。"现在仍说"家里"。"我俚、尔俚、渠俚"就是"我家、你家、他家"。而有家义、集体义的"俚(里)"很容易变成复数人称标记。这里有一定的偶然性,因为并不是所有的语言或方言二者都用同一个标记。但是在高安方言里表示修饰关系的"我俚、尔俚、渠俚"与表示复数人称的形式相同。

5.1.2.3 自家、各人

"自家"是反身代词,相当于普通话的"自己"。可以做主语、宾语和定语。做定语时除在方位词、方位短语前外都要带助词"个"。例如:

(40) 我读书的井晏,自家洗衣裳。我读书的时候,自己洗衣服。

(41) 好正,莫打到自家!小心,别打着自己!

(42) 渠把泥巴舞到自家面上。他把泥巴弄到自己脸上。

(43) 不晓得怎样,门自家关之。不知道为什么,门自己关了。

(44) 自家个事莫劳别伢俚来做。自己的事情别麻烦别人来做。

(45) 什哩东西都是自家个好。什么东西都是自己的好。

"自家"常常是特指的,可以用于自称、对称和他称,如前面三

---

① 关于"们"的来源有"辈""门""物"不同的说法,但都有多或类别义。参见江蓝生(2018)。

句,"自家"可分别替换成"我、尔、渠"。"自家"前面加上人称代词或表人的名词,则组成同位短语。"自家"还可以表物称,如上面第四句。"自家"有时是泛指的,不确定指谁,如例(44)、(45)。

"自家"虽然划归人称代词,但其主要作用却不是指代,(表示泛指时也不好用哪个人称代词去替换,)而是为了强调不是他人或不依靠外力,指的是本身。

"各人"也有相当于反身代词的用法。例如:

(46)各人做各人个,别抄别伢俚个。自己做自己的,别抄别人的。

(47)我等之小李一上昼渠都还有来,我各人走之。我等了小李一上午他都没来,我自己走了。

"各人"与"自家"都是反身代词,但是后者可以代指人和物,前者只能指人,不能指物。如不能说"*门各人关之"。

5.1.2.4 别人、别伢俚、伢俚

"别人[pʰiɛt³ ɲin⁰]、别伢俚[pʰiɛt³ ŋa⁰ li⁰]"都是用来指称己方和对方以外的人,大致相当于普通话的"别人"。在句中可以做主语、宾语和定语。做定语时,"别人"要带助词"个";"别伢俚"有"别人家"的意味,修饰亲属称谓词可以不带"个"。例如:

(48)莫箇样做,别人/别伢俚会话嘞。别这样做,别人会说呢。

(49)管好尔自家,莫管别人/别伢俚。管好你自己,不要管别人。

(50)别人个事不要尔俚劳。别人的事情不要你们操心。

(51)渠不是我俚娘,是别伢俚娘。她不是我妈,是别人家的妈。

(52)许是别伢俚个东西。那是别人家的东西。

"别人、别伢俚"还有"外人"的意思。例如:

(53)何址别人啦?箇客气!难道是别人啊?这么客气!

(54)不着记到,又不是别伢俚。不用担心,又不是外人。

"伢俚"相当于普通话的"人家"的意思。普通话的"人家"(后字念轻声)可以自指,高安话的"伢俚"则不可以,它用来指说话人和听话人都知道的某个人,相当于指"他"或"他们"。与第三人称不同的是,"伢俚"往往带有褒扬、同情他人,轻度批评或抱怨听话人的意味。在句中可做主语、宾语、定语。做定语时,要带结构助词"个",有时后面还可以加上所指之人,构成同位短语。例如:

（55）喊渠做什哩啊？伢俚又冇在屋下。喊他做什么？人家又不在家。

（56）伢俚又冇生尔，尔打伢俚做什伽？人家又没惹你，你打人家干吗？

（57）拿东西把还伢俚。把东西还给人家。

（58）伢俚个细人子做事箇攒劲，我俚个人就懒懒惰惰。人家的孩子做事这么努力，我家的孩子却这么懒惰。

（59）莫乱话，伢俚小王才不是箇色个人咧。别瞎说，人家小王才不是这种人呢。

5.1.2.5 齐、大家

"齐"［$tɕʰi^{35}$］表示统指，相当于代词"大家"，有的也说"侪"［$tsʰɛi^{35}$］。二者的功能都比较受限，在句中主要做主语。例如：

（60）齐/侪去学里去之，就尔还在屋下。大家都去学校了，就你还在家里。

（61）实个是渠个错，搞得齐/侪来话我。本来是他的错，弄得大家都来说我。

"大家"有两读：一是［$hai^{21}\ ka^{0}$］，前面要加"一"成"一大家"，是指一个大家族。二是读［$tʰai^{21}\ ka^{55}$］，是总称或统指代词，用来统指某个范围里的所有人。统指代词"大家"与人称代词复指时只限于第一人称复数，一般不跟第二、第三人称代词的复数形式结合。可以做主语、宾语、定语，做定语要带"个"。例如：

（62）箇紧东西容易打烂咯，大家要好正拿。这些东西容易打碎，大家要小心拿。

（63）冇做个事还蛮多，我等大家还要着下仔累。没做的事情还很多，咱们大家还要辛苦一下。

（64）尔话声大家，到底哪什做错之？你告诉大家，到底谁做错了？

（65）把大家个问题都记到簿仔上。把大家的问题都记在本子上。

"大家"所指的范围有时是排除某（些）人之外的所有人。例如：

（66）渠日口［$ŋa^{0}$］吊儿郎当，不做正事，大家都看不起渠。他每天吊儿郎当的，不务正业，大家都看不起他。

"大家"是比较文气的说法，"齐"和"侪"是地道的方言。

5.1.3 人称代词的活用

邢福义先生（2016）总结普通话人称代词活用常见情况有三种：单复数变易、人称变易和游动称代。相较而言，高安方言人称代词活用情况主要体现在后两种情况。

①人称变易。主要是以"尔"表"我"。例如：

（67）我带箇只家伙觉得蛮着累，尔想歇下仔，渠时踩得去，吵得尔不得安生。我照看这个家伙觉得很累，你想歇息一下，他一直淘气，吵得你心神不宁。

上面例子中的"尔"等于"我"，指说话人自己。用"尔"更容易让听话人切身感受孩子的顽皮以及说话人的无奈之情。

高安方言还有以统指代词"齐"表相互意义。前面还可以出现复数人称代词。例如：

（68）齐话齐做错之。互相指责对方错了。

（69）渠俚齐不让齐。他们谁也不让谁。

②游动称代。即人称代词"在特定范围中有所指，但跟具体人物没有固定性的联系"（邢福义，2016：183）。例如：

（70）渠俚箇几个人，尔话渠，渠话尔，不晓得哪什有理。他们这几个人，你说他，他说你，不知道谁有道理。

5.2　指示代词

5.2.1　指示代词的形式

高安话里基本的指示代词是"箇、里、许"，分别表近指、更近指和远指。按指别作用的不同，将高安话的指示代词分组列表如下：

表5-2　　　　　　　　高安方言的指示代词

作用		近指	更近指	远指
人或事物	单数	箇 [kɔ²¹]	里 [li⁴²]	许 [hɛ⁴²]
	复数	箇紧 [kɔ²¹ tɕiŋ⁰]	里紧 [li⁴² tɕiŋ⁰]	许紧 [hɛ⁴² tɕiŋ⁰]
处所		箇 [kɔ²¹]　箇址 [kɔ²¹ tʂʅ⁰]	里 [li⁴²]　里址 [li⁴² tʂʅ⁰]	许 [hɛ⁴²]　许址 [hɛ⁴² tʂʅ⁰]
时间			里井晏 [li⁴² tɕiaŋ⁴² ŋaŋ⁰]　里样子 [li⁴² iɔŋ²¹ tsu⁰]	许井晏 [hɛ⁴² tɕiaŋ⁴² ŋaŋ⁰]
方式		箇样 [kɔ²¹ ŋɔŋ⁰]	里样 [li⁴² ŋɔŋ⁰]	许样 [hɛ⁴² ŋɔŋ⁰]
程度		箇 [kɔ²¹]	里 [li⁴²]	许 [hɛ⁴²]

5.2.2 指示代词的功能

5.2.2.1 指代人或事物的指示代词

"箇"表近指,相当于普通话的"这"。"里"比"箇"所指更近。"许"表远指,相当于普通话的"那"。"箇、里、许"的指代作用较强,可单独指称人、事物和处所,也可指示程度。这里先探讨指代人或事物的用法。

①"箇、里、许"可直接做主语和宾语,做主语多见于判断句或"里""许"对举的句式;做宾语要受限制,一般也要"里""许"对举。例如:

(71) 里是我俚姆妈,箇是我俚老弟,许是我俚公公_{爷爷}。

(72) 里也不好喫,许也不好喫,要喫人参啦?

(73) 箇也喊读之书啊?字都不认得。_{这也叫读了书啊?字都不认得。}

(74) 尔少话毛子不行啦?日□[ŋa⁰]就是话里话许。_{你少说点不行吗?天天就知道说这说那的。}

"箇、里、许"经常与量词或数量短语组合,修饰名词做定语,主要起区别作用。如果"箇、里、许"后所接的数词是"一","箇一"连读变成[kɔi¹³],写成"该";"许"和"一"可以连读成[hɛi⁴²]。例如:

(75) 该只手机是我俚姐夫买得把我个。_{这个手机是我姐夫买给我的。}

(76) 箇两個人在里忙什哩鬼东西呀?_{怎还冇来呀?}

(77) 许個人看起来蛮面生,不是俺恁乡里人吧。_{那个人看起来很面生,不是我们乡里的人吧。}

(78) 里件衣裳怎样卖呀?

"箇、里、许"跟量词或数量词组合,如果被修饰语在上下文出现,或有特定的语境,该组合也可以单用,做主语和宾语。例如:

(79) 你屋下蛮多书,箇本借得把我看一下么?_{你家里好多书,这本可以借给我看一下吗?}

(80) 今□[ŋa⁰]个煎豆腐卖得差不多之,就盈箇两斤。_{今天的油豆腐卖得差不多了,就剩下这两斤了。}

②"箇紧、里紧、许紧"用来指称复数的人或事物。"箇紧、里紧"相当于普通话的"这些","许紧"相当于普通话的"那些"。"箇

紧、里紧、许紧"在句中主要做定语，不能带数量词语，而是直接修饰名词。当被修饰的中心名词不出现时，可以直接指称所指事物，做主语和宾语。例如：

（81）箇紧苹果放到里不喫会烂嘞。这些苹果放着不吃会坏掉的。

（82）把许紧乱七八糟个东西通通拿起走。

（83）里紧水泥怎样办啦？不用会干嘞。

（84）要李子么？便宜卖得把恁，里紧三块，许紧五块。要李子吗？便宜卖给您，这些三块钱，那些五块钱。

（85）许紧谷有干，让渠晒下仔。里紧干之，拖得里紧去屋里。那些稻谷没干，让它晒一会儿。这些干了，把它们运回家去。

5.2.2.2 指代处所的指示代词

高安话用来表处所的指示代词是"箇址、里址、许址"。"箇址"表近指，"里址"表更近指，"许址"表远指。可以做主语、宾语和定语，做定语要带结构助词"个"。例如：

做主语：

（86）里址独意蛮凉快。这里倒挺凉快。

（87）蛮久以前，箇址有一只庙。很久以前，这里有一座庙。

（88）许址有一只兔仔，走，去看眈。那里有一只兔子，走，去看看。

做宾语：

（89）渠几样子来里址？他什么时候来这儿？

（90）把东西放到箇址。

（91）看许址，许址在里冒烟。看那儿，那儿在冒烟。

做定语：

（92）里址个柑子蛮甜。

（93）把箇址个屑哩垃圾扫一下。

（94）许址个事还冇做得圆完，等我做圆完之再帮尔。

指示代词"箇、里、许"也可以直接表处所，但用法受到很大的限制，只能做动词"在"的宾语。例如：

（95）尔个东西在箇，我个东西不晓得在哪址。你的东西在这儿，我的东西不知道在哪儿。

（96）在许，总算寻到之。在那儿，总算找到了。

（97）婆婆，尔个眼镜在里嘞。奶奶，你的眼镜在这儿呢。

5.2.2.3 指代时间的指示代词

"里井晏、里样子"都是指代现在、目前的时间代词，"许井晏"是指代过去某个时间的代词，相当于"那个时候"。在句中主要做时间状语，也可做主语、宾语和定语。做定语要加定语标记"个"。例如：

（98）渠俚许井晏喫得开，有哪什敢生渠俚。他们那个时候很吃得开，没人敢惹他们。

（99）里样子我还是学生，有有钱。

（100）小张里井晏还有来。

（101）里井晏比许井晏好多之。

（102）许井晏个人老老实实，里样子个人奸奸诈诈。

5.2.2.4 指代方式的指示代词

"箇样、里样、许样"是指代方式的代词。"箇样、里样"不对举时，都相当于普通话的"这样"；对举时，"里样"离说话人角度更近，"箇样"要远一些。"许样"相当于普通话的"那样"。在句中可充当主语、宾语、状语和定语，有时也可以充当谓语。充当定语一般要带定语标记"个"。例如：

（103）里样比许样闲悠多之。这样比那样轻松多了。

（104）尔要里样，渠要许样，对到尔办。你要这样，他要那样，跟你对着干。

（105）事不应当许样做，要箇样做。事情不应当那样做，而应这样做。

（106）想不到尔是箇样个人。想不到你是这样的人。

（107）尔莫箇样嘞，要听人话嘞。你别这样呢，要听话呢。

5.2.2.5 指示程度的指示代词

高安话的指示代词"箇、里、许"可以直接修饰形容词和某些动词指示程度。"箇、里"相当于普通话的"这么"，"许"相当于"那么"。例如：

（108）你女怎箇喫价啦！你女儿怎么这么厉害呀！

（109）田里个禾长得里□［maŋ⁴²］。田里的禾苗长得这么高。

（110）从来都有看过许高个屋。从来没看过那么高的房子。

（111）尔怎箇不听话啦？你怎么这么不听话啊？

(112) 冇想到渠箇欢迎喫辣椒。没想到他这么喜欢吃辣椒。

5.3 疑问代词

5.3.1 疑问代词的形式

按询问对象的不同,将高安方言的疑问代词分类列表如下:

表5–3　　　　　　　　高安方言的疑问代词

询问对象	代词形式
人	哪什 [lai²¹ ʂʅ⁰]　　哪個 [lai¹³ kɔ⁰]
事物	什哩 [ʂʅt³ li⁰]　　什伽 [ʂʅt³ ka⁵⁵]　　哪個 [lai¹³ kɔ⁰]
处所	哪垯 [lai²¹ tʂʅ⁰]　　哪块仔 [lai²¹ kʰuai tsɛ⁰]
时间	几井晏 [tɕi⁴² tɕiaŋ⁴² ŋaŋ⁰]　　几样子 [tɕi⁴² iaŋ²¹ tsu⁰]　　几久 [tɕi⁴² tɕiəu⁴²]
数量	几多 [tɕi⁴² tɔ⁵⁵]
方式	怎样 [tsəŋ⁵⁵ ŋɔŋ⁰]
程度	几 [tɕi⁴²]
原因	为什伽 [ui²¹ ʂʅt³ ka⁵⁵]　　为什哩 [ui²¹ ʂʅt³ li⁰]　　怎 [tsɛi⁵⁵]

5.3.2 疑问代词的功能

5.3.2.1 问人的疑问代词

"哪"本音 [la²¹],[lai²¹] 是"哪一"的合音,为方便起见,仍记作"哪"。"哪 [lai²¹]"在"哪個"里要变读为 [lai¹³]。"哪什""哪個"都是询问人的代词,相当于普通话的"谁"。二者可以做主语、宾语和定语。做定语时,"哪什"要带定语标记"个","哪個"则不需要。"哪個"可以问人也可以问物。指人时实际上有两个意思,句法成分不同,意义也不同。做主语、宾语时,是"谁"的意思;做定语时,则是"谁的"意思,实际上这时"哪個"可能是"哪個个"的同音省略。例如:

做主语:

(113) 哪什把我俚个牛牵起走之?谁把我家的牛牵走了?

（114）哪個借毛子钱把我么？谁借点钱给我吗？

做宾语：

（115）箇個穿红褂仔个是哪什哦？这个穿红衣服的是谁？

（116）尔买箇好个表送得把哪個？你买这么好的表送给谁？

做定语：

（117）许幢高高哩屋是哪什个？那栋高高的房子是谁的？

（118）哪個话我都唔听，我自家拿主意。谁的话我都不听，我自己拿主意。

表示"谁家"的意义，高安话说"哪家里"，可以做主语、宾语、定语。做定语时，如果被修饰语是表人或与人有密切关系的名词，可以不加"个"，其他情况，则要加"个"。例如：

做主语：

（119）哪家里有蒸饭个甑啦？谁家有蒸饭的甑子啊？

做宾语：

（120）里紧饼仔俵得把哪家里？这些饼干分发给谁家？

做定语：

（121）箇哪家里崽呀？这是谁家的孩子？

（122）哪家里个被窝还有收？谁家的被子还没收？

5.3.2.2 问事物的疑问代词

① "什哩、什伽"都用于问物，相当于普通话的"什么"。二者功能相同，都可以做主语、宾语、定语。做定语可以直接修饰指人或指物的名词，不加定语标记"个"。例如：

做主语：

（123）什哩叫"喫拣米"？

（124）什伽是"酒也靠不住还靠糟"？

做宾语：

（125）渠俚在里话什哩？他们在说什么？

（126）清时麻早忙什伽？大清早的忙什么？

做定语：

（127）老李在南昌做什哩事？

（128）什伽牌子个衣裳好？

② "什哩、什伽"也有非疑问用法。

A. 虚指，表示不确定的人或事物。

（129）客来之，舞之什哩好喫个菜么？客人来了，做了什么好吃的菜没有？

（130）渠好像等我话过来下昼要做什伽事，我不记得之。他好像跟我说过下午要做什么事，我不记得了。

B. 任指。

（131）只要尔听人话听话，尔要什伽嬉个玩具姐姐都帮尔买。

（132）什哩事都莫话，跟到做就是！

C. 游移指。即两两呼应使用，所指游移不定。（邢福义，2016：184）例如：

（133）尔想喫什哩就买什哩。你想吃什么就买什么。

（134）怎会有箇种人？看得什伽要什伽。

D. 表示否定，含有不满情绪或不以为然。

（135）箇什伽鬼东西，几难喫子啊！这什么鬼东西，多难吃啊！

（136）黄鳝而已，又不是蛇，有什哩怕个。

E. 表示惊讶。后面常带语气词。

（137）什伽？昨日拿之钱把尔，今□［ŋa⁰］又要啊？什么？昨天拿了钱给你，今天又要啊？

（138）什哩啊？又考之箇毛子分！什么？又考了这么点分数？

F. 用于句末，表示不确定的语气。例如：

（139）——红妹仔去哪址去之啊？红妹仔去哪里了啊？

　　　——只怕去买菜去之啊什哩。好像买菜去了还是什么。

5.3.2.3　问处所的疑问代词

① "哪址、哪块仔"都是询问处所的代词，相当于普通话的"哪里/哪儿"。"哪址、哪块仔"用法基本一致，不同的是"哪址"可用于反问，表否定，"哪块仔"无此用法。二者都可以做主语、宾语和定语，做定语必须带定语标记"个"。例如：

做主语：

（140）哪址有鱼仔钓啊？哪里有鱼钓啊？

（141）哪块仔在里响爆竹？是不是有什哩好事？

做宾语：

（142）尔俚打扮得箇齐整，去哪址啊？

（143）小王在哪块仔读书？小王在哪儿上学？

做定语：

（144）哪址个粉好喫？我去买两斤来。哪里的粉好吃？我去买几斤来。

（145）尔是哪块仔个人？话事个声怎等我俚不一样？你是哪儿的人？说话口音怎么跟我们不一样？

② "哪址、哪块仔"的非疑问用法。

A. 虚指，表不确定的处所。

（146）"看得我个戒指哩嘛？""看见我的戒指吗？""唔总就在箇哪址样子。""肯定就在这附近哪个角落。"

（147）我等在哪块仔看过箇种表来。我好像在哪里见过这种表。

B. 任指，表任何一个处所。

（148）许样个杯仔哪址也有卖嘞。那种杯子哪里都有卖呢。

（149）除之我里址，哪块仔都寻不到。除了我这里，哪里都找不到。

C. "哪址"可用于反问，意在表否定，意义较虚，不含处所意义。"哪块仔"处所义较强，没有这种用法。

（150）哪址喫之饭啰，舞都还冇舞。哪里吃了饭哦，做都还没做。

（151）哪址像读书个人啰，日口［ŋa⁰］等罗汉牯哩样个。哪里像读书的人哦，天天跟小混混似的。

"哪址"有些人也说"哪茫［lai²¹mɔŋ⁰］"，二者用法无甚差别。

5.3.2.4 问时间的疑问代词

"几井晏、几样子"都是用来询问时点的代词，相当于普通话的"什么时候"。二者功能基本相同，都可以做主语、宾语、状语和定语。做定语要带定语标记"个"。例如：

做主语：

（152）几井晏会落雨？什么时候会下雨？

（153）几样子来电？什么时候来电？

做宾语：

（154）昨日打电话是几样子啊？

（155）尔要哭到几井晏？你要哭到什么时候？

第 5 章 代词

做状语：

（156）尔俚崽几井晏去南昌做事？你儿子什么时候去南昌做事？

（157）渠几样子等我话之要箇样做哦？他什么时候跟我说了要这样做哦？

做定语：

（158）箇是几井晏个事哦，我怎有听过哩？这是什么时候的事哦，我怎么没听说过呢？

（159）里几样子个花生，怎颜色等不对样个？这是什么时候的花生，怎么颜色好像不对啊？

"几井晏、几样子"也可不表疑问，而表虚指、任指。例如：

（160）管尔几井晏去啊，尔把箇只事搞正之就可以。管你什么时候去呢，你把这件事搞定了就行。

（161）几样子做圆都要得。什么时候做完都可以。

"几久"是用来询问时量的代词，相当于普通话的"多久、多长时间"。例如：

（162）从太阳走到高安要几久？从太阳镇走到高安城区要多长时间？

（163）一幢屋要做几久？一栋房子要盖多久？

（164）一石谷喫得几久啊？一石谷能吃多久？

（165）箇几久个事？我还正听得话。这是多久的事？我才听说。

"几久"也可以不表疑问，而表虚指、任指。如：

（166）要不得几久就到，冇几远。要不了多久就到，没多远。

（167）来我俚住几久都要得，横直有住个。来我家住多久都可以，反正有住的。

5.3.2.5　问数量的疑问代词

高安方言用来询问数量的代词主要是"几、几多"，意义相当于普通话的"多少"。"几"除单纯表示计算和序数时，一般不单用，必须加量词来表示数量。"几多"一般是笼统地问数量，可以直接修饰名词；后可带量词，但多是双音节量词；带单音量词要加"子"，有估量意义。例如：

（168）尔俚做喜事买之几斤肉啊？你们办喜事买了几斤肉啊？

（169）到南昌还有几公里？

（170）花生几多钱一斤？

（171）去新余有几多公里？

（172）尔俚做喜事买之几多斤子肉啊？你们办喜事大概买了多少斤肉啊？

5.3.2.6 问方式的疑问代词

"怎样"是高安方言里询问方式的代词，常常用来修饰动词，在句中做状语，类似于普通话表方式的"怎样、怎么"。例如：

（173）你妈怎样话个？明日会来么？你妈怎么说的？明天会来么？

（174）怎样做啊？快来教声我。怎样做啊？快来教我。

（175）怎样读个书哦？又考箇毛子分！怎么读的书哦？又考这么点分！

"怎样"除了用来询问方式，也可以用来询问性质、状况，可做谓语、补语和宾语。例如：

（176）老人家，恁身体怎样啦？老人家，您身体怎么样啊？

（177）许条路修得怎样啦？那条路修得怎样啦？

（178）尔觉得怎样？好之毛子嘛？你觉得怎么样？好点了吗？

"怎样"也可不表疑问，用于表虚指和任指。例如：

（179）渠还小，不晓得怎样来个，怎样去个。他还小，不晓得怎样为人处事。

（180）大人怎样话，尔就怎样做。大人怎么说，你就怎么做。

（181）怎样搞都搞不正。怎么做都做不成。

5.3.2.7 问程度的疑问代词

高安方言的"几"，不仅可以用来询问数量（见5.3.2.5），也可以用来询问程度，在句中修饰形容词做状语。例如：

（182）箇张床有几宽几长啦？这张床有多宽多长啊？

（183）要买几大子个柚哩？要买多大的柚子？

（184）要几伶俐哦？扫之箇久还不行啦？要多干净？扫了这么久还不行啦？

"几"修饰形容词还可不表疑问，而表感叹，表示程度高。例如：

（185）渠俚屋下搞得几伶俐呀！他们家里搞得多干净呀！

（186）箇只崽哩几高子啊！这个男孩子好高啊！

（187）几齐整个妹仔啊！多漂亮的女孩啊！

因此，"几+形容词"有歧义，要根据具体语境判断是疑问还是感叹。

5.3.2.8 问原因的疑问代词

高安方言问原因的代词有"为什伽、为什哩"和"怎"。"为什伽、

"为什哩"用法基本相同,太阳镇话多说"为什伽"。"怎"问原因时念[tsɛi⁵⁵]。"为什伽"和"怎"虽然都表原因,但"为什伽"重在探究原因,"怎"重在表达"惊讶"之意。二者在语法上还有以下区别。

①"为什伽"后面可以接小句,可位于小句主语前;"怎"不能位于主语前。例如:

（188）为什伽尔不等我话？为什么你不跟我说？

（189）渠怎不去学里啊？他怎么不去学校啊？

（190）里垯个东西怎箇贵呀？这里的东西怎么这么贵呀？

②"为什伽"可做宾语,还可先说一个小句再独立提问;"怎"没有这些功能。例如:

（191）把渠喫不把我喫,箇是为什伽？给他吃不给我吃,这是为什么？

（192）箇大个细人子还不去读书,为什伽？

③"为什伽"可出现在做宾语的小句中表示虚指,而"怎"不可以。例如:

（193）我晓得为什伽你舅母话尔。我知道为什么你舅妈说你。

（194）搞不懂为什伽好好哩一個人会变成箇样。搞不懂为什么好好儿的一个人会变成这样？

可以看出,"怎"一般要带上语气词"啊""哩"等,才能表疑问,而且用法很受限制。

5.4　代词的非指代用法

前面主要介绍高安方言中基本的代词系统,它们有实际指代功能或活用现象,这些都有一定指代功能。但有些代词随着高频的使用,意义变得越来越虚,毫无指代意义。下面就简单探讨方言中的一些代词的非指代用法。

5.4.1　"伢俚"的虚化

如5.1.2.4所述,"伢俚"相当于普通话的"人家"的意思。由于"伢俚"常带有褒扬他人、替他人说话之意,而且后面还可以带所指之人,所以经过高频使用,极容易虚化为表示否定说话人的主观臆测的副词，有"才不是那样，应该是这样"之意。例如：

（195）甲：东西肯定着强伢仔偷之。东西肯定是被强伢仔偷了。

乙：伢俚渠正啊不是箇种人。他才不是这样的人。

（196）甲：屋下的钱总又是尔拿得去买喫个去之嘞。家里的钱肯定又是你拿去买吃的了。

乙：伢俚我门都冇开，怎样拿得钱到？我门都没有开，怎么拿得到钱？

（197）甲：应该往里边走。应该往这边走。

乙：伢俚不是，往许边还差不多。才不是，往那边还差不多。

前两句"伢俚"后面都紧跟代词"渠"（他）和"我"，"伢俚"不是代词，而是否定说话人的观点，分别替"渠""我"辩解。最后一句"伢俚"不是要指代谁，而是加强否定语气。这些都是普通话的"人家"所没有的用法。此外，高安方言的"伢俚"也不用来指自己。

5.4.2 "人称代词 + 言说动词'话'"的词汇化和语法化

人称代词除了实际称代功能，还有虚指、人称变易、游动指代指等用法。这些都多少带有一定的指称意义。但是，当人称代词跟言说动词"话"结合，经过词汇化和语法化过程，其意义可能变得更虚无，如"尔话""渠话""话渠"的演变。

5.4.2.1 "尔话"的语义演变

"尔话"本是由第二人称代词"尔"和言说动词"话"构成的主谓结构，之后逐渐凝固为一个词，发展为征询标记、肯定标记和原因标记，分别记作"尔话$_1$""尔话$_2$""尔话$_3$"和"尔话$_4$"。

①"尔话$_1$"表示言说义，后面能带体词性宾语、谓词性宾语、主谓结构宾语和复句形式宾语等。例如：

（198）尔话$_1$什伽？我冇听得清。你说什么？我没听清楚。

（199）尔话$_1$之不来我俚，怎又来哩？你说了不来我家，怎么又来呢？

（200）我许日哩喊尔来□［k^{h}iau^{21}］，尔话$_1$不闲得。我那天叫你来玩，你说没空。

（201）尔话$_1$尔下個月会还钱。你说你下个月会还钱。

（202）尔话$_1$要是我得之奖，尔就带我去南昌嬉。你说要是我获得了奖状，你就带我去南昌玩。

"尔话₁"还能带体貌助词，如例（199）带完成体助词"之"。"尔话₁"是个松散的句法结构，"话"之前还可以加上时间名词、副词等状语成分。例如：

（203）尔□□［kʰaŋ¹³ laŋ⁰］话₁什伽？你刚才说什么？

（204）尔冇话₁今□［ŋa⁰］要去学里嗟。你没说过今天要去学校啊。

（205）尔千万莫话₁认得我。你千万别说认识我。

（206）要尔话₁尔不话₁，怪哪什哩？要你说你不说，能怪谁呢？

② "尔话₂"表示征询对方的意见、看法，相当于"你觉得、你认为"的意义，主要用于疑问句。例如：

（207）尔话₂里两件衣裳，买哪件好？你说这两件衣服，买哪件好？

（208）尔话₂箇只妹仔要得嘛？你说这个女孩怎么样？

（209）尔话₂明年去打工啊不去啊？你说明年去不去打工呢？

"尔话₂"与"尔话₁"相比，词汇化程度高得多，它一般不能拆开使用，也不带体貌助词。不过，"尔话₂"的"尔"还有指代对方的人称意义，还需要对方回答。

③ "尔话₃"的意义继续虚化，只用来表示肯定语气。主要用于反问句和带语气词"么着"的陈述句、感叹句。用在反问句里用来加强反问语气，用在陈述句、感叹句里加强肯定语气，有"当然、确实"的意思。其中的"尔"已经基本没有指代意义，根本不需要对方回应。例如：

（210）地下［tʰia²¹］里到茫是水，尔话₃也不得滑得□［tsɛŋ⁴²］到啊？地上到处都是水，（你说）能不滑倒吗？

（211）渠有好个都把细个崽去之，大个崽冇得到一忽，尔话₃箇也搞得正啊？他有好的东西都给小儿子了，大的儿子没得到一点好处，（你说）这怎么能行呢？

（212）不落雨，尔话₃好多之么着。不下雨的话，当然好多了。

（213）有本闲得来帮我带人，尔话₃要得么着！如果真有空来帮我照看小孩，那当然最好不过了！

（214）"渠俚新妇硬蛮舍高！""尔话₃么着！"他儿媳妇真勤快！""当然啦！/确实啊！"

前两句用于反问句，"尔话₃"意义虽也可以译成"你说"，但是不需要对方回答，意义比较虚，主要起加强语气的作用，去掉后也句意仍完整。后三句与"么着"构成"尔话（X）么着"搭配，"尔话"的意义更虚。"尔话₃"除了意义虚化，位置上也有个显著特点，那就是主要位于后续句的句首。不过，用于反问句有时也可以用于先行句。例如：

（215）尔话₃箇是人嘛？帮之渠还反咬尔一口。你说这还是个人吗？帮了他还反咬你一口。

但这只是语用的需要，这句里的两个分句（小句）仍然可以调换顺序。

④"尔话₄"进一步虚化为原因标记。起初带有归咎或责备的情感色彩，后来使用环境逐渐扩展，有解释原因的意味。例如：

（216）"罢之街，冇买到菜。""尔话₄尔箇晏晏哩去。""已经罢市了，没买到菜。""（都怪/因为）你么么晚才去。"

（217）箇個细凳仔一下就着渠坐烂之，尔话₄渠人长又长，壮又壮。这个小凳子一下就被他坐坏了，因为他人又高又胖。

（218）可怜啊，一只妹仔挑到一担水荡啊荡啊，差忽子□［tsɛŋ⁴²］到，尔话₄总只七八岁子个人仔。可怜啊，一个女孩挑着一担水晃荡晃荡的，差点摔倒，（主要是因为）她才是个七八岁的小孩子。

上面第一例在答话人看来因为去得晚所以没有买到菜，同时含有责备、埋怨情绪。第二例凳子被坐坏了，是因为他个子高身体壮压坏了。最后一例是小女孩挑水差点摔倒，因为她才是个七八岁的小孩子。

这里"尔话₄"的共同点都是对某种结果追补、解释一些显然的原因或因素。从意义上，这是对"尔话₃"的"肯定、当然、确然"义的继承和发展。另外，在句法、句意上二者也有密切的关联，"尔话₄"是"尔话₃"移位和重新分析的结果。这里以下面句子为例加以说明这一演变过程：

（219）a. 渠箇晏晏哩去，尔话₃也买得菜到啊？
b. 尔话₃渠箇晏晏哩去，也买得菜到啊？
c. 尔话₄渠箇晏晏哩去，也买得菜到啊？/怪不得冇买到菜。
d. 冇买到菜，尔话₄渠箇晏晏哩去。

从上面可以看出"尔话₄"很可能由"尔话₃"的反问用法和位移有关。通过位移到原因、条件小句前，再发生重新分析，演变为表示原因的标记。

综上所述,"尔话"经历了词汇化和语法化的过程。首先由表言说行为的主谓结构"尔话$_1$"词汇化为认知义的"尔话$_2$",再语法化为表"当然、确实"义的语气副词"尔话$_3$",之后再演变为意义更虚、具有语篇衔接功能的原因标记"尔话$_4$"。

高安方言的"尔话"与普通话的"你说""您说"都经历了言说义→认知义→篇章义的变化过程,但二者的最终语篇功能有很大的不同。前者最终演变为原因标记;后者没有这一用法,但有引发新话题的功能(孟琮,1982;胡文静,2011)。例如(引自孟琮,1982):

(220)(甲:)你说人要倒霉吃白薯都不捧场。(乙:)怎么?(甲:)越吃越少!(《梦中婚》)

(221)您说也纳闷儿,大年三十儿打来四两香油,吃到过年大年三十儿,一约哇七两五……(《看财奴》)

高安方言的"尔话"没有这样的意义和功能。

5.4.2.2 "渠话"和"话渠"的语义演变

第三人称代词"渠"与言说动词"话"可以有不同意义,"渠"的人称意义逐渐由实到虚,甚至无。

① "渠话"的不同语义。"渠话"起码有两种不同的意义:"渠话$_1$"是个主谓短语,表示言说行为,意思是"他说"。后可接直接引语和间接引语。例如:

(222)渠话$_1$:"我不要尔管!"他说:"我不要你管。"

(223)渠话$_1$渠明日会来。他说他明天会来。

(224)渠话$_1$之拿里块地把我。他说了把这块地给我。

"渠话$_2$"也有一定的言说意义,但"渠"并不专指代第三人称,而是指上一个说话人。"渠话$_2$"是对上一发话人的话语焦点进行重述并产生一定的音变(比如拖长语音)来改变语气,以此进行否定,有"竟然说"的意思。可以是多人,也可以只是双方的谈话。例如:

(225)甲:几久做得圆完啦?

乙:两三日子。

丙:渠话$_2$两三日子!一個礼拜都就怕做不圆。他说两三天(怎么可能)!一个星期恐怕都做不完。

(226)甲:小李只怕比尔细紧。小李估计比你年纪小些。

乙：渠话₂比我细！比我大個两三岁。竟然说比我小！比我大个两三岁。

例（225）一段是三人的谈话。甲向其他人提问，乙做了回答，丙重复乙的话，发音时将"两三"拖长，以示否定乙的观点，后面再阐述自己的看法。例（226）只是两个人进行谈论，也能用"渠"，这里实际上是指对方，可见其指代人称的意义已经虚化。"渠话"的重点是对上一说话人的观点进行否定。

"渠话₂"词汇结合比较紧密，词义较凝固。"话"前不能插入状语成分，也不能带体貌标记，如上面的例子"渠话₂"后都不能接"之""过来"等虚词。其中的"渠"也不能换成其他人称代词。

简言之，"渠话₂"表面上是重述上一个发话人的话语，实际是否定其观点，再进行修正，是一个词汇化了的引述性否定标记。

②"话渠"的不同语义。"话渠"也有不同的意义。"话渠₁"是动宾短语，其中的"话"是"谈论、责备"的意思，"渠"是第三人称代词。例如：

（227）莫只顾话渠₁，尔自家哩？别只顾着说他，你自己又怎样呢？

（228）渠俚娘话渠₁冇有良心。他母亲说他没有孝心。

（229）尔问渠，我话过渠₁来嘛？你问他，我说过他没有？

"话渠₂"表面意义为"告诉他……""你（跟他）说……"，其功能是以旁听者的身份教或代听话人向问话人回答问题。"话渠₂"的"渠"要念轻声，不能读念阴平。常见的场景是甲问乙问题，丙教或代（乙）答。例如：

（230）甲问乙：萌萌，尔几岁来之啊？你几岁啦？

丙：话渠我三岁来之嘞。你说我三岁了。

（231）甲问乙：老刘，借毛子钱把我吧？老刘，借点钱给我吧？

丙向乙：上转个都冇还，话渠冇有。上次的都没还，你跟他说没有。

上面两例的场景还有些差别。例（230）教乙并代乙回答甲的问题，丙是当面对甲说的，"渠"的人称意义削弱了；而例（231）丙不直接跟甲对话，只是告诉乙应该怎么说，其作用是加入旁观者的看法。可见，两例的"话渠₂"与"话声渠告诉他"除了语音上的差别（后者的"渠"必须念阴平），语用功能也不等同。

5.4.3 "箇、里、许"的虚化

指示代词有指称、区别、替代三种作用，其中指称是根本。（吕叔湘，1990）这是就其主要功能来说的。高安话的指示代词"箇、里、许"都有虚化用法，不重在指称、区别或替代，而是有其他的功能。可分下面几种情形讨论。

A."箇、里、许"分别单用表示按照这样或那样的情形发展下去，后面再陈述说话者的观点、评价或推断。"箇、里、许"后面还可以加上语气词"啊"，表达事情到此时的一种感叹，语气更为强烈。例如：

（232） a. 渠俚新妇又打之渠，箇渠也会唔哭啊？她家媳妇又打了她，这她怎么会不哭呢？

b. 许啊，会打煞咯人！照这样的话啊，会打死人的！

c. 箇啊，又会出死意。看这情形，又会难堪。

d. 里硬死赢嘞，全部是好牌。看这情形绝对会赢的，全是好牌。

e. 里噶怎样办啦？现在怎么办哪？

f. 里硬冇什哩话得，好处又着渠俚得之。实在不知道说什么好，好处又被他们得了。

上面 a 句的"箇"似乎还有替代原因的作用。b、c、d 句则不表示原因，而是表示照何种情况发展下去会如何，"箇、许"在这几句中，可以用普通话"照这/那种情形"来对应。e、f 句"里"的语义更虚，着重强调现在的处境。

B."里"是表示最近范围的指示代词，后面接"哦"单独做独立语时，常常表示"看、看啊"类提醒意义，这时的情景一般是某人正拿着一样东西，或正在做一件事，要提醒某人看。例如：

（233）里哦，看我买之什哩好东西啊？看看我买了什么东西？

（234）里哦，箇是什哩啊？看，这是什么？

（235）里哦，姐姐，我也会骑自行车。

（236）姆妈，里哦，我钓之一只蛮大的鲤鱼。妈，看，我钓到一条好大的鲤鱼。

"箇"也是表近指，后面接语气词"嘞"构成"箇嘞"。做独立语

时，常用来解释事情发生的原因，大致相当于"是这样的，因为这样"，但语气比较强烈，说话人带有不如意情感。例如：

（237）"尔面上怎乜烂个啊？""箇嘞，你好崽抓得个嘞。""你脸上怎么烂成这样啊？""你的好儿子抓的！"

（238）"渠怎又在里驮骂？""箇嘞，日□［ŋa⁰］死到学里打架，书又不读。""他怎么又在挨骂？""天天就知道在学校打架，书却不读。"

从上面例子看到，"箇嘞"已然演变为话语标记。

C. "里"与"箇"或"许"对举，做动词的宾语，组成"V里V箇""V里V许"，这里的指示代词不重在指称内容，而在于事情繁杂，令说话人厌烦。邢福义（2016：183）把这种用法称为"游移指别"。例如：

（239）别家俚事不要尔管，莫紧到话里话许。别人家的事不要你管，别总是说这说那，喋喋不休。

（240）日□［ŋa⁰］做里做箇，累煞之我。天天就做这做那的，累死我了。

D. "箇、里、许"还可以合用为"里许箇"，表示说这说那、喋喋不休找各种理由拒绝。例如：

（241）要渠做事，渠日□［ŋa⁰］就会里许箇。只要让他做事，他就天天这个那个的找各种理由。

（242）莫里许箇，早做圆早毛子去屋里。别这个那个的，早做完早点回家。

5.4.4 疑问代词"哪址"的虚化

很多疑问代词都有非疑问用法，如问事物的代词"什哩/什伽"有表虚指、任指、游移指、否定、惊讶等意义。问处所的代词"哪址""哪块仔"也都有虚指、任指的用法（5.3.2.2），虚指、任指都还有一定的指称意味，而且在句中占据了代词的位置。相较而言，"哪址"比"哪块仔"虚化得更厉害。

首先，"哪址"可用于反问句，表否定意义，而"哪块仔"不可以。例如：

（243）尔不等我话，我哪址晓得哦？你不跟我说，我哪里知道？

（244）哪址做得正啰？渠又冇学过来。哪里做得了？他又没学过。

其次，"哪址"还可以用作说明事情的原委标记，一般后面要带语气词"哩"。例如：

(245)　——屋下有个东西尔也买箇多呀？_{家里有的东西你也买这么多啊？}

　　　　——哪址哩，别伢俚送得个嘞。_{不是啊/是这样的，别人送得呢。}

(246)　蛮久都冇喫腊肉，哪址哩，你母舅拿得个。_{很久都没吃腊肉，（今天有得吃）是这样的，你舅舅拿来的。}

这里第一句有先否定对方观点再作解释的意味，这种用法是反问（否定）用法进一步虚化的结果。第二句意义就更虚灵，不用否定对方的观点，直接表示原因。

5.5　小结

本章主要描写了高安方言的代词系统，包括人称代词、指示代词和疑问代词的形式、意义和功能。人称代词介绍了三身代词和自指、他指及统指等代词。高安方言的人称代词单数"我""尔""渠"都念阴平，前二者是受后者感染作用而发生的语音变化。"恁"是第二人称"尔"的敬称，不过，现在很多人也不大区分，也当作一般第二人称使用。三身代词复数形式主要是在单数形式后加"俚"缀，构成"我俚、尔俚、渠俚"，其中"尔俚"又可合音成"你"，故高安方言的"你"是复数人称而非单数人称。"我俚"是排除式，包括式采用"我等""我恁"等形式。高安方言的指示代词基本形式是"箇、里、许"，是近指、更近指和远指的三分系统。指代人物、处所、时间、方式和程度的形式都在此基础上产生，不过，表示时间的指示代词只有"里井晏""许井晏"形式，没有"箇井晏"的说法。疑问代词方面分析了问人、事物、处所、时间、数量、方式、程度、原因等代词形式和功能。

代词都具有游移泛代性，也有活用现象，如人称代词的单复数变易、人称变易，指示代词统括指代，疑问代词的任指、虚指等用法。（邢福义，2016）即便是活用，代词也都还有一定的指称性质。但是有些代词也容易发生虚化或语法化，意义变得更加虚无，甚至毫无指代意义。因此，本章结尾还粗略探讨了人称代词"伢俚"、人称代词与言说动词"话"构成的"尔话""渠话""话渠"、指示代词"箇、里、许"，以及疑问代词"哪址"的虚化现象。方言中很多类似的现象还值得深入挖掘、研究。

第6章 程度

事物的性质、状态有程度的差别，程度范畴是一种普遍存在的认知范畴，也是一种重要的语义范畴。吕叔湘《中国文法要略》（1942/1982）就论及程度范畴（将"程度"作为"数量"的下位范畴），并探讨了汉语程度表达的各种形式。本章也从程度这一语义范畴出发，探讨高安方言程度表达在词汇、语法和语用等层面的不同形式。

6.1 词汇层面的表现形式

程度范畴在词汇层面主要表现在状态形容词上。朱德熙（1982）认为状态形容词包括五类，主要是附加式状态形容词、重叠式状态形容词（也称作"形容词重叠式"）和"f+形容词+的"形式的合成词。在词法层面我们主要取前两种类型，即高安方言的状态形容词主要是附加式和重叠式。

6.1.1 附加式状态形容词

李宇明（1996）根据附加成分的位置将状态形容词分为前加、后加、中加和叉加四种。按照这一分类，高安方言的状态形容词的四种情况如下。

①前加式状态形容词主要是 XA 式形容词（X 代表附加成分，A 代表形容性语素），主要分为两类：一类是 X 能写出本字的，如"喷香、飘轻、雪白、铁紧、冰冷"等；另一类是 X 本字不明的，大部分属于这一类，如"□［sɔ⁵⁵］干、□［kʰiɛ⁵⁵］湿、□［tuʔ³］乌、□［ɡɛt³］软"等。

前加式还有一种 XXA 式，即前缀是叠音形式，如麦麦干、麦麦热、造造湿。

②后加式状态形容词只有后缀是叠音的 AXX 形式，如"干巴巴、凶巴巴、热乎乎、干梭梭、光溜溜"等。

③中加式状态形容词是指附加成分在词语中间的形容词，如"乱八七糟、乌七八糟、熨事（四）八帖、啰里八唆"等，这类词相对较少。

④又加式状态形容词主要是在某些形容词或动词性的语素前面附加成分构成新的合成词，附加成分主要是表数的语素，如"一清二楚、七弯八拐、七滚八跞形容人喜欢倒腾怎么赚钱，非贬义、七掐八掐胡说八道、千变万化常用来形容人喜欢胡扯"等。这里比较特别的是"七滚八跞、七掐八掐、七超八演、千变万化"这类词核心语素虽然是动词性的，但整个词却是形容词性的。有些附加成分是方位语素，如"东话西话、东掐西掐"等，都表示乱说一通的意思。

这些带上附加成分的状态形容词由于表示的程度或级次都比单独的性质形容词要高，在句法上不能受程度副词修饰。

6.1.2 重叠式状态形容词

现代汉语教材一般将重叠分为构词重叠和构形重叠，但是在论及状态形容词时，又将性质形容词的重叠式包括在内。朱德熙（1982）的状态形容词也包括单音节形容词重叠式和双音节形容词重叠式。可见，这种区分不好把握。李宇明（1999）认为"汉语的重叠往往较难严格区分是构词重叠还是构形重叠，换句话说，汉语的重叠常常兼有构词和构形的双重功能"。就高安方言来说，单音节形容词单独不能重叠，必须附上后缀"哩"或"子"才能重叠，构成"AA 哩"或"AA 子"式，这种重叠就兼有构词和构形重叠。为了叙述的方便，本节对这两种重叠不作严格区分，将相近的形式放在一起讨论。高安方言的重叠式状态形容词主要有以下几种形式。

1）AA 哩：长长哩、高高哩、尖尖哩、壮壮哩、大大哩等。

2）AA 子：短短子、细细子、扁扁子、秃秃子、黄黄子等。

3）ABB：空荡荡、冷漆漆、软绵绵、孤单单、矮墩墩、懒惰惰等。

4）AABB：a. 伶伶俐俐、聪聪明明、后后生生、宽宽大大、粗粗

□□［maŋ⁴² maŋ⁰］长、高等。

b. 驳驳辩辩、溜溜缩缩、趴趴跶跶等。

5）A 里 AB：土里土气、鬼里鬼气、撒里撒脱、蠢里蠢气等。

6）X 咕 XA：雪咕雪白、乜咕乜软、揪咕揪韧、□［liɛ³⁵］咕□［liɛ³⁵］长等。

总体上，重叠式状态形容词都比基式程度要深，只有第 2）种形式有些"AA 子"式表示略微、有点儿 A，其程度比 A 低。这些形式本书第三章已论述，不赘述。

6.2 语法层面的表现形式

6.2.1 重叠形式

重叠既是构词手段，又是重要的构形手段。6.1.2 节双音节形容词 AB 的重叠式 AABB（如"伶伶俐俐"），严格来说属于语法上的重叠。除此之外，高安方言里还有采用副词的重叠形式来表达程度的加深。比如副词"真""蛮"等都可以重叠。"真"做副词用时，兼表程度和评价，主要用于感叹句。重叠式"真真"只能修饰一些贬义的双音节形容词和褒义形容词的否定式。例如：

（1）尔硬真真讨厌！你真的太讨厌了！

（2）箇硬真真奇怪！这真的很奇怪！

（3）许只家伙硬真真不听话！那个家伙太不听话啦！

（4）该只妹仔真真不好伶俐！这个女孩太不爱干净啦！

在一定语境下，"真真"后面的被修饰语甚至可以省略不说或不必说出，句末通常有语气词"啰"。例如：

（5）尔硬真真啰！你（这个人）也太……吧！/你怎么这样子？

程度副词"蛮"加上中缀"咕"重叠成"蛮咕蛮"，可以修饰单音节和双音节性质形容词，如"蛮咕蛮远、蛮咕蛮长、蛮咕蛮细、蛮咕蛮咸、蛮咕蛮听话、蛮咕蛮喫价、蛮咕蛮懂事"等，但是不能修饰形容词的否定式，如"*蛮咕蛮不长、蛮咕蛮不听话、蛮咕蛮不懂事"等。

"蛮 A"（A 为单音节形容词）也可以重叠为"蛮 A 蛮 A"以加深程度，如"蛮多蛮多钱、蛮大蛮大个飞机、一条蛮长蛮长个河"等。

程度最高级的"最"也能重叠成"最咕最"式，相当于"最中之最"，一般也只能修饰肯定式性质形容词，如"最咕最大、最咕最近、最咕最好、最咕最喫价、最咕最闲悠、最咕最吵人、最咕最结赖麻烦"等。

6.2.2 程度状语

能充当程度状语的一般是程度副词和指示代词，高安方言里的某些形容词也能充当表程度的状语。

6.2.2.1 程度副词做状语

高安方言表示程度的副词有很多，大体可分为四类。

1）有毛子、有忽子、蛮、相当（个）、特别（个）等。

2）伤、太、伤□［ŋa⁰］、太□［ŋa⁰］等。

3）真、真□［ŋa⁰］、才正、几、好、实、头等。

4）更、更加、越加、稍微、最等。

第1）类主要单纯地表程度。"有毛子、有忽子"意思相同，都表示略微级程度。"蛮"是最常用的副词，相当于普通话的"很"，属于高级程度。"相当（个）、特别（个）"也是高级程度副词，书面色彩较浓。略举几例：

（6）汤有毛子/有忽子咸，少喫毛子。汤有点咸，少喝点。

（7）过年卖个东西蛮贵。

（8）渠俚妹仔长得蛮齐整。他女儿长得很漂亮。

（9）箇只学生相当个懒，作业都不做。

（10）你大个崽硬特别个不听话。你大儿子特别不听话。

第2）类表示超量或程度偏离，修饰形容词要加上助词"之"，一起做谓语和补语，一般不做定语。例如：

（11）里根棍哩伤/太长之，拿过一根。这根棍子太长了，重新拿过一根。

（12）尔来得伤□［ŋa⁰］/太□［ŋa⁰］早之嘞，门都还有开！你来得太早了，门都没有开！

如果修饰的是动宾式双音节词，那么助词"之"要置于词语中间。例如：

（13）渠做得伤（□［ŋa⁰］）过之分！他做得太过分了。

如果修饰的是褒义形容词，超量或过量的意义就不明显，主要表示程度高，有称赞、羡慕意味。例如：

（14）你崽硬伤□[ŋa⁰]调皮之！你儿子太聪明了！

（15）有个学生太□[ŋa⁰]听话之，有个管都管不张。有的学生太听话了，有的压根管不了。

第3）类兼表程度和评价，主要用于感叹句。例如：

（16）你崽真（□[ŋa⁰]）喫价嘞！考之第一名。你儿子真厉害！考了第一名。

（17）里垃才正凉漾嘞！这里真凉快呀！

（18）待到屋下几好子啊，出来做什哩？待在家里多好啊，出来做什么呢？

（19）渠个东西几贵子啊！他的东西好贵啊！

（20）该只崽哩实跶！这个男孩太顽皮了！

（21）渠俚姑丈好会做人！他女婿很会为人！

（22）细个崽头熊，读书读不进，做事又怕着累。小的儿子最差劲，读书不行，做事又怕累。

从上面例句可以看出，"几"修饰形容词一般要加"子"，构成"几A子"格式。另外，"实"相当于十分的意思，只能修饰贬义形容词，如例（20）。"头"有最高级的意义，但只能修饰贬义的单音节形容词，除例（22）的"熊"外，还有"偺差、差劲"等。这与"最"有很大的不同。

第4）类主要用于程度的比较。例如：

（23）今□[ŋa⁰]比昨日更加热。今天比昨天更热。

（24）细个新妇越加恶。小的媳妇更加狠。

（25）大个崽最有良心。大的儿子最孝顺。

比较特别的是"稍微"，表面上表示略微级程度，但是它不能直接修饰形容词，要有不定量成分，如要说"稍微有毛子A"或"稍微A到毛子""稍微A紧"等，后两种形式都有比较意义。例如：

（26）小李家里稍微好到毛子。小李家境稍微好点儿。

（27）里种辣椒稍微贵紧。这种辣椒要贵一些。

6.2.2.2 指示代词做状语

指示代词"箇、里、许"都能直接修饰性质形容词，指示程度的高低，与普通话的"这么、那么"相当。例如：

（28）地下［tʰia²¹］里怎箇赖败呀？地上怎么这么脏啊？

（29）把里多子水就够之。放这么点水就够了。

（30）有你妹仔许听话就要得啰。要是有你女儿那么听话就好了。

后面两句都有一定的比照性。有时"箇"和"许"并无近指、远指的差别，也无比照性，只是表示程度高。例如，下面的句子用"箇"或"许"，意义相差不大：

（31）从外婆屋里到城里有箇/许远嘞！从外婆家到城里还挺远的！

"箇"和"许"前面还可以加否定词"冇"，构成"冇箇/许 A 子"式，不是否定程度，而是极言程度之高，这里的形容词只能是非褒义的。例如：

（32）渠冇箇懒子！

（33）尔话渠好啊？冇许恶子！

（34）冇箇吵人子！

有时，性质形容词不便说出口，便用"程度副词＋指示代词"表示程度，如"蛮箇個哩、最许個哩"表示"很怎么样、最怎么样"。

6.2.2.3 形容词做状语

个别形容词如"蝉傻"等修饰动词，表示"拼命地、一个劲儿地"意思，也表现出较高的程度。如"蝉做、蝉喫、蝉话、蝉笑、蝉个哩搞"等。

6.2.3 程度补语

从词类看，表程度的补语有形容词、副词和动词等。从意义和结构上看，则又有不同的分类。马庆株（1992）把含程度补语的述补结构简称述程式，首先分为表比较的述程式和非比较的述程式，后者又分为粘合式（不带"得"字）和组合式（带"得"字）两种。据此，这里将高安方言的程度补语分为三类。

1）表比较的程度补语：毛子、忽子、紧、多、远等。

2）不表比较的粘合式程度补语：伤、绝之（灭）、死、煞、煞人哩、透等。

3）不表比较的组合式程度补语：很、难、出奇、要死、会死、要活、冇末等。

6.2.3.1 表比较的程度补语

表比较的程度补语有的述语后要带"得",有的要带"到",情况不一。"多"和"远"可以不带"得"字,但一般要带助词"之"。"多"比"远"组合能力强得多。例如:

(35) 批发市场个东西便宜多之。批发市场的东西便宜多了。

(36) 渠嘎（比以前）好多之,不着要人招呼。他现在（比以前）好多了,不需要人照顾。

(37) 读书渠比尔差远之。读书他比你差远了。

普通话的"多"和"远"也可以做组合式程度补语（带"得"字）。高安方言里的"多"这样使用不太自然,除非是做状态补语;"远"可以做组合式程度补语,一般述语前有"要""还"等词语。例如:

(38) 同尔比,我还差得远嘞! 跟你比,我还差得远呢!

"毛子""忽子"做补语,也用于比较,相当于"一些、一点",前面可用"到"。例如:

(39) 渠比尔长到毛子/忽子。他比你高一些。

(40) 里种苹果要贵到毛子/忽子。这种苹果要贵一些。

如果述语是双音节形容词,"到"和"毛子/忽子"在语流中经常简缩成"到子"。例如:

(41) 红妹仔做事要耐烦到子。红妹仔做事要有耐心些。

(42) 该件衣裳蛮邋遢,许件伶俐到子。这件衣服很脏,那件干净些。

"紧"表示略微,直接附于述语后做表比较的程度补语,不用"得"或"到"。述语可以是单音节和双音节形容词,不能是形容词的否定式。例如:

(43) 里条裤哩大紧,试眈穿得嘛。这条裤子大一些,试试穿得吗。

(44) 小刚嘎长大之,比以前懂事紧。小刚现在长大了,比以前懂事些。

6.2.3.2 不表比较的粘合式程度补语

不表比较的粘合式程度补语的"伤、绝之（灭）、死、煞、煞人哩、透"等词语都是高程度补语。"伤"除做状语外,也能做补语,表示程度高。不过做补语（表程度）很受限制,其前面的述语只能是一些单音节形容词，不能是多音节形容词。例如：

（45）早上冇喫饭，肚哩饿伤之。早上没吃饭，肚子饿得很。

（46）屋里冇风扇，把我热伤之。屋里没风扇，把我热惨了。

（47）通么穿箇毛子衣裳啊，会冷伤咯哦！只穿这么点衣服，怕是会冷惨哦！

"绝之（灭）"表示程度极高，对前面的述语有严格的语义限制，只能是贬义形容词，一般也偏向于单音节。例如：

（48）渠懒绝之，一忽事都不做。他太懒了，一点事情都不做。

（49）尔硬蠢绝之灭，箇容易个题目都不会。你也太笨了，这么容易的题目都不会。

"死"做程度补语时，其述语也只能是贬义形容词，与"绝之（灭）"相比，音节上没有严格的限制，可以是单音节或双音节的。例如：

（50）细个车罗硬懒死之！小的那个家伙真是太懒了！

（51）地下 [tʰia²¹] 里赖败死之，拿帚哩扫下。地上脏死了，拿扫帚扫一下。

比较特别的是，"死"也可以修饰动词做状语表示程度高，含贬义色彩。一般表示说话人很不满的心理。例如：

（52）箇只妹仔硬死欢迎哭！这个女孩十分喜欢哭！（太烦人了！）

"煞"在高安方言里是"杀、死"的意思，但只能做动词和形容词的结果补语，如"打煞、饿煞"等。但许多情况下不是用来表示真实的结果而是用来表示程度，或者说是一种夸张的修辞手法。例如：

（53）喫之一只辣椒，差忽子把我辣煞。吃了一只辣椒，差点把我辣死。

（54）箇样做事，莫气煞咯人。像这样做事，别把人气死。

"煞"是"杀"的俗体，但是这两个词在高安方言里有明确的功能分工，并且有不同的语音形式。"杀"念 [sat³]，只做动词用；而"煞"念轻声 [sa⁰]，只做结果补语和程度补语。

"煞人哩"也能做补语表示高程度，表示说话人的某种不愉悦的感受。"X 煞人哩"是对自感词"X 人"程度的增强，能进入"X 人"构词的 X，也多能进入"X 煞人哩"结构。例如："热煞人哩、冷煞人哩、烦煞人哩、愁煞人哩、吵煞人哩、痛煞人哩、痒煞人哩、辣煞人哩、磨煞人哩、跦煞人哩、冰煞人哩、烟煞人哩"，等等。从历史来源上说，"煞"来源于"杀"，或者说是"杀"的俗体。先秦时期"煞（杀）"本是动词，义为"杀死、杀害"。先秦两汉时期已有位于非杀义动词后构成连动式，也有位于"杀"义动词后的用法，在这样的组合里，动词"杀"着重表达的是一种结果（吴福祥，2000），即有了"死亡"的意义，在句法上做结果补语。之后，"杀（煞）"进一步语法化。汉魏以来，"杀（煞）"就有了置于动词之后、宾语之前表示程度很深的用法（梅祖麟，1991；袁宾，2003），即做程度补语。不过，还有一个问题，"X＋杀（煞）＋O"格式的宾语 O 经常是"人"（如"愁杀人、笑杀人"），即经常是"X＋煞＋人"格式，而且这一格式也不是动宾关系（X 不少是不及物动词或形容词）。我们认为，"X＋煞＋人"格式还可能进一步重新分析为"X＋［煞人］"。就高安方言来说，"X 煞人哩"已然变成一个框式结构，"煞人哩"表示 X 的程度极高。另一方面，"X 煞人哩"和自感词"X 人"里 X 的分布来看，二者有密切的关联。

"透"主要做结果补语，如"湿透、看透"。做程度补语时，与述语（形容词）的组合能力不强，只有"坏透之坏透了"的说法。充当结果补语时"透"是形容词，充当程度补语时是副词（张谊生，2000）。

6.2.3.3 不表比较的组合式程度补语

充当不表比较的组合式程度补语的词语主要有"很、难、出奇、要死、会死、要活、冇末"等，这些也都是高程度补语。副词"很"的组合能力最强，述语可以是单音节和双音节的各类形容词，如"好得很、假得很、远得很、长得很、怪得很、喫价得很、伶俐得很、闲悠轻松得很、齐整得很、便宜得很、听话得很、潇洒得很"等。

"难"用来做组合式程度补语，是高安方言的一大特色，其述语多是情感、感受类单音节形容词，如"累得难、饿得难、爽得难、䎡高兴得难、气得难"等，大概是"难受"义的引申。

"出奇"在普通话里不仅可以做程度状语（邢福义，2016：90），也经常充当程度补语，而且"可以受程度副词'特别'的修饰，语法功能上属于形容词"（邢福义，2016：100）。但是在高安方言里一般只能放在单音节形容词后做程度补语,而且其前面的述语很受限制,只有"懒得出奇"的说法。

"要死"表示程度极高,前面的述语一般是性质形容词或动词,从音节上看,可以是单音节和双音节词语,与之配置的述语主要是形容人或与人有关的形容词或动词,如"热得要死、冷得要死、懒得要死、偧差得要死、贱得要死、小气得要死、累得要死、气得要死、前高兴得要死、笑得要死、打得要死"等。其中"打得要死"不仅表示受事被打的一种结果、状态,更在说明动作的用力程度之高。一般没有"大得要死、好得要死"之类褒义形容词的说法。"会死"表示程度时,意义基本等同于"要死"。

普通话里未见使用"要活"表示程度的情况,高安方言里却很常见。"A/V 得要活"的基本意义和用法跟"A/V 得要死"形式差不多,如"累得要活、热得要活、懒得要活、笑得要活"等。用"A/V 得要活"不用"A/V 得要死",主要是文化、心理上的原因,是出于对死亡的避讳,在重要的节日或喜庆的日子,人们往往会特别注意选择使用前者。

"A 得冇末"的表意方式相当于普通话口语色彩较浓的"A 得没边"(有时也说"A 得没边没沿")。普通话的"A 得没边"的 A 范围要广一些,如可以说(下面语料选自北京大学 CCL 和北京语言大学 BCC 语料库):

长得没边、广得没边、阔得没边、高得没边、贵得没边、狂得没边、帅得没边、皮得没边、玄得没边、心虚得没边(CCL 语料库)

长得没边、广得没边、阔得没边、高得没边、大得没边、小得没边、贱得没边、狂得没边、帅得没边、美得没边、丑得没边、胖得没边、好得没边、烂得没边、差得没边、臭得没边、晚得没边、歪得没边、胆大得没边、淘气得没边、强大得没边、俗气得没边、傲得没边、遥远得没边、英俊得没边、自在得没边(BCC 语料库)

而高安方言"A 得冇末"的 A 范围要小得多,一般是单音节贬义性质形容词,如"差得冇末、偧差得冇末、熊得冇末"等。

此外,一些表示状态的动词语也能显示程度,如"气得震、气得跳手顿脚、爽得跳、累得发哭"等。郑湖静、陈昌来(2012)认为"程度""状态"和"结果"这三个概念及它们之间的语义界限比较模糊，难以分清，一般被看作结果补语（吕叔湘，1980）的例子如"忙得他团团转、逗得我们哈哈大笑、气得手直发抖"等也表示状态和程度。

6.2.4 程度定语

一般认为汉语的程度表达位置只有状语和补语两个位置。程度定语的提法虽然较少，但有些定语确实能表达程度。比如，高安方言的形容词"恶"是狠的意思，可以受程度副词"蛮""几"等修饰，如"渠蛮恶、该個人几恶子啊"等。"恶"还可以修饰名词做定语，如"恶蝉头十足的傻子、一只恶蠢公、恶败子十足的败家子、恶赖皮哩、上之渠个恶当上了他一个大当"等，这里的"恶"就不是"狠"的意思，而是表示程度高，相当于普通话里的"十足的""非常大的"等意义，当然，它所修饰的成分包含形容词性特征。普通话的"十足""大"等形容词也有这样的用法，如"十足的傻瓜、十足的混混儿、十足的恶棍、十足的废物、十足的糊涂虫、十足的白痴、十足的恶魔、十足的怪物、十足的乡巴佬、十足的悲剧、十足的女人、十足的胖子、十足的好人、十足的坏人、十足的小人、十足的疯子、十足的丑八怪"，以及"大傻瓜、大笨蛋、大好人、大热天"，等等。就"大"来说，在这些词语里不是指大小，而是表程度。

6.2.5 特定格式

6.2.5.1 A又A

这里的A指单音节性质形容词。"A又A"格式通过叠加形容词A并插入连词"又"的方式来表示程度的加深，其表义特点是累加增量，从程度量级来看属于高量级。如"瘦又瘦"是"很瘦、特别瘦"的意思。许多单音节形容词都能进入这种格式，如"长又长、短又短、大又大、细又细、重又重、高又高、快又快、贵又贵、远又远、懒又懒、恶狠又恶、丑凶又丑、蛮蛮横又蛮"等。这点与普通话的"A又A"格式相同。

当然，高安方言的这一格式与普通话相比有不少区别。

①感情色彩不同。二者的基本意义相同，都是表示程度的增加，但

是感情色彩不一样。高安方言的"A又A"通常表示消极情感或追加造成某种消极后果的原因，有"（偏偏）又很A"的意思。所以A也倾向于贬义词和中性词。例如：

（55）渠不听话犹似可，还懒又懒嘞！他不但不听话/他不听话就罢了，还特别懒呢！

（56）冇好正，把一只碗打烂之，尔话该只碗滑又滑。一不小心，把只碗打碎了，另外这只碗也太滑了。

②句法功能不同。温锁林（2010）认为普通话的"A又A"格式句法分布很特殊，一般只出现在谓语的位置，语义上具有自足性，成句能力较强。高安话的"A又A"格式，一般不单独成句，前面还要有其他小句，语义上才完整。句法功能方面，可以做谓语，如前面例（55）、（56）。此外，还经常做补语。比如：

（57）一毛子人拿箇大个碗张饭，还张得满又满！一丁点儿的人拿这么大的碗盛饭，还盛得特别满！

（58）脑牯冇别人样，来得晏又晏，真是读倒经！脑瓜子不如别人，还来得特别晚，怪不得读书不行！

（59）通么一個女，还嫁得远又远。总共也就一个女儿，还嫁得特别远。

但一般不做定语。

③语体和文体特征不同。普通话的"A又A"格式具有较浓的书面语色彩。一般只出现在童谣与儿歌、民谣与顺口溜、歌词与诗歌等有韵律和节奏要求的韵文当中（温锁林，2010）。高安话的这一格式在口语里很常用、很自然，也没有韵律的要求，使用的文体范围不限于韵文。

6.2.5.2　A又A，B又B

A、B都是单音节形容词。这一结构并举使用"X又X"形式，表示"既很A，又很B"。例如：

（60）该只家伙熊又熊，丑又丑。这个家伙厣又厣，凶又凶。

（61）人嘛长得长又长，大又大，就是舍不得出力。人呢长得又高又大，就是不舍得卖力。

6.2.5.3　冇箇A子

这一格式不是"没有这么A"或"不这么A"的意思，而是表示"非常A""A得不得了"。A主要是非褒义的单音节、双音节性质形容词和自感形容词（"X人"式形容词）。如"冇箇跞子、冇箇蝉子、冇箇恶子、冇箇懒子、冇箇拐机灵子、冇箇远子、冇箇吵人子、冇箇累人子、冇箇呛人子、冇箇割肉子、冇箇赖败子"等。这类格式主要用于感叹句,用来评价某人或某事,反映说话人的消极情绪。在句法功能上一般只做谓语,其主语可以承前省略。例如:

(62) 许個事冇箇累人子!那个活儿只差累不死人!

(63) 华伢仔老实啊?冇箇跴子哩!华伢仔老实吗?顽皮得要死!

(64) 里冷个天洗衣裳啊?冇箇割肉子!这么冷的天洗衣服啊?简直如割肉般痛苦!

"冇箇A子"里的代词"箇",也可以换成"许",说成"冇许A子"。二者程度上差异不大,主要是心理距离的差别。

6.2.5.4 唔/不晓得几A

这一格式表示主要用于感叹程度极高。能进入这一格式的A的范围比较广,可以是褒义、贬义和中性单双音节性质形容词,也可以是一些动词。如"蠢、蝉、懒、慢、快、坏、差、舍高勤快、听话、喫价、难听、难喫"等。单音节A后面经常要加"子"。

6.2.5.5 A得冇事话

"A得冇事话"相当于前面说的"A得冇末"。这里的A主要是评价类单音节形容词,如"差得冇事话、好得冇事话"等。

6.3 语用层面的表现形式

程度范畴的表达除了词汇、语法方面的手段,还有语用层面的多种形式,如语气、类比、比较、夸张和反语等手段。

①语气。表达程度的语气主要是感叹语气和反问语气。感叹语气如前所述,形容词前面一般有"太、太□[ŋa⁰]、伤、伤□[ŋa⁰]、真、真□[ŋa⁰]、几、好、实、头"等表程度的副词修饰。也可以形容词单独构成感叹句。例如:

(65) 蝉!箇多人在里也乱话?真傻!这么多人在场也乱说?

(66) 又得之一张奖。喫价!又获得了一张奖状。真棒!

感叹语气都是表示程度高,而反问语气表达否定意义,这里是对程度的否定。反问语气要借助疑问代词"几"或语气词"啊、哩"等来表示。例如：

（67）箇有几远哩？走路看眈消得十分钟嘛？这能有多远呢？走路去哪里用得着十分钟？

（68）蛮好喫啦？我觉得一般。很好吃吗？我觉得很一般。

②通过比喻、类比、比较表达程度。例如：

（69）里条路弯得等蛇仔样个。这条路弯得跟蛇一样。

（70）捡一個鸡蛋大子个石窝来。捡一个鸡蛋大的石头来。

（71）田里个草长得有人□［maŋ⁴²］。田里的草长得有人高。

（72）冇哪什有渠听话。没有谁比他更听话。

③通过夸张的结果来衬托程度之高，主要是一些惯用的说法。例如：

（73）渠做得个事会把人气得血滚。

（74）許個井晏时候渠穷得冇娘卖。

（75）肚里痛得刀挖。

④也有通过反语来否定程度或表达反面程度之高。往往要通过说话的口气和前后语境才能理解。例如：

（76）喫价！又考之一個饼。真厉害！又考了个零分。

经常会添加一些语气词来增强反讽意味。例如：

（77）蛮有良心哦！冇把大人饿煞咯！很有良心哦！只差没把父母饿死。

（78）尔话好么着！想打就打，想骂就骂。当然好哦！想打就打，想骂就骂。

⑤有的却用否定来加深程度，如"莫"字也经常不表示禁止或祈使否定，而是表示程度。请看：

（79）渠许样做事，莫把人气煞！他那样做事，别/真要把人气死！

（80）还有箇远个路，莫累死咯！还有这么远的路，真要累死啊！

前面说的"冇箇 A 子"格式里的"冇"其实也属于这种类型。

⑥还有"以含蓄表极致"（吕叔湘，1942/1982），如以"A 得话不正"格式表示，A 主要是单音节形容词。例如：

（81）渠俚两家好得话不正。他们两家好得没话说。

（82）我肚哩痛得话不正，不晓得喫错之什哩。我肚子痛得厉害，不知道吃错了什么。

6.4 小结

本章主要从词汇、语法和语用三方面探讨高安方言的程度表达方式，重点介绍了词法和句法方面的表现手段。词法方面主要是通过状态形容词来表示，包括附加式状态形容词和重叠式状态形容词。句法方面主要是重叠、程度状语、程度补语、程度定语和特定的格式等手段。其中重叠主要是形容词和副词的重叠。充当程度状语的有副词、指示代词和形容词等。程度补语主要从表比较的程度补语、不表比较的粘合式程度补语和不表比较的组合式程度补语三方面描写。另外，不管普通话还是方言，应该承认一些定语也表现出一定的程度意义。此外，介绍了"A 又 A""A 又 A，B 又 B""冇箇 A 子""唔/不晓得几 A""A 得冇事话"等格式表达的程度意义。

第7章 "得"字句

高安方言里的"得"意义和用法比较复杂，也很有特色。"得"有两种读音：动词和位于动词前的能愿动词、副词等都念 [tεt³]，位于动词后都念轻声 [tε⁰]。

"得"做动词用，主要有以下几种意义。①"得到、获得"义：来个客一個人得之一条巾哩_{来的客人每人得了一条毛巾}｜过年得之蛮多筜岁钱_{过年得了很多压岁钱}｜△细崽哩细，得娘意。②"患上、染上"义：莫喫箇有头脑个东西，会得病_{别吃这些乱七八糟的东西，容易得病}。③表示演算产生结果，结果限于小于"十"：二三得六，二四得八。④表示"得益于"：渠到学里教书是得之渠俚丈人嘞_{他能去学校教书得益于他丈人的帮助}。

"得"可以附在动词性和形容词性语素后，构成动词，如"晓得｜认得｜听得｜看得｜喜得｜好得｜闲得"等（见2.2.17）。

高安方言的"得"除了做动词和构成动词，还有副词、能愿动词、结构助词、动态助词、语气助词和介词等用法。本章主要探讨"得"的不同词性、意义和功能。

7.1 副词（得₁）

7.1.1 "得₁"的特殊意义和用法

高安方言的"得"有一种特殊的用法，就是位于动词语前面构成"得+VP"格式，表示 VP 是一种经常性的行为，相当于"过去 VP 得够多了"意义。这里的 VP 不能是光杆动词，动词后必须带有完成体标记"之"，后面还可以带宾语。例如：

（1）箇只家伙硬得口 [kiau²¹] 玩、休息之。_{这个家伙可轻松够了。}

（2）渠事嘛得做之，就是不得人意。他事情做得够多了，就是不讨人喜欢。
（3）我俚公公细个共晏得喫之苦。我爷爷小时候受得苦够多了。
（4）你婆命好，得享之福。你奶奶命好，可想尽福了。
（5）渠读书不进，硬得驮之老师个骂。他读书不行，经常被老师骂。
（6）渠冇钱个共晏我得帮之渠。他没钱的时候，我经常帮助他。

可见，这个"得"兼有频率和语气的意义，我们暂且将其定性为副词，记作"得₁"。较普通话而言，高安方言里的"得₁"比较特殊。

7.1.2 "得₁"的方言分布与比较

"得₁"的意义和用法不仅与普通话相差较大，在汉语方言中也比较少见。据笔者粗略查阅已报道的资料，与高安方言的"得₁"有相近意义的仅有赣语黎川话（付欣晴，2019）。黎川话的"得"也有经常义。例如：

（7）该几年冒做什么事，就是得玩。这几年没做什么实事，就是经常玩。
（8）渠细时间真/很得几新衣裳著。她小时候穿过好些新衣服。
（9）该只电视机买来冒几久就坏掉欸，冒得什看。这台电视机买来没多久就坏了，没怎么看。

但是，高安方言的"得₁"与之相比用法上还是有不少显著差异：①高安话"得₁V"后面一定要有完成（实现）体助词"之"，黎川方言没有这个限制；②黎川方言的"得₁V"结构能与程度副词"真、几、很"等组合（付欣晴，2019），而高安方言的"得₁"前面绝对不能受程度副词修饰；③高安方言的"得₁"没有否定式，不能受否定副词修饰。可见，高安方言的"得₁"比黎川方言更像副词。

另外，赣语安福方言的"得"也有充当副词的用法，不过，它"表示动作或者某种状态将要持续较长的时间"（雷冬平、胡丽珍，2019）。例如（引自雷冬平、胡丽珍，2019）：

（10）不等佢哩，佢得吃。不等他了，他还要吃很久。
（11）我今日个作业太多哩，得写。今天的作业太多了，要写很久。

安福方言的这个"得"意义虽然不同于高安话，但二者有某种共通性，即它们都表示时间、频次上量多，只不过表达的方向相反。安福方言着眼于将来，而高安方言（和黎川话）着眼于过去。从这一点看，

"得₁"都与动词"得"的"获得"义有密切渊源。

7.1.3 "得₁"的来源

高安方言的"得₁V 之（O）"表示过去经常性的行为，其"过去时间"义应该是体貌助词"之"体现出来的①，"得"字主要是表示频次高，属于一种主观大量表达。这一意义应该来源于动词"得"的"获得"义。这一点与安福方言有共通之处。雷冬平、胡丽珍（2019）认为安福方言"得"的时间副词功能应来源于动词"获得"义，"获得"义很容易引申出"有"义，"有 XP"一般表示大量，所以"得 + 动词"引申出表示在所表示的事件上要花费较多的时间。高安方言里"得"也有"有"义，如"得闲"就是"有空"的意思。

从历时角度看，古汉语的"得"从唐五代开始就有了"有"义（江蓝生、曹广顺，1997），这点无须赘述。虽然"得"似未见有频次高义，但"得得"却有这样的意义。《汉语大词典》（第 3 卷，996 页）解释"得得"有"频频；频仍"的意义，并列举了下面两个例子：

（12）（唐）王建《洛中张籍新居》诗："云山且喜重重见，亲故应须得得来。"

（13）（金）高庭玉《柳絮》诗："得得穿朱户，时时扑翠屏。"

因此，高安方言的"得₁"可能经历了这样一个语法化路径："获得"义→"有"义→"频率高"义。

7.1.4 "得 V 之"与"够 V 之"

高安话里的"够 V 之"是个歧义结构。有两个意思：一是"足够 V"的意思，其中的"够"表示数量上可以满足需要，如"带之五百块钱，够用之 带了五百块钱，够用了""饭不着煮蛮多，够喫之就可以 饭不用煮太多，够吃了就行"等。二是与"得 V 之"表达时间相反的意义，它表示按照当下这种情形，动作将要持续很长一段时间或反复进行，相当于普通话里的"有得 V""够某人 V 的"意思。例如：

（14）甲：车来之嘛？车来了吗？

---

① "之"同时也包含一种感叹语气，如在"伤多之""太贵之"等感叹句里都要用"之"。

乙：还正动身。才出发。

甲：箇够等之嘞！这够等的了！

(15) 等喫饭还够话之哦，菜都还有洗。等吃饭还够等的了，菜都还没洗。

(16) 齐要尔写对联，够尔写之。大家都叫你写对联，够你写的了。

(17) 生一個箇样个崽，够渠劳之神。生个这样的儿子，够操心的了！

第二种意义应该是第一种的引申，这里主要探讨与"得V之"相关的"够V之"的意义和功能。"得V之"着眼于过去经常性的行为，而"够V之"着眼于将来还要一直持续的行为，都含有感慨意味。简言之，前者表已然，后者表未然。二者有一些表面平行的用法，请看例句：

(18) a. 事尔硬得做之！事情，你经常做/做得够多了！

　　　b. 事多得很，够做之！事情多得很，还要做很久才能完成！

(19) a. 从嫁得把渠起，小红得哭之。自从嫁给他，小红经常哭/哭得够多了。

　　　b. 嫁到箇种人，尔硬够哭之。嫁给这种人，够你哭的。

(20) a. 渠细个晏得驮之打。他小时候经常挨打/挨打挨得够多了。

　　　b. 渠不改嘛哩还够驮之打。他要是不改正的话，恐怕还要经常挨打。

从上面例子看出，"得V之"的意义是"过去V得够多了"，而"够V之"是"以后够V的"，有趣的是后者的意义在安福方言里也用"得V"形式（见7.1.2节）。

上面讨论的是"得V之"和"够V之"相对应的特点，然而除了时间着眼点不一样，二者还有其他明显的差异。首先，后者"够"后V前可以插入主语，主要是第二人和第三人称代词，如例（16）、例（17）的"够尔写之""够渠劳之神"等；而前者"得"后V前绝对不能出现主语。其次，"得V之"结构里如果V是及物动词，那么后面可以很自然地添加宾语，形成"得V之O"结构，如"得帮之小李""得打之我""得享之福"，等等；"够V之"结构除V是动宾式双音节动词外，其他情况都不能加宾语，即没有"够V之O"格式。可见，这个句末的"之"不表体貌意义，更多的是表达一种语气。再者，由第一点差异（即能否插入主语成分）可以发现"得"与"够"的词性差别，"得"后不能出现主语，更接近于副词；"够"后面可以加主语，仍然是个动词，这可能是二者的根本区别。另外，"得V之"的V可以是褒义、中性和贬义各类动词语，整个结构可以表现褒贬不同的色彩意义，而"够V之"倾向于表达不理想、不如意的情感。

7.2 能愿动词（得$_2$）

7.2.1 得$_2$＋V

"得"在动词前，用做助动词（也称能愿动词）有以下两种意义。

①表示主观上认为可能、能够。有肯定式"得$_2$＋V"（相当于普通话的"能V或V得了"）和否定式"不得$_2$＋V"（相当于普通话的"V不了"）。例如：

（21）箇宽子个路，车仔得过嘛？这么点宽的路，车能过吗？——得过。能过。/不得过。过不了。

（22）里场考试对我来话蛮容易，应该得进前十。这次考试对我来说很简单，应该能进前十名。

（23）渠许日哩话个事，尔去问眈得正嘛。他那天说的事，你去问问看能不能成。

（24）我等尔话，打之我不得正。我跟你讲，如果打了我，饶不了你。

（25）下昼三点钟得到么？下午三点钟能到吗？

②表示对客观未然事件的推测，某事可能或不可能发生。一般只用否定式"不得$_2$＋V"格式（相当于普通话的"不会V"），肯定式只用"会＋V"，不用"得$_2$＋V"。因此，单独回答问题时，也只能用"会V"（肯定）或"不得V"（否定）这种不对称形式。例如：

（26）——明日会落雨嘛？明天会下雨吗？

——会落雨。会下雨。/不得落雨吧。不会下雨吧。

（27）——尔俚姆妈会来高安过年么？你妈会来高安过年吗？

——不得来。不会来。

（28）——拿尔箇多东西去屋里，我俚大人会骂我。拿你这么多东西回家，父母会骂我的。

——不得骂，尔就话我把尔个。不会骂的，你就说我给你的。

（29）尔听我个，我不得□［ɡ̃^{35}］人。你听我的，我不会骗人。

（30）渠话个价钱伤□［ŋa⁰］低之，我不得卖。他说的价钱太低了，我不会卖。

"得"也能位于形容词前，表示对未然事件的推测，有"会、可能"的意思。否定式用"不得+A"格式。例如：

(31) 里個天洗衣服得干嘛？这种天气洗衣服会干吗？

(32) 饭正得镬里，一下仔不得冷。饭热在锅里，一下子不会冷。

(33) 摩到就发气，箇個病也得好啊？动不动就生气，这个病会好吗？

7.2.2　V+得₂

"V+得₂"格式有表示能力、估价、评议等多种意义。

①表示有能力做某事。否定式为"V+不得"。例如：

(34) 我里样子还做得，不着要尔俚劳神，等我做不得个井晏再话。我现在还能干点活儿，不用你们操心，等我不能干活儿的时候再说。

(35) 箇個老人家蛮庚健嘞，喫得也走得。这个老人家身体很健康，能吃也能走。

(36) 渠个脚崴到之，徛不得。

这种意义的"V+（不）得"后面可接宾语，如"做得事、做不得一毛子事、喫得三碗饭、走不得两里路"等。

上面例句的"V得"前面可以受程度副词修饰，这时一般不能再带宾语，表示某人某方面的能力特别强。例如：

(37) 你爷硬蛮做得，一下仔就把事做圆之。你父亲真能干，一会儿就把事情做完了。

(38) 看起来人瘦瘦子，还蛮喫得嘞。看起来瘦瘦的，还挺能吃的。

②表示估价，是"值得V"的意思。否定式为"V+不得"，表示"不值得V"。例如：

(39) 里個生意做得，包赚不亏。

(40) 该门手艺学得，学到之走到哪址都有饭喫。这门手艺值得做，学到了走到哪里都有饭吃。

(41) 渠俚屋里個水库包得，可以养鱼仔卖。他们村里的水库值得承包，可以养鱼卖。

(42) 许個人家里尖尖钻钻斤斤计较，箇门亲戚走不得。

③表示评议，表达一种满意的情绪，有"好"的意思。（汪国胜，1993）否定式较少用"V+不得"，多数用"不好+V"格式。例如：

(43) 该個厨官舞得個菜喫得，蛮多人来请。

（44）上一转买得个酒硬喫不得，我拿得倒泼之。上次买的酒一点也不好喝，我把它倒掉了。

（45）新出个高安采茶戏还看得。

（46）里把锯仔用得嘛？这把锯子好用吗？——□［ŋɔ³⁵］钝之，不好用。

④表示有资格、权利做某事，有"允许、可以"的意义。否定式为"V+不得"，表示没资格、不允许做某事。例如：

（47）里個屋齐有份，尔住得，我就住不得啦？这个房子大家都有份，你能住，我就没资格住吗？

（48）许是渠个崽，渠当然管得啰。那是他的儿子，他当然可以管。

（49）我自家赚得个钱，我花不得啦？我自己赚的钱，我不能花吗？

（50）齐是孙仔，渠得［tɛt³］得₂［tɛ⁰］笲岁钱，我也得得₂，莫偏心。都是孙子，他能得压岁钱，我也能得，不要偏心。

⑤表示"能够经受"的意思。否定式为"V+不得"，表示经不起做某事。例如：

（51）渠面厚，打得也骂得，不得哭。他脸皮厚，经受得起打骂，不会哭。

（52）该只妹仔脾气蛮躁，话不得两句就会来性。这个女孩脾气暴躁，说不得两句就会生气。

（53）有些人开得玩笑，有些人开不得玩笑。

（54）细人子小孩子身体弱，热不得冷不得。

⑥表示可能，有"能、可以"的意思。例如：

（55）箇馊之个菜阴间喫得！这都馊了的菜哪里还能吃！

（56）旧年个衣裳今年还穿得。去年的衣服今年还能穿。

（57）——昨日打得个地板踩得么？昨天打的地板可以踩吗？

——还有蛮干，踩不得。还没怎么干，不能踩。

（58）屋下不要个东西卖得嘛？家里不要的东西能卖掉吗？

⑦表示情理上有必要做某事，有"应该"的意思。例如：

（59）伢俚帮之尔个忙，一包烟总把得啰？人家帮了你的忙，一包烟总应该给吧？

（60）我等渠出之箇多力，请我喫碗酒也请得。我帮他出了这么多力，请我喝碗酒也是应该的。

（61）尔俚箇好个关系，渠做好事，借毛子钱把渠也借得。你们这么好的关系，他办喜事，借点钱给他也是应当的。

（62）我等是兄啊弟嗟，箇毛子忙帮不得啦？我们是兄弟嘛，这点忙不应该帮吗？

7.2.3　A+得₂+数量

①"A+得₂+数量"格式用于比较句。其中 A 表示形容词，"得"是表示达到某种可能的状态，可能的意义已不明显。"得"后是表示数量的词语。这种数量通常是约量，高安方言在数量词语后加"子"来表示。例如：

（63）恁比渠起码大得十岁子。您比他起码要大十岁。
（64）里只间里（比许只）宽得两米子。这个房间（比那间）宽两米左右。
（65）我个工资也就比尔多得百把块子钱。我的工资也就比你多百把块钱。
（66）许种苹果比里种贵得块把子。那种苹果比这种贵一块多。

如果数量极少或不愿意说出具体数量，"得"要换成"到"。例如：

（67）我比尔就怕大到毛子。我恐怕比你大一点。
（68）里种个柑子贵到忽子。这种橘子贵一点。
（69）箇碗菜咸到毛子。这碗菜咸一些。
（70）尔个身体嘎好到毛子吧？你的身体现在好点儿了吧？

用"到"的这种格式，如果形容词是双音节的，"毛子""忽子"等表少量的词语可以直接说成"子"。例如：

（71）里种柑子便宜到子。这种橘子便宜一些。
（72）渠比尔含高到子。他比你勤快一点。
（73）该只妹仔话事柔软到子。这个女孩说话温柔些。

②"A+得₂+数量"有时也不表比较，"得"相当于"V得"的"得"，表示能够、可能。A像动词的用法，有使动意义。例如：

（74）裤脚太长之，还短得一寸？等我剪一下。裤脚太长了，还能再短一寸吗？帮我剪一下。
（75）买十斤个话少得毛子嘛？买十斤的话能少点儿吗？
（76）里边还宽得二十公分，许边就蛮狭。这边还能再拓宽二十厘米，那边就很窄。

7.2.4　有 + 得₂ + 数量

"有 + 得₂ + 数量"表示应该有多少数量，含有估计、约莫意味。例如：

（77）恁老人家有得七十岁嘛？您老人家有七十岁了吗？

（78）箇只后生蛮瘦，看眈有得一百斤嘛。这个小伙子很瘦，估计还不到一百斤吧。

（79）里根线有得十米子长。这根线有十米左右长。

（80）等细伢仔有得桌哩高子，就自家会走会跳。等小孩有桌子那么高的时候，他就会走会跳。

7.3　助词（得₃、得₄、得₅）

朱德熙（1982）认为普通话里表示可能性的述补结构里的"得"（如"看得见"）是个独立的助词（中置助词），表示状态的述补结构里的"得"是一个动词后缀。现在大多教材统一称作结构助词，较少提及有时态（动态）助词和语气助词的用法。不过，有不少论著已经注意到"得"字除结构助词外的其他词性特点和语法意义。比如，李临定（1963）指出，动词、形容词加"得"后表现的事实是肯定的或已发生的。施关淦（1985）也认为"得"主要表示动作、行为或变化的已然。宋玉柱（1981）分析得更细致，认为表程度的"得"为结构助词，表结果的"得"为时态助词。聂志平（1992）也指出"得"具有表时态和结构功能双重意义，无论是把"得"看成结构助词还是单纯的表示已然的时态助词都是把问题简单化、绝对化了。范晓（1993）则从句法、语义、语用三个平面分析了"得"的性质：在句法平面是结构助词，语义平面是显示动作或行为的"已然"或表示肯定，语用方面动作引起或显现的境相。可见，结构助词、动态助词和语气助词可能不是同一层次的概念，方言中的虚词比普通话分析起来更为复杂，某些助词会兼有几类助词的特点，不单属于哪一类。下面的分类主要按"得"显现的特点进行划分。

7.3.1 结构助词（得₃）

7.3.1.1 V 得₃个

"V 得₃个"的"V"一般是单音动词，"个"相当于普通话的"的"。"V 得个"相当于普通话里的"V 的"，普通话这类结构中间不加"得"。"得"无实义，是个助词。但"V 得个"整体结构可以表示获得某物的方式或造成某结果的原因。

①表示某物获得的方式，动词一般是有获取义的动词，而且是已经发生的动作、事件。例如：

(81) ——箇紧花生哪址来个？这些花生哪儿来的？
　　　——我上昼去街里买得个。我上午在街上买的。

(82) 里個包是捡得个，不是偷得个。这个包是捡的，不是偷的。

(83) ——日□［ŋa⁰］话冇有钱，箇只电视机怎样来个？天天说没钱，这台电视机怎么来的？
　　　——赊得个。赊的。

(84) ——尔身上个钱哪址来个？你身上的钱哪儿来的？
　　　——婆婆把得个。奶奶给的。

(85) 许把伞是别人送得个。那把伞是别人送的。

上面例句中如果动词表示的是自主获取的，"得"后可以加"来"说成"V 得来个"，对应于普通话的"V 来的"，如例（81）—例（83）可说成"买得来个、捡得来个、偷得来个、赊得来个"。例（84）和例（85）的"把给"和"送"是给予义动词，在这里不能说成"＊把得来个、＊送得来个"。"送得来个"也可以说，但意义有差别，"送来"有动作趋向义，表明动作主体发生了位移，即送东西的人把东西拿去给人。而"送得个"的"送"是赠送义，意在说明东西是"送的"而不是"借的"等其他方式获得的。

②表示造成某种结果的原因。例如：

(86) ——渠脑骨上怎会有個包啊？他头上怎么会有个包？
　　　——□［tsɛŋ⁴²］得个。摔的。

(87) 面上个迹哩是睏觉睏得个。脸上的印子是睡觉睡的。

(88) ——床子上个玻璃怎裂开来之啊？窗户上的玻璃怎么裂开了啊？

──风吹得个。风吹的。

(89) 背上个血是蚊虫叮得个。背上的血是蚊子咬的。

(90) ──外头的电线怎断之啊？外面的电线怎么断了啊？

──老鼠口［lɛ⁵⁵］咬得个。

"V+得₃+个"一般充当定语；单用时是个名词性结构，可以充当主语和宾语。例如：

(91) 过得个梨哩要贵毛子。贩来的梨要贵一些。

(92) 借得个要还，送得个不着还。借的要还，送的不用还。

(93) 煎得个鸡蛋我不喫，我要喫煤得个。煎的鸡蛋我不吃，我要吃煮的。

7.3.1.2 V 得₃V 趋

高安方言里动词和趋向动词"来、去"搭配中间要插入助词"得"，构成"V 得来/去"格式，意义相当于"V 来/去"，或"V 过来/去"。这种格式里的 V 与趋向动词是述补关系，"得"是个结构助词。例如：

(94) 箇是我个书，拿得来！这是我的书，拿来！

(95) 门口个东西着别人捡得去之。门口的东西被别人捡去了。

(96) 把箇把交椅仔搬得去。把这把椅子搬过去。

(97) 尔再乱话，我一個巴掌巴得来。你再胡说，我一个巴掌打过来。

(98) 搭直个走得去就得到学门口。笔直地走过去就能到校门口。

V 和双音节趋向动词（"进来、进去、上来、上去、出来、出去"等）连用，中间可以加"得"，也可以不加。如果"V"是及物动词，加"得"一般要加宾语，宾语是有定的。"得"有强调宾语的作用，同时含处置意义。因此，这一格式也可以把宾语提前，转换成"把"字句，这时可以不加助词"得"。例如：

(99) 扛得箇张桌哩进来。=把箇张桌哩搬进来。把这张桌子搬进来。

(100) 掇得菜上去。=把菜掇上去。把菜端上去。

(101) 拿得尔个东西出去。=把尔个东西拿出去。把你的东西拿出去。

刘坚、江蓝生等（2018）把近代汉语"动词+得+趋向动词"里的"得"看作动态助词，表示动作变化的持续或完成。下面转引几例（"得"有的写作"的"）：

(102) 前院请满相公来，叫他把琵琶也带的来。（歧路灯，第十五

回）

（103）恰好江南一位官人，送得这几瓮瓜菜来。（闲云庵阮三偿冤债，古今小说，卷四）

（104）贫道有一千贯寄在博平县城隍处，今早取得来了。（三遂平妖传，第三十二回）

（105）两個锡匠挑的担子来了。（歧路灯，第三十八回）

（106）我送酒一坛，再备几样菜儿送的去。（同上，第十五回）

（107）王氏引的赵大儿去了。（同上，第十九回）

（108）众猴撒开手，那呆子跳得起来，两边乱张。（西游记，第三十一回）

近代汉语里的"得"确实有动态助词的用法，不过，有些句子是祈使句如例（102）和（106），很难说是表持续或完成。有些句子"得"表完成态句末还要加上"了"，如例（104）、（105）和（107）。

根据笔者的考察，高安方言这一格式里的"得"的体貌意义不明显，主要是作为趋向补语的标记而已。要表示完成态，必须加助词"之"来体现，否则，要么表示祈使；要么是个未完成的事件，这时一般有表将来的时间词语。对比如下：

（109）姑姑送得花生来之。姑姑把花生送过来了。

（110）姑姑，送得花生来！姑姑，把花生送过来！

（111）姑姑明日送得花生来。姑姑明天送花生来。

（112）*姑姑明日送得花生来之。

第一例加了"之"，表示动作变化的完成；第二例是祈使句，是未然情况；第三例有将来时间词语，没有动作完成的意义；最后一例本身有将来时间词语，加完成态助词"之"后句子不成立。这些例子说明"V得V趋"里的"得"不具有完成态意义，也没有持续态作用。因此，我们不把高安方言这一格式的"得"看成动态助词，而认为是结构助词。

"V得V趋"还可以表示动作移动的方式，"得"有表动作的持续的作用（见本章7.3.2.1）。

7.3.1.3　V得$_3$把N

普通话的给予句"V给N对象"，高安方言要说"V得把N对象"，

其中的"得"字不能省,"把"相当于"给"。V 的支配对象 O 在前文出现或说话双方已知晓。例如:

(113) 箇是渠个,还得把伢俚! 这是他的,还给人家!

(114) 里袋哩花生送得把尔。这袋花生送给你。

(115) 钓得个鱼仔卖得把小李去之。钓的鱼卖给小李去了。

(116) 不要个东西我□[ia⁴²]一下捉得把别人去之。不要的东西我全扔给别人了。

(117) 坐备一转输得把你。大不了全部输给你们。

这种句式把谓语动词的受事提到主语位置或话题化,已经含有处置意味,有些可以在主语或话题前面加上介词"拿"或"把"(如拿里袋哩花生送得把尔｜把箇个东西还得把渠),也可以把受事放在"V 得"后,变成"V 得 O 把 N"式(如送得里袋哩花生把尔｜还得箇个东西把渠)。如果宾语比较长,习惯上还是放在主语位置或将其话题化。

7.3.1.4　V/A + 得₃ + C

①"得₃"用在动词或形容词后,连接表示状态、结果或程度的补语。补语有不同的形式:

A. 补语是形容词:做得慢｜隔得远｜飞得蛮快｜话得气人｜穿得齐齐整整漂漂亮亮｜扫得伶伶俐俐干干净净｜走得快快哩｜削得短短子｜烧得飞滚个｜刹得乜咕乜烂个｜懒得出奇｜气得难｜少得可怜。

B. 补语是动词性词语:打得开溜｜话得来哭｜滑得□[tsɛŋ⁴²]到滑倒｜痛得晕过去之｜气得顿脚跺脚｜看得作呕｜骂得伤心｜热得发哭｜晒得开坼｜累得要命｜冷得要死。

C. 补语也可以是名词,表示到处是某物:□[tsɛŋ⁴²]捧得一身个泥巴｜趋跑得一身个汗｜洒得一屋个水。但习语"话得一身个劲"意思是"一个劲地说",含贬斥意味。

D. 补语是小句形式:笑得肚哩痛｜气得咀巴嘟嘟气得嘴巴嘟起来｜哭得眼珠都红之｜长得咀尖尖、毛长长｜骂得眼泪□[tɔ²¹]流个说得眼泪直流｜搞得面脸上墨乌个｜打得渠面上炙炙哩｜追得老五开踔跑｜话得小王不好意思｜冷得面上通红个｜累得气都敨不抻累得气都传不过来｜话得心里作紧。

E. 述语是形容词,补语是副词"很":狡猾得很｜好得很｜多得很｜划来得很。

表示未达到某种结果、状态,普通话用"没 VC"式,动词和补语之间不加"得",而高安方言用"冇 V 得 C"式,必须用助词"得":冇听得清没听清楚｜冇洗得伶俐没洗干净｜冇晒得干没晒干｜冇煮得熟｜冇拿得落没拿完｜冇遮得住｜冇做得圆没做完｜冇考得上｜冇飞得起没飞起来｜冇穿得进。这里的补语不能是状态形容词:＊冇洗得伶伶俐俐｜＊冇晒得唛干｜＊冇煮得乜烂。

②"得"用在动结式和动趋式结构中间,表示可能;表示不可能用"不"。例如:覗看得清:覗不清｜洗得伶俐:洗不伶俐｜打得赢:打不赢｜搞得正成:搞不正｜做得圆完:做不圆｜来得彻来得及:来不彻｜话得张:话不张｜睏得着:睏不着｜坐得落坐得下:坐不落｜趴爬得上:趴不上｜穿得进:穿不进｜话得出:话不出｜算得出来:算不出来。

这类结构,如果动词是及物动词,可以加宾语。肯定式,宾语一般在"得"后,即构成"V 得 OC"式;否定式有"VO 不 C"和"V 不 OC"两种。例如:覗得字清:覗字不清 覗不字清｜打得渠赢:打渠不赢 打不赢渠｜坐得人落坐得下人:坐人不落 坐不人落｜趴得田塍上:趴田塍不上 趴不田塍上｜伸得手进:伸手不进 伸不手进。

从结构上看,第②类"得"后面也接补语,但从意义上来说表示可能,与能愿动词"得$_2$"有密切联系。张大旗(1985)认为"搬得动"类是"搬而得动","得"也是位于动词、形容词前面,明确指出这个"得"也是助动词(能愿动词)。吴福祥(2009)则称之为"能性补语标记",兼顾了意义和形式特点。

7.3.2 动态助词(得$_4$)

"得"也能表示动态(体貌)意义,主要表示动作的持续(如"V$_1$得 V$_2$")、继续(如"V 得去")和完成(如"V 得 O 来"),这个"得"我们标作"得$_4$"。不过,"得"不是专门的完成体标记,必须在特定的句法格式里才有完成的意义,且用法限制较多,高安话里专门的完成体标记是"之"和"咯"。

7.3.2.1 V$_1$得$_4$V$_2$

方言里两个动词构成的连谓短语很多情况下要加"得",细究起来,有不同的语法意义和功能。

①有的表示前一动词是后面动词的方式，相当于普通话的表持续的动态助词"着"。例如：

A. 炒得喫｜煨_{放在带火的灰里烤}得喫｜煤得喫｜炆得喫｜煎得喫｜舀得喫｜蘸得喫

此类格式是"V得喫"，"V"都是表示"喫"的方式，可以回答"里个东西怎样喫?"问句。

"V得"后如果接宾语，则整个格式"V得O喫"也有处置意味，可以转换成"把"字句。句末通常要有表动作完成的"之"（已然）或"咯"（未然，常用于祈使句）。"得"与之配合有完成态的功能。例如：

（118）早上煮得盈得个面喫之。＝早上把盈得个面煮得喫之。_{早上把剩下的面煮了吃了。}

（119）明日炒得箇紧白菜喫咯。＝明日把箇紧白菜炒得喫咯。_{明天把这些白菜炒了吃掉。}

B. 走得来｜趑_跑得来｜捧_抱得来｜弯_绕得来｜飞得去｜溜得去｜徛得去｜驮得去｜拖得进来｜扯得上去｜趴得出来_{爬着出来}

这类格式是"V得V趋"，相当于普通话的"V着V趋"。但这里的趋向动词意义比较实在，确切地说是表示位置移动的一般动词，前面的"V"表示位置移动的方式。加"个"后更能强调动作的方式。例如：

（120）路不好走，冇骑车仔来，我走得来个。_{路不好走，没骑车来，我走着来的。}

（121）渠不想来，我骂得来个。_{他不想来，我骂来的。}

（122）冇带绳仔，渠就箇样捕得去个。_{没带绳索，他就这样抱着去的。}

（123）车上冇有座位，我俚徛得去个。_{车上没座位，我们站着去的。}

（124）面前个路塞泼之，我弯得进来个。_{前面的路堵塞了，我绕着进来的。}

如果是趋向动词做补语，则"V"不表示方式，而是相当于"V过来、V过去"，常用于祈使句。（见7.3.1.2）

②有的V_1表行为、V_2表目的。"得"表动作的完成，相当于普通话里的动态助词"了"，或者至少可以说是充当动相补语。前面的V_1一般是及物动词。例如：养得（自家）喫_{养了（自己）吃}｜卖得交学费｜拌得配饭｜剁得烧｜拆得做过_{拆了重做}｜捡得掉泼_{捡了扔掉}｜□[tɕau³⁵]得卖泼_{骗了卖掉}。如果在"得"后加"来/去"，这种结构

的例子就更多：买得来养｜做得去卖｜捡得来烧｜拖得去称｜挈_提得来洗｜掇_端得去喫。

7.3.2.2　V 得₄去

如前文所述，"V 得去"至少有两种意义：一是相当于"V 去"（或 V 过去），"得"起到连接结构的作用（见 7.3.1.2）。二是相当于"着"，V 表示位置移动的方式（见 7.3.2.1）。这两种用法语感上是"V 得 + 去"。此外，"V 得去"用于祈使句还有类似继续态的作用，表示"尽管接着做下去"的意思。这时"得去"的结合更紧密，这类结构应该是"V + 得去"。例如：

（125）（倒车）倒得去，背里还蛮宽。接着倒，后面还很宽。

（126）要是我俚细伢仔不听话，就等我打得去！要是我家小孩不听话，就尽管给我打过去！

（127）走得去，还远得很嘞。尽管走下去，路还远得很呢。

（128）不要紧，尔话得去。没关系，你尽管说下去。

"总总 V 得去"表示动作一直反复持续，表明说话者的厌烦情绪。例如：

（129）一毛子事总总话得去，晓得烦人嘛！一点小事一直说个不停，不知道多烦人！

（130）该只崽哩不听话，总总跩得去。这男孩子不听话，一直调皮捣蛋个不停。

（131）莫总总哭得去，过之身个事就是。别一直哭个不停，过去了的事就算了。

（132）总总嬉得去，看尔嬉到几大子。一直玩个不停，看你能玩到多大岁数。

（133）总总眹得去，有什哩眹场哦。一直弄个不停，有什么值得弄的。

7.3.2.3　V 得₄ (O) 来

"得"的动作完成意义，还体现在"V 得₄ (O) 来"格式里，其意义是等做完某事后时间已经很晚了（来不及做其他事）。（详见 4.2.1.3）不过，"得来"已经弱化为轻声，而且其中的"得"也不能替换成完成体标记"之"，"来"也不能去除。可见，"得来 [tɛ⁰ lai⁰]"已经凝结成一个整体，附着在动词后面。当然，当动词后带宾语时，宾语要置于"得""来"之间，但这与经历体标记"过来"、起始体标记

"起来"是一样的，不影响其整体性。

7.3.3 语气助词（得₅）

"得₅"字煞句，有相当于语气助词的用法。主要体现在以下格式。

7.3.3.1 紧 V 得₅

"紧 V 得₅"意思是"没完没了做个不停"，说话者有抱怨心理和责备语气。"得"有动作持续意义，但重点表语气，更像个语气助词。因为去掉"得"后，"紧 V"也可以成立。"紧 V 得₅"也可以说成"□ [tsʰɛŋ⁴²] V 得₅"，意思相同。例如：

(134) 一日到夜紧嬉得，不做一忽事。一天到晚没完没了地玩，一点事也不做。

(135) 一只故事紧讲得，听都听烦之。一个故事没完没了地讲，都听烦了。

(136) 箇毛子饭□ [tsʰɛŋ⁴²] 喫得，快忽子嘞！这点饭吃个不停，快点呢！

(137) 该只家伙硬□ [tsʰɛŋ⁴²] 跺得，话都话不张。这个家伙一直调皮捣蛋，说了也不听。

7.3.3.2 冇 + VP + 得₅

"冇 + VP + 得₅"格式以"得"字煞句，表示对过去事件的虚拟，表达一种后悔或惋惜的语气，意思是"后悔/可惜没有 VP"或"本应该 VP 的"。"得"是语气助词。例如：

(138) 晓得渠也懂，冇问一下渠得。早知道他也懂，就该问一下他了。

(139) 冇穿套鞋来得，里個路伤□ [ŋa⁰] 难走之。后悔没穿靴子来，这个路太难走了。

(140) 冇拿钱把渠得，省得渠日□ [ŋa⁰] 问。应该拿钱给他的，省得他天天问。

经常 VP 里面也有个"得"：

(141) 冇挑得菜去卖得，今□ [ŋa⁰] 买个人硬蛮多。应该挑菜去卖的，今天买的人特别多。

(142) 冇喊得渠来喫酒得，箇多人一起喫有伴。应该喊他来喝酒的，这么多人吃饭热闹。

(143) 晓得尔也会来，冇坐得尔个车来得。早知你也来，就该坐你的车来的。

句中的"得"是结构助词"得₃",句末的"得"是语气助词"得₅"。

7.3.3.3 懒 V 得₅

"懒 V 得₅"表示厌烦、不愿意做某事。其中 V 一般为单音节动词,"得"字煞句,表示一种强调语气。例如:

（144）△蛇在屁股里都懒拔得。俚语。用来形容人特别懒。

（145）面也懒洗得,就箇样喫之早饭。脸也没洗,就这样吃了早餐。

（146）许個人前日骂之我,今囗［ŋa⁰］又来喊我,我懒搭得。那个人前天骂了我,今天又来叫我,我懒得搭理。

（147）渠喊我去做客,里個天路不好走,我懒去得。他叫我去做客,这个天气路不好走,我懒得去。

"懒 V 得"基本意义等同于"懒得 V",但有不少差别。一是"得"位于句末,语气较为强烈。证据之一是"懒 V 得"后面一般不能再加语气词,但"懒得 V"可以。张大旗（1985）也将长沙话里这种格式的"得"视为语气助词。二是由于动态助词"得"有表完成的意义,语气助词的"得"仍隐含这一特点。因此,"懒 V 得"的句子也多含有未完成或"没有 V"意义,整个事件是已经发生的,如例（145）—例（147）。"懒得 V"一般只表示不乐意做,常用于未然句。例如:

（148）"你外甥女话要尔明日去南昌喫酒。"——"箇远个路,我懒得走哦。"

不可否认,"得"仍有动态助词的用法,因为有些句子,"得"后面可以出现 V 的宾语。例如:

（149）渠紧到跟我话冇名堂个事,我懒睬得渠。他一直跟我说些乱七八糟的事,我懒得理睬他。[我没有理睬他。]

或许,这里的"得"兼有动态助词和语气助词的用法。对于"懒 V 得"里"得"的性质,学界有不同的看法。魏钢强、陈昌仪（1998：85—86）把"得"看成表已然的动态助词;徐阳春（1998）认为是"懒得"的后缀,但中间可以插入动词和动词短语。

7.4 介词（得₆）

"得"还可以用作介词,一个是在"V + 得 + N 方所"格式里用作终点介词，相当于普通话的介词"在"，另一个是在"V+得+N+个"格式里类似于普通话的介词"从、于"。

7.4.1　V+得$_6$+NL

在"V+得$_6$+NL"格式里，"得"相当于普通话的介词"在"。例如：

（150）渠坐得交椅仔上。他坐在椅子上。

（151）书放得桌仔上。

（152）间门个锁匙挂得墙上。房门钥匙挂在墙上。

（153）昨日赚得个钱我弄得柜仔里。昨天赚的钱我藏在柜子里。

（154）尔个袜仔放得床舷下。你的袜子放在床边底下。

（155）渠溜得角角里㗎，怪不得寻不到。他躲在角落里，怪不得找不到。

值得注意的是，与"得"对应的介词还有"到"，"V+得+NL"与"V+到+NL"格式形式相对应，但是意义很不相同。"得"做介词时仍然保留了表示动作的完成、已然的特点。以上所举"得"充当介词的例子都是已然发生的情况。如果是未然的动作或事件，不能用"得"，一定要用介词"到"（当然，"到"也可以用于已然动作、事件，但后面一般要有表完成的"之"），这种用法在祈使句里尤为明显。例如：

（156）书放到桌仔上。把书放到桌子上。≠书放得桌仔上。书已经放在桌子上了。

（157）把锯屑掟到灶里烧泼。把锯末扔到灶炉里烧掉。

（158）拿箇紧菜提到屋下去。把这些菜提到家里去。

（159）钻到被窝里去，莫把冷到。钻到被窝里去，别冷着。

简言之，"到"仍然有动作的趋向意义，常用于未然事件句里。

另外，"V+得$_6$+NL"的"得"虽然相当于普通话的"在"义，但与高安方言的介词"在"不同，二者在分布上也呈互补关系。"得"必须附在动词后，"得+N方所"结构只能放在动词的后面做补语，不能出现在动词的前面做状语。也即"得"只是终点介词，不是一般的介词。例如：

（160）我昨日住得母舅俚。我昨天住在舅舅家。　｜＊我昨日得母舅俚住。

（161）渠睏得车里。　｜＊渠得车里睏（觉）。

而"在+N方所"结构却相反，不能单独位于动词后做补语，但可以单独回答问题（这时"在"的动性比较强），也可以在动词前做状语（如果没有时间词语，"在"的进行意义比较明显）。例如：

（162）我昨日在母舅俚住。　｜＊我昨日住在母舅俚。

（163）渠在车里睏觉。　｜＊渠睏在车里。

7.4.2　V+得$_6$+N+个

"V+得$_6$+N+个"里的V是及物动词，N是表人名词或处所名词，"得"相当于介词"从、于、自"。整个格式的意义是"从N处（谁或哪里）V来的"或"V于N的"。这一结构是名词性的，完整的结构是"N1+（是）V+得+N$_2$+个"。V和N$_1$是动宾关系，N$_1$也可以不出现，但说话双方都知晓。V一般限于"取得"义动词，如"买、学、讨、偷、借（来）、要、抢"等。"得"后的N$_2$可以是指人名词，也可以是处所名词。例如：

（164）——该种腐竹是买得哪址个？这种腐竹从哪里买的？

　　　　——买得高安个。从高安买的。

（165）——尔箇会打毛线啦！学得哪什个？你这么会打毛线啊！跟谁学的？

　　　　——学得我俚姆妈个。跟我妈学的。

（166）借得别伢里别人个东西要记到还。

（167）箇箱酒是赊得店里个。这箱酒是从商店里赊来的。

（168）里是得得$_6$渠个五十块钱。这是从他那里获得的五十块钱。

7.5　"得"的来源和联系

高安方言中与动词搭配的"得"有副词（得$_1$）、能愿动词（得$_2$）、结构助词（得$_3$）、动态助词（得$_4$）、语气助词（得$_5$）和介词（得$_6$）六种用法。它们之间具有怎样的联系？来源是否相同？这些都是需要深入探讨的问题。

关于汉语"得"字用法的发展和语法化问题，学界先辈和时贤都有许多精辟的论述，当然也有不少争论，探讨较多的是做能愿动词和结构助词的来源问题。另外，"de"作为介词的用法也引起了激烈的讨论。王力先生（1958/1980）认为能愿动词和结构助词（包括结果补语标记和可能补语标记）来源相同，都由动词"得"的"获得"义虚化而来。吴福祥（2009）根据已有的研究对汉语的"得"由"得"义主要动词到能性补语标记的过程作了总结性的梳理："得"本为"获得"义他动词，大约在魏晋六朝时逐渐虚化为动相补语，降至唐朝开始发生多向语法化：一是语法化为能性补语（相当于本书动词后的"得$_2$"）；二是演变为完整体标记；三是语法化为结果/状态/程度补语标记，再进一步演变为能性补语标记。我们基本认同这一观点，因此也认为高安方言的"得$_2$""得$_3$"都来源于动词"得"。

关于"得$_1$"的用法，汉语共同语和方言都较少提及，从我们有限的观察来看，只有赣语黎川话（付欣晴，2019）有相近的意义，但用法也不尽一致。如前文所述，"得$_1$"应该与"得"义动词有关，其语法化路径是"获得"义→"有"义→"频率高"义。

用作语气助词的"得$_5$"的来源比较复杂。张大旗（1985）认为长沙话里"动词+得+宾语/补语+得"和"冒+动词+得"格式的"得"来源于助动词的"得"，而"动词+得"格式的"得"是由表示完成意义动态助词"得"变化而来的。而夏俐萍（2017）认为湘语的"冇VO得"的虚拟语气并不是直接从情态意义发展而来的，是有表获得/实现的"VP得"加上否定词"冇"的构式上发展而来的。

"得$_4$"（动态助词）可能含有两个不同的"得"。"V得（O）来"和"V得去"格式分别表完成体和继续体，都与"得"义动词的语法化有关，但是"得"表完成不是典型的完成体标记，高安话里典型的完成体标记是"之"和"咯"，而"之"应该来源于"着"（见4.3）。而"V$_1$得V$_2$"格式的"得"表动作的持续，具体说来V$_1$是V$_2$动作进行的方式，相当于普通话的"着"。邵宜（2007）认为宜丰话的这个时态助词"得"来源于近代汉语的"着"。笔者觉得有这种可能。陈小荷（1996）就认为丰城话动词之后的"着"有两个，一个读轻声[te]（一般写作"得"），另一个念轻声[tau]（一般写成"到"）。在高安话里动词后的"得"和"到"经常有对应的分布,可能都来源于古汉语的"着"。比如,"煮得喫""走得来""驮得去"等表动作的持续,"坐到""瞓到喫""眯到眼珠话"也可以表持续体意义。另外,"放得桌子上"和"放到桌子上"里的"得"和"到"也都有充当介词的用法。

介词"得$_6$"有两种格式,其中"V+得+N+个"的"得"相当于介词"于、自",显然来源于表获得义的"得"。而"V+de+NL"里的"de"的来源,则一直是学界不断讨论的热点问题。朱德熙(1982:182)曾提到这个问题,现代汉语里的"坐在椅子上"这类格式在口语里(《说"的"》一文明确指出是"北京话")的实际说法是"坐·de 椅子上",并认为"·de 很可能是'在'的弱化形式"。关于"V+de+NL"格式里的"de",学界有不同的看法。毛文静(2018)总结了四种观点:一是"de"与"在"或"到"有来源关系。有些认为是"在"和"到"的混合物,如太田辰夫(1958)、赵元任(1968/1979)、朱德熙(1982)等,有些认为可能来源于"到"。二是来源于中古附着义的"着(著)",如梅祖麟(1988)、江蓝生(1994)等。三是来源于方位词"里",如刘丹青(2013)。四是来源于"得",如苏俊波(2012)等。毛文从共时方言分布和历时语法演变两方面论证了"V+的+NL"句型中的"的"来源于"得",处所介词"得"至迟于晚唐五代产生,于明代发展成熟,并沿用之清末,其语法化路径为:"抵达"义动词→趋向补语→处所介词。

赣语研究者更多的从共时层面来解释,主要认为"de"还是"得",其介词用法是介词"在"脱落后的临时用法。魏钢强、陈昌仪(1998:88)指出南昌方言的这类格式完整式应该是"得"后有介词"在"或"到",常见的情况是保留"得"而省去介词,但不认为"得"是个介词。邵宜(2007)认为宜丰方言的"得"用作介词,实际上是临时充当的角色,可能是假介词,其真实面目是时态助词。因为"得"后面可以出现介词"到、喺"。高安方言的情形也有些类似,"得"后面有时也可以出现介词"在 [hɛi⁰]"。如"放得在桌子上丨坐得在车里"等,但习惯上还是经常省略介词"在"。南昌方言、宜丰方言等都有省略介词而保留"得"的用法,但介词脱落或省略的原因是什么？更为核心的是，如果完整句式是"V+得+在+NL"，为什么有介词"在"还要在动词后加"得"？罗昕如（2008；2010）注意到湘语、赣语里有大量的"动词+动态助词+介宾短语"句型，其中动态助词有"起、哒、咖、得、倒"等，介词主要是"在、到"，这一句型来源于近代汉语的"动词+着/得/了+在+处所宾语"。从这一比较和观察来看，"V+得+在+NL"的"得"的确是动态助词。不过，罗昕如（2010：338—340）考察发现"动词+动态助词+介宾短语"这种句型里在近代汉语（《朱子语类》等文献）里不用动态助词的情况更多，方言里在实际运用中动态助词也可以省略不用。这与高安方言及其周边赣语的"V+得+（在）+NL"格式只能省略介词"在"而不能省去"得"的情况不同。

就高安方言的情况来看，笔者认为"V+得+（在）+NL"结构可能受到了两股力量的推动作用。

一方面，就"V+得+NL"结构来说，其介词"得"来源于中古汉语附着义的"着（著）"。首先，早在六朝时"着（著）"就有方位介词的用法（太田辰夫，1957：224；王力，1958/1980：308—309；等等），而且有相当于静态的"在"和动态的"到"两种意义。"着（著）"相当于"在"（下面的例子转引自梅祖麟，1988和江蓝生，1994）。

其身坐著殿上。（吴，康僧会译《六度集经》）| 长文尚小，载著车中……文若亦小，坐著膝前。（《世说新语·德行》）| 以缠绵女身，缚著马上，夜自送女出。（《三国志·魏志·吕布传》）| 安著屋中。（《百喻经·上》）

"着（著）"相当于"到"：

排著坑底，尽皆杀之。（《百喻经·上》）| 玄怒，使人曳著泥中。（《世说新语·文学》）| 可掷著门外。（《世说新语·方正》）捉法兴手，举著头上。（《冥祥记》）| 先担小儿，度著彼岸。（《贤愚经》）| 城南美人啼著曙。（《栖乌曲》）

古汉语的"着（著）"的这一形式的两种用法仍然保留在高安方言里，只是语音分化为两个：［tɛ⁰］和［tau⁰］，分别写作"得"和"到"，这与丰城话（陈小荷，1996）相似。江蓝生（1994）也明确指出,从语音上看,"著"字弱读可音变为"的"(de),有文献和口语材料的证据。另外,江文还指出,相当于介词的"得"是南宋时期新出现的成分,《朱子语类》中较多见,而且表示"到"义,而高安方言充当介词功能的"得"主要表示"在"义。因此,高安方言的"V + 得 + NL"的"得"来源于古汉语的"着",二者在语法功能和语音上都能对应。

另一方面,有一种可能是,当"V + 著(着) + NL"结构里的"著(着)"语音发生变化为近似轻声的"得"后,人们感觉"得"不像介词。而"V + 在 + NL"是自古至今沿用的结构,受这一结构影响,容易在名词前加上介词"在",变成"V + 得 + 在 + NL"。而且,近代汉语里已经有了"V + 得 + 在 + NL"结构,尽管其中的"得"是动态助词,但两个"得"语音相同,虽然异实但同形。当然,这只是一种假设,还需要更多的语言事实进一步检验和修正。

7.6 趋向补语标记"得"和"起"

高安方言里动词与单音节趋向动词、移动义动词不能直接组合,而一定要有助词将其联系起来,这类助词,一个是"得",用来连接动词和趋向补语;另一个是"起"(或作"以",语流中读如"一"),用来连接动词和补语"走"。笔者认为这两个助词在连接动词和移动类补语方面有不同的分工。

7.6.1 V + 得 + V 移动

上面 7.3.1 已经介绍,高安方言的动词带趋向动词补语(尤其是单音节趋向动词"来、去"等)时,要加结构助词"得",形成"V 得 V 趋"格式,如"拿得来、送得去、捡得进来"等。同样,动词与给予义动词结合时,要说成"V 得把 N",其中的助词"得"也必不可少,如"送得把渠、拿得把婆婆"等。给予动词与趋向动词都是移动义动词。可见,高安方言有"V + V 移动"都要加"得"这一语法规则。这也可以解释"V 得个"(相当于普通话的"V 的")为什么要加"得",因为"V 得个"其实意义相当于"V 得来个",如"苹果是姐姐买得个"等于"苹果是姐姐买得来个"。

就"V得V趋"格式而言，其中"得"没有实在词汇意义和语法意义，相当于趋向补语标记。汉语方言里与之相对应的成分有"起、得、倒、哒、咖、介"等词（罗昕如，2010：314—329），此外，山西的晋语和中原官话用来自近代汉语的"将"（乔全生，2000：148—159）。

7.6.2 "V起走"格式

7.6.2.1 "V起走"的形式、语义和功能

普通话的动补式"V走"，高安方言里一定要说成"V起走"（或作"V以走""V一走"等），如"拿起走、吹起走、赶起走、借起走"等。也即"走"不能直接充当前面动词的补语，必须加上连接标记。再看几个例句：

(169) 鸟哩飞起走之。鸟儿飞走了。

(170) 渠把唱戏个赶起走之。他把唱戏的赶走了。

(171) 小红早就调起走之，冇在里𡎺。小红早就被调走了，没在这里。

(172) 一万块钱口［ia⁴²］一下着渠拿起走之。一万块钱全被他拿走了。

(173) 拿东西笮到，莫把吹起走。拿东西压着，别被风吹走。

(174) 不听话就等我滚起走！不听话就给我滚开。

(175) 死起走！莫到箇𡎺跦。死开/滚开！别在这里调皮捣蛋。

整体上，"V起走"的意义相当于普通话的"V走"（如上面前五例）或"V开"（如后两例），都是表达人或物体向外移动。

"V起走"格式里的"起"没有实在的意义，也不表时体，只是起到动词核心与补语的连接作用，我们把它看作结构助词。这一点与"V+得+V趋"里的"得"的功能相似。但是在这一格式里只能用助词"起"，不能替换成其他助词。

"V起走"里的"V"，从音节上说只能单音节动词，不能是多音节动词。从语义上看，主要是动态类行为动词，其中又以移动义动词为甚，如"提、搬、踢、吹、捉、叼、赶、飞、调、踔、趨跑、谋、借、扯"等；也可以是言语、肢体类词语，如"打、骂、话、吓、徶骗"等。总之，一定是具有外向性的动词。一个例外是，只能说"买起

走",不能说"*卖起走"。从是否及物角度来说,可以是及物动词和不及物动词。

这一格式里的补语,也只能是"走",不能换成"开、去"等词语。也就是说,"V起走"除了V,其他成分都不可以变换。

下面看看"V起走"整体的功能。一是它后面不能带宾语,这与普通话的"V走"能带宾语有很大的区别,后者可以有"送走客人、抱走西瓜、取走文件"等说法。二是可以带体貌助词,但只能加完成体助词"之"或"咯",且只能附加在整个格式后,不能附加在动词V后。三是当动词V为不及物动词时,一般为主动句,如例(169)—例(171)等,动词前的主语为施事。注意,例(170)里"V起走"的施事不是"我",而是受话人;当动词V为及物动词时,所在的句子一般为处置句或被动句,前者如例(172),后者如例(173)—例(175),其中包括无标被动句和有标被动句。四是在句子语气类型上,没有限制,可以用在陈述句、感叹句、祈使句和疑问句各种类型。

7.6.2.2 "V一走"其实是"V起走"

"V起走"中间的助词"起",实际语流中的读音近似[it³],平时一般记作"一"。也有其他的记法,《高安市志》(2009:987)写作"以",并说高安话里"动词修饰动词句,也即连动句,两个动词间用连词'以'连接"。童芳华(2012)在词典例句里只记音[i]。就语音来说,三者都是相通的。"V"和"走"中间的成分应该是轻声的[i⁰],用"以"代替自然可以。记作"一"是主要是根据实际读音[it³]以及人们习惯上的通俗写法来的,读作[it³]多了个塞韵尾是[i]受了后面成分"走[tsɛu⁴²]"的声母影响而发生的语音同化现象。不过,笔者认为,"一"和"以"都是音借字,本字应该是"起"。有以下几个方面的证据。

第一,语音方面的证据。高安方言的"起"原调读[ɕi⁴²],有好几个意思:一是动词,表示站起或起床,如"起来""起身"。二是动词,长出(痱子、肿块等)或产生,如"身上起之疹哩""起之雾""起□[laŋ⁴²]哩锅巴"。三是表示开始义,如"从今□[ŋa⁰]起从今天起""从明日算起"。四是用在动词或动宾短语后,表示双方谁先开始,如"渠打我起"。五是用在动词后做补语,表示达到目的,如"屋做起之""有煎得起"等。六是用在动词后做补语，中间插入"得"或"不"表示经受得/不住，如"买得起""承不起"等。七是量词，相当于"份"，如"把花生分成两起"。

但是当趋向动词"起来"做补语时，如"拿起来""跳起来"等，"起"的语音发生变化，声调弱化、擦音声母脱落，读作[i⁰]。同样，"V起走"的"起"也念轻声[i⁰]。

第二，汉语方言的证据。从跨方言角度看，不少汉语方言尤其是西南官话也有相同意义和功能的"V起走"形式，有的补语还可以是动词"跑"，即"V起跑"形式。例如：

重庆话：车子开起走了｜调起走了｜气球飞起跑了｜把技术学起跑了（喻遂生，1990）

成都话：蝴蝶飞起走了｜猫儿把鱼叼起跑了（张清源，1998）存款都遭那个孙娃子冤设法弄到起走了。｜我看她把嘴一支，那两个人就把东西拿起走了。｜东西一下全部带起走。（梁德曼、黄尚军，1998）

宜都话：拿起走｜偷起走｜抢起走｜寄起走｜送起走｜把鸡子赶起走。拿起跑｜偷起跑｜抢起跑｜赶起跑｜东西儘人家偷起跑哒。（李崇兴，2014）

恩施话：拿起走｜送起走｜寄起走｜带起走｜提起走
拿起跑｜偷起跑｜赶起跑｜放起跑｜提起跑（王树瑛，2017）

孝感话：他把书拿起走/跑了｜信已经送起走/跑了｜他被怄起跑了｜他被气跑了｜凳子拿起走，莫拦路！｜你滚起走！你滚开！（王求是，2014）

其实，这些方言中的"起"，不仅可以连接位移义的动词"走/跑"，还能接"来、去"等趋向动词（有的包括复合趋向动词）。不少方言的"起"，还能做状态/程度补语标记，如湖南的长沙、常宁、衡阳、安仁、江永、益阳、宁乡、湘乡、汝城等方言，还有东莞粤语以及温州吴语等。（吴福祥，2010）另外，四川、贵州、湖南部分的西南官话，部分客赣方言区的"起"也有相同的功能。（蔡瑱，2014）由此看出，高安方言"起"做补语标记的功能比较窄，只连接动词和"走"构成的动补短语，因为动词联系趋向补语、状态/程度补语以及可能补语高安话里都由另外一个助词"得"来承担。

第三，文学文献的证据。在近代汉语作品里也有个别"V起走"的用例，比如：

（176）我若把尾子一抉，飕的跳起走了，只当是送老孙。（《西游记》第三十三回）

不过，这里的"起"可能还带有由下而上的腾起义。但是，现代文学作品里的"起"就有了趋向补语标记的用法，如沙汀的作品。例如：

（177）"茶房们翻翻白眼，喃喃着，阴缩缩溜起走了。"（沙汀《航线》）

（178）"四科才一个事务员，一个小鬼，就把五六十名伤号送起走了。"（沙汀《闯关》二）

综上所述，高安方言里的"V一走"（或"V以走""Vi走"）应当是"V起走"，只是高安方言的"起"做补语标记时，补语范围相当小，补语只能是"走"，不能是其他补语成分。而且做补语标记的"起"在语流中发生语音弱化、同化等现象，不同于其他词性用法的读音，因此不太容易察觉到它才是本字。

7.6.3 补语标记"得"和"起"的方言分布

通过以上分析可以看出，高安方言的补语标记"得"和"起"在"V+X+V移动"动补式里有各自的分工，呈互补分布。"得"连接动词和趋向补语，"起"连接动词和位移动词"走"充当的补语，即分别构成"V得V趋"和"V起走"形式。

汉语方言里趋向补语标记有很多，这里只初步考察"得"和"起"后接两类趋向补语（趋向动词"来、去"和"走跑"类位移动词做补语）的分布情况（如表7-1所示，空白的地方表示没有相关的例句）。从表7-1中容易发现，趋向动词"来、去"类补语标记可以是"得"和/或"起"，在湖南部分方言如长沙话、沅江话、宁乡话里"得"和"起"可以互换；而"走、跑"类补语标记只能是"起"[1]，不能是"得"，也即只有"V起走/跑"式，没有"V得走/跑"式，其中原因

---

[1] 当然，有些方言如定襄话用"上"作为连接标记（范慧琴，2002）。

值得探究。西南官话的一些方言如重庆话、成都话、恩施话这两类补语都用"起"联系。可见,"起"的功能要强得多。孝感话与高安话一样,"得"和"起"有明确的分工。

表 7-1　　　　补语标记"得"和"起"的方言分布

补语类型 方言	趋向动词"来、去"等	"走、跑"
重庆话（喻遂生,1990）	起	
成都话（张清源,1998；梁德曼、黄尚军,1998）	起	
恩施话（王树瑛,2017）	起	
宜都话（李崇兴,2014）	起、哒	起
孝感话（王求是,2014）	得	起
长沙话（张大旗,1985；李永明,2016）	得、起	起
沅江话（丁雪欢,2005）	得、起	
宁乡话（邱震强,2002）	起、得、哒	
益阳话（崔振华,1998）	起	
丹江话（苏俊波,2012）	得	
苏州话（刘丹青,2017）	得	
高安话	得	起

7.7 "冇 V 得 C"格式

普通话的动结式 VC 如果结果未发生,要在前面加否定副词"没",即使用"没 VC"式,如"没吃完、没做好、没听清楚"等。高安方言动结式的 VC 的这一否定式一般要用"冇 V 得 C"式,即述补之间要插入"得",如"冇喫得圆、没做得好、冇听得清"等。这一情况比较特殊。

7.7.1　语表形式

"冇 V 得 C"是表结果完成的动结式"VC 之"(相当于"VC 了")

的否定式。例如：

肯定式	否定式
洗伶俐之洗干净了	冇洗得伶俐没洗干净
喫饱之	冇喫得饱
搞正之搞好了	冇搞得正没搞好
听懂之	冇听得懂
话押之说清楚了	冇话得押没说清楚
考上之	冇考得上
炆烂之炖烂了	冇炆得烂没炖烂

如果动结式带宾语（VC 之 O）如"洗伶俐之衣裳、喫饱之饭"，那么否定式里宾语要放在补语之前（冇 V 得 OC），如"冇洗得衣裳伶俐、冇喫得饭饱"。当然，肯定式和否定式的宾语也都可以置于动词前做受事主语，不必赘述。

7.7.2 语义语用特点

"冇 V 得 C"表示动作的结果未达成或实现。从语义上来说，补语 C 主要是是褒义词、中性词，但有时也可以是贬义词，如"鸡冇炆得烂、蛇冇打得死"等。而"打输了、吹断了"等否定式一般情况下却不说"＊冇打得输、＊冇吹得断"等"冇 V 得 C"，只能说"冇打输、冇吹断"。其实高安方言里"VC 之"的否定式也有"冇 VC"式。那么"VC 之"的否定式什么情况下采用"冇 V 得 C"，什么情况下采用"冇 VC"式呢？我们先看看二者的分布情况，如表 7-2 所示。

表 7-2　　　　高安话"冇 V 得 C""冇 VC"的分布

	VC 之	冇 V 得 C	冇 VC（略）
A	洗伶俐之 做好之 听清之 猜中之	冇洗得伶俐 冇做得好 冇听得清 冇猜得中	

续表

	VC 之	冇 V 得 C	冇 VC（咯）
B	话错之 打输之 吹断之 舞弄坏之		冇话错（咯） 冇打输（咯） 冇吹断（咯） 冇舞坏（咯）
C	喫醉之 打烂之	还冇喫得醉，我要喫两杯凑，喫醉来。 还没喫醉，我要再喝两杯，（让自己）喝醉 肉冇打得烂，毑毑吞不落。肉没打碎，小孩咽不下	我冇喫醉咯，放心！ （碗）冇打烂（咯）

上面 A 组的结果补语都是偏褒义的词，否定式只用"冇 V 得 C"，不用"冇 VC"形式；相反，B 组里都是偏贬义的词，否定式不用"冇 V 得 C"，而用"冇 VC"式，后面可以加上未然完成的"咯"，不能换成"之"；C 组褒贬难定，两种否定式都可以，采用何种形式完全取决于说话人的语用心理：如果这种动作的结果是说话人所希望的，但现实的结果却未实现，那么采用"冇 V 得 C"式；否则，采用"冇 VC"式。以"喫醉之"为例，如果说话人是想喝醉，结果还没达到这个程度，应该用第一种否定式；如果不希望或者担心喝醉，结果也没醉，用第二种否定式。上面 A、B 两组其实也都是如此，A 组是企望发生的结果，B 组则相反，所以二者的否定形式不同。从中也可以看出"冇 V 得 C"格式里的"得"还带有能性意义，在格式里表示未能够达成某种结果，而不是简单的补语标记。

7.8　小结

本章主要考察了高安方言里"得"字的非动词用法。"得"具有副词、能愿动词、结构助词、动态助词、语气助词、介词等词性，重点介绍了较为有特色的"得$_1$"的副词用法及与之有关的"够 V 之"格式。试图分析了不同"得"的来源和联系。之后，还探讨了作为趋向补语标记的"得"和"起"，并从语音、方言、文献材料等几个方面论证了一般的写法"V 一/以走"应当是"V 起走"。"起"作为补语标记功能比较单一，补语标记的其他功能主要有"得"承担。另外，本章末尾也探讨了方言里特殊的两个动结否定式"冇 V 得 C"和"冇 VC"，二者的分布很有规律。具体采用何种形式完全取决于说话人是否企望结果发生，如果企望发生而现实未达到的结果用第一种否定式，否则用第二种否定式。

第 8 章 比较句

比较是辨别两种或两种以上同类事物的异同，是语言中一种重要的语义范畴。不同的语言和方言都有不同的比较句式。汉语语法比较范畴的研究可追溯到马建忠的《马氏文通》。马建忠（1898）建立了汉语的三个比较范畴：平比、差比和极比，但马氏主要是描写古汉语与形容词有关的比较句，且其"平比"主要是指比拟。不过，这种分类奠定了现代汉语比较句的语义类型。黎锦熙（1924）把比较句当作主从复句的从句，没有探讨极比句，但是增加了"审决句"（选择复句）。吕叔湘（1942/1982）从语义角度出发将比较关系分为"类同、比拟、近似、高下、不及、胜过、尤最、得失、倚变"等九类，相当细致。此外，吕叔湘先生不仅研究了属性（形容词）的比较，也探讨了动作（动词）的比较，还关注到"递进式的比较"。这对现代汉语比较句的语义类型划分具有重要的意义。

汪国胜（2000）认为，比较句的构成通常包含比较项（比较的对象）、比较值（比较的结论，或称结论项）和比较词。比较项包括比项（A）和被比项（B）。A 和 B 可以是体词性成分（如名词、代词），也可以是谓词性成分（如动词、形容词或动词、形容词性短语）。比较值有时只是一种笼统值（或称基本值，W），有时则还带有一种量化值（Z）。比较词在方言中所用的形式不尽相同，就高安方言而言，常用的比较词有"比、同、跟、有、冇"等。值得注意的是高安方言的比较句，有的在比较值（W）和量化值（Z）之间可以加"到"或"得"。比较句的类型一般分为差比句、极比句、递比句和等比句。本章考察高安方言比较句的语义类型及其基本格式。

8.1 差比句

"差比者,两端相较有差也。"(马建忠,1898)差比句用来比较事物的高下,分胜过和不及两种情况。高安方言的差比句主要有以下12种形式,其中前6种形式都表示A胜过B,后几种都是通过否定式表示A不及B。

8.1.1　A+比+B+W

这是高安方言常用的一种比较句式。W主要是性质形容词,也可以是"欢迎喜欢、想、舍得、肯、会"心理动词、能愿动词,以及"有"构成的动宾短语。这一格式W前可以添加"还、更、更加、越加"等程度副词。例如:

(1) 哥哥,我比尔长高。
(2) 渠读书比我攒劲努力。
(3) 今□[ŋa⁰] 舞得个菜比上一转好喫。今天做的菜比上一次好吃。
(4) 铁个面盆哩比化学个经用。铁的脸盆比塑料的耐用。
(5) 田里个草比人还□[maŋ⁴²]。田里的草比人还高。
(6) 今年比旧年更加热。
(7) 箇只贼比蛇还懒。这个家伙比蛇还要懒。
(8) 小明比大明舍得出力。小明比大明肯出力。
(9) 渠比渠俚爷还有本事。他比他父亲还有本事。

用副词"越加"时,以不出现比较词和比较基准(即"比+B")为常,W可以是形容词,也可以是事实或趋势很显然之类的词语。例如:

(10) 大个家伙越加更加恼火。
(11) 小红都得之奖,小花越加唔着话啰。小红都获得了奖状,小花就更加不用说了。

这种格式的否定式,一般不用"A+不比+B+W",而用"A+冇+B+W"(见本章8.1.7)。

8.1.2　A + 比 + B + W + Z

"A + 比 + B + W + Z"比"A + 比 + B + W"多了量化值（Z）。Z可以是模糊的数量，也可以是具体的数值。大体有下面两种格式。

8.1.2.1　A + 比 + B + W + 紧

这一格式表示略微超过，相当于"A比BW些/一点儿"。例如：

(12) 今□［ŋa⁰］个菜比昨日新鲜紧。今天的菜比昨天的要新鲜些。

(13) 里根棍仔比许根长紧。这根棍子比那根长一点儿。

(14) 小路比大路近紧。小路比大路近一些。

(15) 有个井晏蔬菜比肉还贵紧。有的时候蔬菜比肉还贵些。

(16) 渠做事比尔杀青紧。他做事比你利索些。

这种句式里的"紧"本身表示一定的程度，W前一般不用程度副词"更、更加"等，有时用副词"还"也不是表示程度增加，而是情况不寻常，出乎意料之外，如例（15）蔬菜比肉还贵，不符合一般的情况。

在实际话语中，比较词"比"和被比项B经常不出现。例如：

(17) 里色个苹果要甜紧。这种苹果要甜一点儿。

(18) ——渠俚两个人哪什长紧？你们两个谁高一些？
　　　——老大长紧。老大高一些。

(19) 细个崽还懂事紧。小的儿子还要懂事些。

(20) 不话还好紧，话出来掩人。不说还好一些，说出来丢人。

8.1.2.2　A + 比 + B + W + 数量

比较值后面也可以加数量，可以是模糊的数量如"蛮多、多之"等词语，也可以是具体的数量短语。例如：

(21) 渠比我大蛮多。他比我大很多。

(22) 渠嘎比之前听话多之。他现在比以前听话多了。

(23) 电脑打字比手写快多之。电脑打字比手写快多了。

(24) 我俚妹比我细两岁。我妹妹比我小两岁。

(25) 箇个月个电费比上个月多一百块钱。

(26) 里起花生比许起重五斤。这份花生比那份重五斤。

(27) 走路比坐车起码要多花半個钟脑。

8.1.3　A+比+B+W+到+微量成分

除了用"A+比+B+W+紧"表示略微超过，还可以用"A+比+B+W+到+微量成分"格式。微量成分主要是"毛子""忽子"，分别是"一毛子""一忽子"的缩略形式，都是"一点儿"的意思。这里 W 和微量成分之间须用"到"，用来引介比较的结果。例如：

(28) 我俚爷比我俚姑父大到毛子。我父亲比我姑父年龄大一点点。

(29) 里個月个生意比上個月好到忽子。这个月的生意比上个月好一点儿。

(30) 里边比许边远到毛子。这边比那边远些。

(31) 崽里比妹仔要踩到毛子。男孩比女孩要顽皮一点儿。

如果 W 是双音节词，"到+毛子/忽子"，一般缩略成"到子"。例如：

(32) 永宏长大之，嘎比之前舍高到子。永宏长大了，现在比以前勤快点儿。

(33) 新妇比家婆大方到子。媳妇比婆婆大方点儿。

(34) 挑到比提到要闲悠到子。挑着比提着要轻松点儿。

8.1.4　A+比+B+W+得+约量成分

与"A+比+B+W+到+微量成分"结构不同的是，"得"后面必须是表约量的成分。约量成分一般是数量短语后加"子"缀，主观上把这种约量小化了。W 前可以出现"大概、总"等估测性词语。例如：

(35) 我俚爷比我俚姑父大得三岁子。我父亲比我姑父年龄大个三岁左右。

(36) 不着量，里张桌哩比尔个总长得十公分子。不用量，这张桌子比你的桌子大概长十厘米的样子。

(37) 红个袋哩比白个大概重得十斤子。红的袋子比白的大概重十斤的样子。

(38) 渠个工钱比我多得两百块子。他的工钱比我多两百块的样子。

8.1.5　A+比+B+W+□+约量成分

"A+比+B+W+得+约量成分"格式的约量成分是数量短语加后缀"子"，是主观小量，而"A+比+B+W+個+约量成分"格式的约量成分是连续数量或"十几、几十"之类表示的约量，相对来说表示主观大量。这种区别在高安方言里是很明显的。请看例句：

（39）尔比渠大個五六岁，还有伢俚懂得多。你比他大个五六岁，还没人家懂得多。

（40）渠俚店里个东西比别人贵個十几块，恶得很！他家店里的东西比别人贵个十几块，太狠了！

（41）多個十几斤，渠还话冇几多。多个十多斤，他还说没多少。

这时的"個"前面也可以加数词"一"，说成"一個"；普通话里似乎不能如此说。

8.1.6　A＋W＋似＋B

"A＋W＋似＋B"格式中的W只能是形容词，现在的用法非常有限，只存在于谚语和惯用语中，而且数量极少。例如：

（42）△好似爷父亲，高似公祖父，赛超过三代个老祖宗。

（43）△人情大似债，头顶镬铁卖。

（44）箇只老己硬懒似贼。这个家伙比贼还懒！

（45）懒似蛇。（高安话里"懒""冷"同音）

上面前两句谚语里的"似"无疑是比较级标记，例（42）表示后辈更优秀，超过父辈、祖辈；例（43）表示人情远大于债务，即便砸锅卖铁也要还。后面两句表面上是两歧结构，可以是差比式或等同式。从高安方言的情况来看，一般还是理解为差比式。因为生活中如"懒似贼"或"比贼还懒"的说法经常使用，可见二者的意思相同。当然，也可以把"比贼还懒"这种句式叫作比况类"比"字句（如殷志平，1995）。

李讷、石毓智（1998）认为表比较级的"似"字结构产生于晚唐，普遍应用于宋代，兴盛于元代。到明代"似"字结构解体，被"比"字结构取代。可见，高安方言用"似"字结构表示比较的用法，是中古汉语、近代汉语的遗留，但主要保留在少数俚谚中使用。

8.1.7　A＋□（有）＋B＋W

前面6种格式都是表示胜过、超过的差比句。"A＋冇（有）＋B＋

W"这一格式是"A+有+B+W"否定形式,表示A不及B怎么样(W)。"冇(有)"前可以加上副词"还",带有反常意味;也可以加上推测、估约性的副词。例如:

(46)小红冇有尔撒脱,儘喊都不来。小红没你爽快,一直叫都不来。

(47)我冇渠才欢话。我不如他健谈。

(48)渠俚家倌还冇家婆年纪大。她公公还没她婆婆年纪大。

(49)哥哥做起事来就怕冇有老弟喫价叽。哥哥做起事来恐怕没弟弟厉害吧。

(50)热天里楼房冇有瓦屋哩凉凁。大热天楼房没瓦房凉快。

(51)里個路坐车估计还冇走路快。这种路坐车估计还没走路快。

8.1.8 A+□(有)+B+样

这种形式也表示A不及(或不如)B,但不说出比较值,是高安方言里一种特殊的比较句式。当A、B指人时,表示A不如B优秀、厉害等意义;当A、B是指行为、事件时,表示A方案不如B方案好。A、B一般不用来指具体的物体。有时A是话题性的,与B相隔比较远。例如:

(52)尔硬还冇三岁伢毛仔样。你还不如三岁小孩。

(53)做事小李冇有尔样,读书尔就冇渠样哩。做事小李不如你,但读书你就不如他呢。

(54)晓得箇样等时,还冇走路样。早知道这样等,还不如走路。

(55)请喫饭冇有拿两块钱把渠样。请他吃饭不如拿点钱给他。

(56)拿得去修啊?划不来,冇有买过一個样。拿去修吗?不划算,不如重新买一个。

8.1.9 A+不像+B+W

这一格式的W一般是短语形式,不能是单个的意义凝固的形容词。例如:

(57)我不像尔面上冇血。我不像你不知羞耻。

(58)萍萍懂事多之,不像尔不听话。萍萍懂事多了,不像你不听话。

(59)我不像尔面厚,话之不来又来之。我不像你脸皮厚,说了不来又来了。

（60）骑摩托闲悠轻松得很，不像自行车还要人踩。

（61）铁个不像木哩个容易烂。铁的不像木头的容易烂。

例（61）B 和 W 之间没有明显停顿，W 是描述 B 的。如果有较长的停顿，那么要换一种相反的说法来描述 A。例如：

（62）铁个不像木哩个，不容易烂。铁的不像木头的，不容易烂。

8.1.10　A + 唔/不 + 比 + B

"A + 唔比 + B"或"A + 不比 + B"表示 A 跟 B 不一样，或没法跟 B 比。这一格式后面通常要有小句来补充描述 A、B 的情况。如果后续小句没有明确的主语，一般来说，后续肯定句是描述 B 的，否定句是描述 A 的，后者更强调不一样的意义，而非不及。例如：

（63）尔不比渠，渠粗粗□□［maŋ⁴² maŋ⁰］，石得一袋哩谷起。你没法和他比，他高大结实，扛得起一袋稻谷。

（64）里不比铁个，里是化学个，揭下就会烂。这没法和铁的比，这是塑料的，扔一下就坏了。

（65）城里唔比乡下可以自家种菜喫，唔着买什哩菜，城里做什哩都要钱。城里不比乡下，可以自己种菜吃，不用买什么菜，城里做什么都要钱。

（66）你爷不比你娘，会耐耐烦烦招呼尔。你父亲比不得你母亲，（你母亲）会耐心照顾你。

（67）在学里读书不比在屋里，不能随随便便。在学校读书不像在家里，不能随随便便。

该格式总的来说都是指 A 和 B 不一样，但前面四句重点讲 B 的优点，有 A 不及 B 的意思。最后一例没有 A 不如 B 的意思，只强调两者不一样。

8.1.11　A + 比不得 + B

这种结构的意思是 A 不能和 B 比，以可能式的否定式来表示不及，比较的内容或方面通常用另一个小句来说明。例如：

（68）渠花钱大脚大手，渠俚娘啊爷有钱，我比不得渠。

（69）乡下比不得城里，城里去哪址都方便。

比较的内容也可以放在前面，作为一个话题。例如：

（70）走路后生家还比不得老人家，老人家走惯之，后生家喫不得苦。走路年轻人还比不上老人，老人经常走路，年轻人吃不了苦。

（71）读书渠比不得尔，做事渠就还要得。

这一格式与"A+唔（不）比+B"格式结构相似，但A不及B的意义更明确。另外"A+比不得+B"可以位于先行句，也可以位于后续句。而"A+唔（不）比+B"只能作为先行句，必须有后续小句。

"比不得"也可以说成"及不得"，二者意义和功能基本相同。

8.1.12　A+抵不得+B

"抵"表示相当、代替。"抵不得"意思是抵不上、比不上。"A+抵不得+B"这种格式一般不出现比较值W，"抵不得"前面往往可以加"都、也"等副词。例如：

（72）三個都抵不得一個。

（73）尔两只手都抵不得我一個指拇哩。

（74）我打半年工也抵不得渠一個月个工资嘞。

8.2　极比句

"极比者，言将所以比之象推至于其极也。"（马建忠，1898）极比句表示某一事物在某种性状上胜过或不及同类的其他事物。极比也是一种特殊的差比，其不同在于比较的范围更广，其比项或被比项（比较基准）往往是任指（或遍指）的，比较出的结果是比较项或被比项程度最高。极比句也可以分胜过和不及，肯定式表示胜过，否定式表示不及。高安方言表示极比的句式主要有下面几种格式。

8.2.1　A+头+W

这一格式主要用"头[hau^{35}]"来表示程度最高，相当于普通话的"最"。在这种格式里W只能是少数形容词，被比项可以出现，也可以不出现。例如：

（75）渠箇個人硬头熊。他这个人最屄/差劲。

（76）里种个布料头傝。这种布料质量最差。

（77）八姊妹当中我头细。八个兄弟姐妹中我最小。

"头 + W"格式在上面例句中做谓语,它还可以做定语。例如:

(78)尔是世上头<u>熊</u>尽个人。
(79)里個是老王头细个崽。这是老王最小的儿子。

"头"在普通话里没有这种用法,一般只是修饰名语素或名词,如"头彩、头筹、头条、头版"等,在其他方言里应该也比较少见。高安方言里的"头"从"人体的最上部分"名词演变为程度最高义副词,比较有特色。不过,高安方言里"头"的这一用法还不怎么发达,能修饰的形容词非常有限。

8.2.2　头 + A + W

"头"表示程度最高意义,常用的格式是"头 + A + W",意思是"(数)A 最W"。被比项通常要出现,是个限定的范围,当然,在一定语境下也可省略不说。W 的范围较宽,可以是形容词,也可以是动词性短语。例如:

(80)箇几兄弟当中头渠有本事。这几个兄弟当中他最有本事。
(81)五本书头里本贵。五本书当中这本最贵。
(82)头尔不听话,尔还好意思话。数你最不听话,你还好意思说。
(83)我恁一家人头渠会做人。我们一家人数她最会做人。
(84)做事有渠个份,嬉起来就头渠喫价。做事他不行,玩起来他最厉害。
(85)我可以话,昨日搬家头我做得多。我敢说,昨天搬家我干得最多。
(86)箇紧人只怕头小兰喫得苦。这群人当中恐怕小兰最能吃苦。

8.2.3　A + 最 + W

这种格式与普通话相同,表示程度最高。W 可以是正面和反面意义的词语,被比对象可以省略不说。例如:

(87)箇只家伙话事最<u>雀薄</u>。这个家伙说话最粗糙/不正经。
(88)里种柑子最甜。
(89)强伢仔最不听话,烦得人死!

被比对象也可以出现,在 A 的前面或后面。例如:

(90)小刚在渠俚班里读书最喫价。小刚在他们班上学习最厉害。
(91)我俚屋里渠最有钱。我们村他最有钱。

(92) 里個月今□［ŋa⁰］最热人。这个月当中今天最热。

"最+W"在上面例句中做谓语，也可以做补语。例如：

(93) 許個井晏过得最苦。那个时候日子过得最苦。

(94) 渠话得最难听。他说得最难听。

(95) 日□［ŋa⁰］上课都是尔来得最晏。每天上课都是你来得最晚。

还可以做定语，通常要加结构助词"个"，这时比较的对象和范围指向所修饰中心语。例如：

(96) 拿得許根最长个棍哩来。把那个最长的棍子拿来。

(97) 尔硬偏偏要拣最冷人个日哩来做事。你就偏偏挑最冷的天来做事。

(98) 夜窝有我最欢迎喫个菜。晚上有我最喜欢吃的菜。

当W为形容词、能愿动词"会"和存在动词"有"构成的动宾短语时，比项A（程度最高的对象）都是"最"前面的成分。但当W为心理动词加宾语构成的动宾短语时，"主语+最+W"格式从比项A的所指来说实际上是有双向的，比项A可以指"最"前面的成分。以表示喜欢意义的动词"欢迎"为例：

(99) 渠俚班里渠最欢迎捣乱。

(100) 渠最欢迎插咀。他最喜欢插嘴。

(101) 箇個老人家最欢迎管闲事。这个老人家最喜欢管闲事。

当然，这些都是偏贬义的词，而且这里的"最"在不言明比较范围的话表示极比的含义有所削弱，主要是强调频率高，而非程度最高。因为这些句子很难说动词后的宾语是某人最喜欢的事。比如：

(99)' 插咀是渠最欢迎做个事。

(100)'？管闲事是箇個老人家最欢迎做个事。

这种结构，按常理大部分情况下比项A所指是"最"之后动词的宾语。例如：

(102) 姆妈最欢迎细个老弟。妈妈最喜欢小的弟弟。

(103) 里样子我最想喫太阳个粉丝。现在我最想吃太阳镇的粉丝。

(104) 学里个老师我最怕金老师。学校里的老师当中我最怕金老师。

8.2.4 A+比+B（任指）+都+W

这一格式被比项B表示任指或遍指，主要是疑问代词。例如：

（105）做事不会做，骂人渠比哪什谁都厉害。
（106）身体庚庚健健比什哩都好。身体健健康康比什么都好。
（107）屋里比哪址都自在。家里比哪儿都自在。
（108）今年涨得个水比哪年都大。今年洪水比哪年都大。

8.2.5　A（任指）+都+冇（有）+B+W

这种格式表示不及，A 表示任指或遍指，B 是程度最高的对象。可以不出现比较范围。例如：

（109）栽禾哪個都冇渠快。插秧哪个都没他快。
（110）我看之通书，哪日哩都冇明日个日子好。
（111）哪什都冇尔蝉。谁都没你傻。
（112）拿渠来话，什哩都冇有酒好喫。对他来说，什么都没有酒好喝。

有时，为了保证话语的准确性，说话人会明确限定某个比较的范围。例如：

（113）我恁屋里哪什都冇渠穿得齐整。我们村谁都没她穿得漂亮。
（114）几姊妹哪什都冇老大喫得苦多。几个兄弟姐妹谁都没老大吃得苦多。
（115）箇几個人当中哪個都冇渠拐聪明、狡猾。
（116）全高安哪址都冇里址高。整个高安，哪里都没这里地势高。

8.2.6　A（任指）+都+冇（有）+B+样

这种格式表面不说出比较值 W，但"样"这里本身表示"优秀、厉害、好"等意义。整个格式意思是任何 A 都不如 B。例如：

（117）渠总觉得哪什都冇渠样。他一直觉得谁都不如他优秀。
（118）到哪個班都冇到我俚班里样。到哪个班都不如到我们班上好。
（119）做什哩都冇有读书样。做什么都不如读书好。
（120）喫什哩都冇有喫饭样，尔话是嘛？吃什么都没有吃饭好，你说是吗？
（121）哪址都冇里址样，里址风景几好子啊！哪里都不如这里好，这里风景多好啊！

8.2.7　冇+A（任指）+有+B+W

这种格式与 8.2.5 式的基本结构成分相同，意思也相当。例如：

（122）我看看子，冇哪什有渠懒。依我看，没谁比他懒。

（123）整個屋场里有哪個有渠喫价。整个村没谁比他优秀。

（124）冇什哩比身体要紧。没什么比身体重要。

（125）冇哪個细人子有渠跡。没哪个小孩有他顽皮。

8.2.8　一下 + 冇 + A + W

这种格式的"一下"念合音［ia^{42}］，相当于"全部"的意思，表示遍指。这里的"一下"和 A 一般都指人，即比较项都是人。整个格式的意义相当于"A（任指）+ 都 + 冇（有）+ B + 样"，即所有人都不如某个人。多用于疑问句（反问）和有反讽意味的非疑问句。否定词"冇"前可以加副词"都"。例如：

（126）就尔一個人懂，<u>一下冇尔喫价</u>。就你一个人懂，大家都没你厉害。

（127）<u>一下</u>都冇渠做得多啊？听尔打乱话嘞。谁都没他做得多吗？才不听你胡说呢。

这一格式的 W 也可以是"样"，即用"一下 + 冇 + A + 样"格式。例如：

（128）一下都冇尔样啊？我才不信嘞。

8.3　递比句

递比句表示程度逐次递加或递减的比较句，吕叔湘（1942/1982）称作"递进式的比较"。从形式上看，比较的 A 项和 B 项都是"一 + 量"短语。高安方言表示递比的格式比较少，主要有下面三种形式，前两种表示"胜过"，后一种表示"不及"。

8.3.1　一 + 量 + 比 + 一 + 量 + W

这种格式跟普通话差不多，表示程度逐次加深。比较的方面有时不出现，有时要出现。出现时可以用"V 得"述补形式表示，在"一 + 量 + 比 + 一 + 量"的前面后面。例如：

（129）△前人<u>慫</u>，后人强，一代比一代强。

（130）到之夏天哩一日比一日热。到了夏季一天比一天热。

（131）嘎一年比一年大来之，要听话嘞嚹！现在一年比一年大了，要听话哈！

（132）不晓得出什哩鬼，渠考得一转比一转差。不知道为什么，他考得一次比一次差。

（133）箇几姊妹，一個比一個长得齐整。这几个姊妹，一个比一个长得漂亮。

如果限定或道出比较的范围，则该格式有集体都 W 的意思，只是个体之间的程度有别，如例（133）说明几个姊妹都长得好看。

作为 A 项和 B 项的两个"一+量"虽然形式上一致，所指却不一样（汪国胜，2000）。因此，这种格式的量词其实是有语义限制的，一般不能是度量衡单位如"斤、两、升、米、厘米"等。

8.3.2 越来越 W

很少有学者把"越来越 W"格式归入比较句。笔者认为，"越来越 W"表示程度随时间推移而发生递增或递减的变化，其比较项是同一对象在不同时段的情况，只不过是隐含的。例如：

（134）小玲个字写得越来越好。

（135）街上个东西越来越贵。

（136）尔舞得个菜越来越难喫。你做的菜越来越难吃。

（137）尔嘎越来越有本事嗟，娘都敢骂。你越来越有本事了呵，娘都敢骂。

这样的句子其实跟"一+量+比+一+量+W"格式中量词为时间词表示的意义相近，只不过前者的时间隐含不说，后者的时间说得具体、明确。

8.3.3 一+量+冇+一+量+样

这种结构相当于普通话的"一+量+不如+一+量"格式，表示"不及"。例如：

（138）老人家个身体一日冇一日样。老人家的身体一天不如一天。

（139）渠个成绩一转冇一转样。他的成绩一次不如一次。

（140）从换之老板起，厂里个收入一年冇一年样。从换了老板开始，厂里的收入一年不如一年。

这样的句子在语感上还是没有"一+量+比+一+量+W"格式自

然，一般人们喜欢将后者的 W 换成有标记形容词或否定形式来表示与"一+量+冇+一+量+样"格式相同的意义，如"一个比一个傛差"。

8.4 等比句

等比句用来比较事物的异同，表示相比的事物在某一点或某一方面相同或相近。高安方言里表示等比的句式主要有以下几种。

8.4.1　A＋同块＋B＋一样

这里的介词"同块"也可以换成"同""等""跟"。其中的"一样"表明比较的结果相同。例如：

（141）我里個月个工资同块尔一样。我这个月的工资跟你一样。

（142）小刚做得个作业跟小强一样。小刚做的作业跟小强一样。

"一样"后面经常加助词"个"。例如：

（143）里张画仔等许张一样个。这幅画跟那幅是一样的。

（144）渠买得个鞋哩同尔脚下穿得个一样个。他买的鞋跟你脚下穿的一模一样。

这一格式的"一样"，也可以用"差不多"，表示比较的结果相近。例如：

（145）渠个酒量跟大明差不多。

（146）恁个年纪估计同我俚公公差不多。您的年纪应该跟我爷爷差不多。

这种结构的否定式是把"一样"换成"不一样"，即"A＋同块＋B＋不一样"，介词也可以用"同"或"跟"。例如：

（147）渠做个事同我不一样。他做的事跟我不一样。

（148）渠□□［kʰaŋ¹³ laŋ⁰］话得个跟以前不一样。他刚刚说的跟以前不一样。

8.4.2　A＋同块＋B＋一样（个）＋W

这一格式出现比较值 W，可以是形容词，也可以是动词性短语。如果是形容词，W 紧跟在"一样（个）"后面。例如：

（149）老二长得跟老大一样个长。老二长得跟老大一样高。

（150）今年个生意跟旧年一样个好。

如果是动词性短语，W 相当于一个小句形式，与前面的内容可以有明显的停顿。例如：

（151）里转考试渠同尔一样，考之满分。这次考试他跟你一样，考了满分。
（152）渠同块渠俚爷一样个，好喫懒做。他跟他爸爸一样，好吃懒做。

"一样个"里的"一"可以省略，这时介词一般用"等"。"A + 等 + B + 样个 + W"格式可以用来表示等比。例如：

（153）箇只妹仔等渠俚娘样个，齐齐整整。这个女孩跟她母亲一样，漂漂亮亮儿的。
（154）尔要是等你叔叔样个考上之大学，我就不着记到。你要是跟你叔叔一样考上了大学，我就不用操心了。

也可以用来表示类比、比喻，这时的介词"等"相当于"像"。例如：

（155）渠等蝉头样个，坐到动都不动。他跟傻子一样，坐着一动不动。
（156）箇只家伙喫之酒就等疯子样个，乱骂人。这个家伙喝了酒就跟疯子似的，乱骂人。
（157）里個天还等春天里样个，不冷不热。这个天还跟春天一样，不冷不热。
（158）十五夜里个月光等盘仔样个，圆圆哩。十五晚上的月亮跟盘子似的，圆圆儿的。

8.4.3　差不多子 + W

这里的 W 一般是形容词。比较点（或比较方面）可以出现，也可以不出现。比较项 A 和 B 可以用介词分开说，如"A 同块 B"等。例如：

（159）恁同块我俚爷差不多子大。您跟我父亲差不多大。
（160）小刘跟尔差不多子长。小刘跟你差不多高。
（161）手机跟电脑差不多子贵。手机跟电脑差不多贵。

比较项也可以统括起来说，比较项可以是两项，也可以是多项。例如：

（162）渠俚两个人差不多子长。他们两个差不多高。
（163）箇两袋哩谷差不多子重。这两袋谷差不多重。

（164）田里个禾长得差不多子□［maŋ⁴²］。田里的禾苗长得差不多高。

有时，W 也不限于形容词，还可以是名词，表面上位于比较值的位置，实际上是比较的方面。例如：

（165）辣椒同块茄哩差不多子价钱。辣椒和茄子价钱差不多。

（166）箇几兄弟差不多子样子。这几个兄弟相貌差不多。

8.4.4 A + 有 + B + W

这种格式是"A + 冇（有）+ B + W"格式的肯定式，表示 A 已经或近似达到 B 的程度，普通话 W 前面通常要有指示代词"这么""那么"，高安方言可以加上指示代词"里""箇""许"，也可以不加。例如：

（167）你妹仔长得蛮快嘞，就有尔长来之。你女儿长得真快啊，都快有你高了。

（168）田塍上个草有人□［maŋ⁴²］。田埂上的草有人那么高。

（169）我看得一只老鼠有猫鸠大。我看见一只老鼠有猫那么大。

（170）等尔有我里大个年纪，尔就晓得当家不容易。等你有我这么大年纪，你就知道当家不容易。

8.4.5 A + 有 + B + 样

这种格式是跟 8.1.8"A + 冇（有）+ B + 样"对应的肯定式，表示 A 达到 B 那么优秀、出色的程度。但是这一格式一般用于反问句和含否定语气的句子里。"有"前面可以加副词"还"，加强否定意味。例如：

（171）尔还话渠，有渠样也罢嘞。你还说他？有他那么厉害就不错了。

（172）去馆子里喫还有自家舞样啊？去馆子里吃哪有自己做好呢？

（173）尔还有三岁伢毛仔样啊？箇毛子事都做不正。你还不如三岁小孩呢，这点事都做不好。

8.5 小结

本章考察了高安方言的比较句，包括差比句、极比句、递比句和等比句等不同的语义类型和表达形式。差比句除用"比"字句外，也有古汉语遗留的"似"字句，但这一句式主要存在俗谚中，一般口语里较少使用。"比"字句里"A（比B）W紧"式也较为特别。极比句有用"最"字、任指等方式表达，还有特殊的"A+头+W"和"头+A+W"格式。递比句的格式比较少，只有"一+量+比+一+量+W""越来越W""一+量+冇+一+量+W"三种形式，前两种表示"胜过"，后一种表示"不及"。等比句有"A+同块+B+一样""A+有+B+样"等格式。值得注意的是，高安话的"样"字有优秀、厉害等意义，但不能单用，必须用于比较句中。

第9章　处置句

　　处置句又叫处置式，是汉语一种很有特色的重要句式。从语言发展的角度来看，"处置式是汉语语法走向完善的标志之一"（王力，1958/1980）。在汉语语法学史上，黎锦熙《新著国语文法》（1924/1992）指出：介词"把"的语法功能是"用来提前宾语"，这一观点影响至今。同时，黎锦熙先生还发现了"把"字的致使意义。王力《中国现代语法》（1943/1985）最早提出"处置式"这一名称，并界定为"凡用助动词把目的位提到叙述词的前面，以表示一种处置者，叫作处置式"。后来在《汉语史稿》（王力，1958/1980）里对处置式又作了更为详细的阐述："就形式上说，它是用一个介词性的动词'把'字把宾语提到动词的前面；就意义上说，它的主要作用在于表示一种有目的的行为，一种处置。"在现代汉语普通话里，处置式标记主要是介词"把"，因此，处置式又叫"把"字句。

　　也有不少学者对"把"字句的语法意义表示处置提出质疑。吕叔湘（1948/1985）认为"把"字句并不都表示处置。梅广（1978）更尖锐地指出，处置是动词的性质，不是"把"字句的功能（参看沈家煊，2002）。沈家煊（2002）把"处置"分为"客观处置"和"主观处置"，"把"字句的语法意义是表达"主观处置"。其实，王力先生（1958/1980）对这些问题早已作过解释，"正如动词不都是表示动作一样，处置式不都表示处置。但是，在现代汉语里，这一种结构的主要作用是表示处置；它在现代的文学语言里更是表示处置。可见处置的作用是主要的，能产的"，更为重要的是，他指出"抓住一种结构的主要作用来给它一个名称是合理的"。这一概念对汉语史的研究和汉语方言的描写具有重要意义。

吴福祥（2003）根据结构形式和语义功能，处置式一般分为广义处置式、狭义处置式和致使义处置句。广义处置式又细分为"处置（给）""处置（作）"和"处置（到）"三种。李蓝、曹茜蕾（2013）把汉语方言的处置式分为五种：强处置句、一般处置句、对待义处置句、致使义处置句和命名义处置句。从处置标记来说，现代汉语普通话用介词"把"；古汉语则有"以""将""把""捉""持""拿""给""取""叫"等；汉语方言也有各式各样的标记。

本章主要介绍高安方言的处置句类型，处置标记有"把""拿""捉到""搭到"等，此外还运用"V_1 得 + NP + V_2"式、"V + C + O"式、"NP + V_1 得 + V_2"式等其他无标记形式来表示处置意义。

9.1 处置句的主要类型

这里的处置句的类型，我们先按不同的处置标记分为"把"字处置句、"拿"字处置句、"捉到"类处置句，再分别探讨各次类的结构和语义类型。

9.1.1 "把"字处置句

高安方言的"把"有不同的词性和意义。做动词时，①是"给予、送给"的意思①，如"箇瓶酒把尔（喫）这瓶酒给你（喝）、最细个妹仔把到毛家去之最小的女儿送给毛家去了"。②也有"分派"的意思，如"一家把两个人去"。③还有"添放"义，如"把毛子水凑再放一点儿水"。做量词时，①用于有柄或有类似把手的器物：一把交椅椅子｜一把剪刀（菜刀、茅镰镰刀）｜两把扇仔｜一把伞｜一把帚哩扫帚｜一把镬头锄头（锹、双齿锄）｜一把锁（锁匙）｜一把锯仔（老虎钳仔、起子、扳手）。②用于捆成一束的东西：一把秆稻草｜两把蕹菜｜斫之几把柴。③引申用于年龄，数词只能是"一"：一把年纪。做动量词，相当于普通话的"下、次"：赢了两把｜掐之渠一把。做介词时，意义和用法也

---

① 高安方言的"把"，表示给予义时必须出现受益对象（主要是人），不能说"你把钱也可以"（黄伯荣，1996）这样的句子。

较多，如表示处置、容让、被动等意义。下面先介绍"把"作为处置标记的形式、语义和用法。

9.1.1.1 "把"字处置句的句法形式

"把"字处置句的主要形式是"S + 把 + NP + VP"，其结构首先分为主语和谓语。谓语包括介词"把"字及其宾语和动词性短语。一般把"把"字及其宾语看成状语。谓语动词一般不能是个简单的动词形式，充当谓语的动词往往还要有前加成分或带后附成分。根据动词性短语的不同构成，我们将"把"字处置句分为以下14种形式（暂不考虑主语的问题，这里只列出"把"字句主要成分，谓语动词前的副词或其他状语成分以及动词后的体貌标记如完成体"之、咯"和表示期望完成的"来"等未列出）。

1. 把 + NP + V + 结果（形/动）：

（1）把不要个东西掉泼。把不要的东西扔掉。

（2）会把渠气煞。会把他气死。

2. 把 + NP + V + 得 + 状态：

（3）把屋下扫得伶伶俐俐。把屋里扫得干干净净。

（4）把渠气得哭之。把他气哭了。

3. 把 + NP + V + 得 + 程度：

（5）把渠骂得会死。把他骂得半死。

（6）把我累得要活。把我累得要死。

4. 把 + NP + V + 趋向：

（7）把床子打开来。把窗户打开。

（8）把书拿得来。把书拿来。

5. 把 + NP + V + 数量：

（9）把地扫一下。

（10）把渠打一顿。

6. 把 + NP + V + 得 + NP 处所：

（11）把书放得桌仔上。把书放在桌子上。

7. 把 + NP + V + 到 + NP 处所：

（12）把书放到桌仔上。

8. 把 + NP_1 + V + NP_2：

（13）把渠当作宝。把他当作宝。

9. 把 + NP_1 + V +（C）+ NP_2（NP_2 是 NP_1 的部分）：

（14）把木板裁泼之一只角。把木板切掉了一个角。

10. 把 + NP_1 + V + C + C 数量：

（15）把声调大毛子。把声音调大一点儿。

11. 把 + NP + V 到：

（16）把帽仔戴到。把帽子戴上。

12. 把 + NP + V 双：

（17）把箇只事□[lai^{35}]记之。把这件事忘记了。

13. 把 + NP_1 + V 得 + 把给 + NP_2：

（18）把钱还得把渠。把钱还给他。

14. 把 + NP + V_1 得 + V_2：

（19）把饭热得噢咯。把饭热着吃了。

以上是"把"字处置句的主要格式。这里有几个不同的"得"，第2类的"得"是结构助词，是补语的标记；第6类的"得"相当于介词"在"；第13—14类是连动式之间的助词"得"。第1—7类都是动词后带补语的形式，其中前五类依次是结果补语、状态补语、程度补语、趋向补语、动量补语；后两类都是处所补语，介词"得"和"到"表面上都相当于普通话的介词"在"，但前者是已然发生的，是静态的，后者则刚好相反。第8类动词后直接带宾语。第9类也是动词后带宾语，但是这里的 NP2 是 NP1 的一部分。第10类是动补再带数量补语的形式。第11类的相当于普通话里用于命令、提醒的助词"着"（吕叔湘，1980）。第12类的动词是双音节的，这类动词带上体貌标记在"把"字处置句里可以成句，单音节动词则必须还有其他前加或后附形式。第13类是"准给予义动词"（刘丹青，1997）带宾语的形式，与普通话有别。普通话的"给"位于动词后，一般处理为介词。但是高安方言的"把"位于动词后，前面还有助词"得"，"V 得把"更像连动式。最后一例也是连动式，前一个动词是后一个动词的方式。从形式上分出的小类，有些包含着不同的语义类型。比如，第2类虽然动词后都是状态补语，但例（2）是一般处置式，例（3）是致使义处置式。第3类更为重要，都是程度补语，只是动词不同，使得介词"把"后的宾语的语义类型不同，例（5）是动词的受事，而例（6）是动词的施事，整个句子有致使义。

9.1.1.2 "把"字处置句的语义类型

从前面的分析可以看出，光从形式上区分"把"字处置句还不够，还必须对其语义类型进行分析。处置式包括广义处置式、一般处置式和致使义处置式，其中广义处置式又细分为"处置（给）""处置（作）"和"处置（到）"。根据方言的实际情况，笔者把高安方言的处置句分为给予义处置式、当作义处置式、到义处置式、一般处置式、对待义处置式和致使义处置式。同一种语义类型，也可能有不同的形式。

第一，给予义处置式。这一语义类型采用"把 + NP_1 + V + NP_2"形式（"把"字处置句的第 8 个形式类），V 是给予、告知类动词。"处置（告）"是"处置（给）"的隐喻派生（吴福祥，2003）。先看告知义处置式。

（20）把昨日个情况话声渠。把昨天的情况告诉他。

（21）我俚姆妈把下昼个安排话声我来之。我母亲把下午的安排告诉我了。

再看给予义处置式。由于高安方言的"给予"义也用"把"，两个"把"字同时使用会不太自然，如普通话的"把那本书给我"说成例（22）就会很别扭，把前面的"把"换成"拿"就自然得多。

（22）？把许本书把我。

（23）拿许本书把我。

当然两个"把"字（前一个"把"是介词，记作"把₁"；后一个是动词，记作"把₂"）也还是可以同现。但是两个"把"不能靠得太近，必须在"把₂"前面再加个动词（动词后还要加"得"），构成"把₁ + NP_1 + V 得 + 把₂ + NP_2"形式，即第 13 种格式。例如：

（24）我把₁不要个书都送得把₂尔。我把不要的书都送给你。

（25）小刚把₁钱还得把₂我来之。小刚把钱还给我了。

（26）把₁箇碗鸡汤留得把₂老弟喫。把这碗鸡汤留给弟弟喝。

告知义的处置式也可以采用这种形式，但是动词"话声"要换成"话"再加助词"得"例如：

（27）渠把₁昨日个事都把话得把₂我听来之。他把昨天的事都说给我听了。

第二，当作义处置式。该类处置式表达某一人或事物被当作或改变成另一人或事物。这种处置式也采用第 8 个形式 "把 + NP$_1$ + V + NP$_2$"，V 主要是当作义动词和改变义动词，即包括处置（作）及其附类处置（成）（参看吴福祥主编，2015）。例如：

(28) 大人把尔当作宝，尔不晓得。大人把你当作宝，你却不知道。
(29) 莫把别伢俚当作蝉头。别把别人当作傻子。
(30) 渠把不用个门板当床用。他把不用的门板当作床来用。
(31) 把柴子哩剁成两截仔。把柴草剁成两截。
(32) 我等把箇紧东西分成三起，一個人得一起。咱们把这些东西分成三份，每人得一份。

上面前两例是处置（作），用动词 "当作" "当"；后三例是它的附类处置（成）。

第三，到义处置式。这类处置式即所谓广义处置式的处置（到），高安方言使用第 6—7 种格式，即 "把 + NP$_1$ + V + 到/得 + NP$_2$" 形式，NP$_1$ 为受事成分，NP$_2$ 为表示处所的词语。句式的语义是 "客体在某种动作的作用下位移至某一处所或方位之内"（吴福祥主编，2015）。高安方言这类格式动词后用介词 "到" 和 "得"，"到" 表示动态的位移，客体即将到达终点，一般表达的是未然事件；"得" 是静态的，客体已到达终点，一般表达的是已然事件。例如：

(33) 把饭碗哩捡到灶屋下去洗。把饭碗拿到厨房去洗。
(34) 莫把水泼到地下 [t^{h}ia^{21}] 里。别把水洒在地上。
(35) 婆婆把衣裳摊到楼上去之。奶奶把衣服晾在楼上。
(36) 婆婆把衣裳摊得楼上。奶奶把衣服晾在楼上。
(37) 我把尔个书放得抽间里。我把你的书放在抽屉里。
(38) 公公把牛吊得树下。爷爷把牛拴在树下。

例（33）和例（34）用介词 "到"，都是未然事件。例（35）是已然事件，是因为用了 "之" 完成体标记来表示动作已完成。相反，介词 "得" 本身表动作已经发生，不用完成体标记，如后面三个例句。例（35）和例（36）形成鲜明的对照。

第四，一般处置式。前面三类都是双及物式，属于广义处置式。一般处置式即所谓狭义处置式，该处置式的论元结构是一个及物式，谓语动词为及物动词,并且要带上补语尤其是结果补语,不能是光杆形式。这类处置式一般使用"把 + NP + V + C"形式。补语 C 可以是以下几种形式:

①结果补语,主要由动词、形容词构成,即第 1 种格式。例如:

(39) 把盌得个菜□[ia⁴²]一下喫泼咯。把剩下的菜都吃掉。

(40) 尔要把字写好来,才容易得高分。你要把字写好,才能获得高分。

(41) 我把要做个事都做圆之。我把要做的事都做完了。

(42) 把箇根棍仔拗断来。把这根棍子拗断。

(43) 把衣裳洗伶俐之就可以去屋里。把衣服洗干净了就可以回家。

这种动补结构后面有些还可以增加数量成分,即第 10 种格式。例如:

(44) 里個天伤热之,把头发剪短毛子。这个天太热了,把头发剪短一点。

(45) 把桁条裁泼十公分就差不多之。把檩子截掉十厘米就差不多了。

(46) 把声开大忽子,太细之声听不清。把声音开大一点,太小了听不清。

②状态补语,带补语标记"得",即第 2 种格式。例如:

(47) 尔冇在里,渠独意把事做得熨四八帖。你不在,他倒把事情做得有条有理。

(48) 渠把腊肉挂得高高哩,拿都拿不到。他把腊肉挂得高高儿的,拿都拿不到。

③趋向补语,即第 3 种格式。例如:

(49) 老大,把砖捉上来,我来接到。大哥,把砖丢上来,我来接住。

(50) 把桌哩搦起来,我好扫地。把桌子抬起来,好让我扫地。

④数量补语,即第 4 种格式。例如:

(51) 把地扫一下,等下有客会来。把地扫一下,等一下会有客人来。

(52) 我要渠把电视机整之一下。我叫他来把电视机修了一下。

一般处置式还有谓语是连动式的。一种是动补形式后面再接动词,即"把 + NP + V₁ + C + V₂",这些动词的受事都是介词"把"后的宾语。例如:

(53) 把谷挈出来晒。把稻谷提出来晒。

(54) 赶今□[ŋa⁰]有日脑,把鞋哩、袜仔脱落来洗一下。趁今天有阳光,把鞋子、袜子脱下来洗一下。

另一种是"把+NP+V$_1$得+V$_2$+（C）"格式（即第14种格式），其中V$_1$一般是V$_2$的方式，但从动作的先后顺序看，还是V$_1$比V$_2$先完成。例如：

(55) 我把盈得个排骨炆得喫之。我把剩下的排骨炖着吃了。

(56) 姆妈把生之虫个白菜拔得掉泼之。母亲把长了虫的白菜拔了扔掉了。

第五，对待义处置式。这种处置式形式上与一般处置式一样，处置标记后的宾语也是动词的受事。但是这里的宾语或处置对象主要是表人的代词或名词，该处置式用来表示用什么方式对待处置对象。高安方言的处置介词"把"有这种用法，谓语核心主要是肢体类行为动词和责骂、训斥义言语动词。例如：

(57) 我昨日冇去学里，今□[ŋa⁰]老师把我话之一顿。我昨天没去学校，老师把我训了一顿。

(58) 渠俚老婆把渠骂得要死。他老婆把他狠狠地骂了一顿。

(59) 姑丈冇来劳中秋，渠把渠俚女□[sɛ³⁵]得要死。中秋节女婿没有来拜望，他把女儿狠狠地训斥了一番。

(60) 渠打之個白话，把大人□[ɦɔ³⁵]得轮转个。他扯了个谎，把大人骗得团团转。

(61) 小刚把贼牯哩打起走之。小刚把小偷打跑了。

(62) 我冇把渠怎样，就问之一下。我没把他怎样，就问了一下。

这类格式有时会有歧义，因为"把"除了有处置义，还有容让义。如"我把渠打一顿"可以是处置义的"我把他打一顿"，即我打他；也可以是容让义的"我让他打一顿"，即他打我。当然，二者也是容易区分的。处置义一般要带体貌标记或补语形式，不能是光杆动词；容让义一般不带体貌标记，也可以不带补语，可以是光杆形式，如"我把渠打 我让他打"说法成立。

第六，致使义处置式。这类处置式从语义上看，介词后的宾语不是动词的受事，而是其施事或当事，整个格式具有一种致使义（参看吴福祥主编，2015：381）。从形式上看，像是兼语式。这类句子里的动词本来是本来是不及物的（大多数是表示心理活动的），在这里给它一种"致动"的意义（吕叔湘，1948/1985）。在这里高安方言的"把"字处置句也有这种用法，使用"把+NP+VP"形式。VP主要是述补结构。

例如：

（63）渠把交学费个钱跌泼之，把渠俚娘啊爷气得要死。他把交学费的钱丢了，把他父母气得要死。

（64）渠把客□［ia⁴²］一下气起走之。他把客人全都气跑了。

（65）地下［tʰia²¹］里个水差忽子把我滑得□［tsɛŋ⁴²］到。地上的水差点把我滑倒。

（66）看尔箇样做事，莫把人气煞。看你这样干活，别把人气死。

（67）渠话得个笑话把我笑得肚哩痛。他讲的笑话把我笑得肚子疼。

（68）等渠多穿忽子衣裳，莫把渠冷到。给他多穿点衣服，别让他冷着了。

（69）少倒毛子酒，莫把渠你爷喫醉咯。少倒一点酒，别把你父亲喝醉了。

最后两例的"把"虽然译成"让"，但也是致使义。不过，有两个特点：一是只用于否定句和反问句；二是"把"字后的宾语可以省略，可以直接说"莫把冷到、莫把喫醉咯"等。

也有的 VP 不是述补结构，而是动宾形式，例如：

（70）放心，不得把尔喫亏！放心，不会让你吃亏！

以上这些处置式的宾语都是指人名词或代词，都是施事。有些处置式的宾语指事物，可看作当事，处置意味较弱，甚至是非故意为之，动词具有非可控的语义特征。王力（1944/2015）为这种类型另立了一个"继事式"，其实这种句式也有致使义。例如：

（71）小刘冇好正，把一副眼镜跌烂之。小刘没有当心，把一副眼镜跌坏了。

（72）渠把结婚个戒指哩跌泼之。她把结婚戒指丢失了。

（73）小刚把老师教得个□［ia⁴²］一下□［lai³⁵］泼之。小刚把老师教的全忘记了。

这类句子介词"把"后的宾语不是动词的受事，而是整个述补短语的受事。例如：

（74）渠把肚哩都笑疼之。他把肚子都笑疼了。

（75）把喉咙喊破之渠都不睬我。把喉咙喊破了他都不理我。

（76）把刀砍勘缺之。

（77）要走箇远个路啊？莫把鞋哩磨破咯。要走这么远的路啊？别把鞋子磨破了。

（78）箇样看书会把眼珠看瞎咯。这样看书会把眼睛看瞎。

9.1.1.3 "把"字处置句的特点

高安方言的"把"字处置句有几个特点。

第一，宾语的有定性。与普通话相同，介词"把"后的宾语主要是体词（名词和代词），而且都是定指的，是对话双方已知的人或事物。有的名词前面有指示代词"箇、里、许"和量词限定；有的只是个简单的名词，没有指示代词修饰限定，但在说话人看来是有所指的。正如吕叔湘（1948/1985）所说："汉语里一个名词的有定无定，并不一定要戴个帽子来表示。"有时名词前面的修饰语是"一+量词"的无定形式，但其实也是定指的，比如："把一个人带成箇样！"是责备大人没有把小孩抚养、教育好，显然这里的"一个人"是具体的，对话双方已知的。

第二，处置句介词后的宾语一般不能省略，但致使义处置式句中的宾语可以省略，如"莫把冷到、莫把喫醉咯"等"把"字句的否定式。

第三，"把"字处置句的主语特点。从形式上看，主语以名词性主语为主，包括代词、名词和名词性短语。在致使义处置句里有些主语可以是动词性短语，如例（79）"箇样看书"等，这可以看作一个具有指称性的事件。不过，主语不是处置事件关注的焦点，在句中尤其是祈使句里经常可以省略不说。从语义上看，与普通话一样，主语可以是施事、受事、工具、原因等多种语义角色（饶长溶，1990）。叶向阳（2004）从致使角度观察，认为这些角色都是致使者。张伯江（2000）从主语的使因性特征出发，认为属于责任者。后两种观点都体现了主语的意志性，不过，有些"把"字句是一种无意识的行为，如例（71）—例（73）。

第四，动词也不能是光杆动词，即要有修饰成分（状语或补语）或带宾语，至少也得加上个助词。这点大致与普通话相同。不过，除普通话里还可以采用动词重叠形式而高安方言里的动词一般不能重叠外，还有一点不同。普通话的完成体（实现体）助词"了"，在"把"字句里有足句功能，如"他把电视关了"可以成句。但是，高安方言里与之相当的完成体（实现体）标记"之"在处置句里却没有足句功能，必须要添加一些成分，比如必须在动词后添加表示"消失、掉"义的"泼"（结果补语），说成"渠把电视关泼之"。这似乎可以从普通话的

"了₁"也有接近"掉"的意义（吕叔湘，1980/1999：357）作出解释。

9.1.2 "拿"字处置句

"拿"字主要做动词和介词用。做动词主要是"握持"义，这与普通话基本相同。做介词，一是引进所凭借的工具、材料、方式等，相当于普通话的介词"用"：拿帚哩扫｜箇是拿竹哩做得个这是用竹子做成的｜拿谷来调拿稻谷来换；二是跟"来话"搭配使用。a. 引进发表某个看法的主体（人），相当于"依某人看"：拿我来话，冇有必要花箇個钱要我说，就没必要花这个钱；b. 引进要说明的事物或情况：拿箇只事来话，尔就做得冇渠样拿这件事来说，你就没有他做得好。做介词的另一个用法就是用于处置句，相当于介词"把"。普通话的"拿"字一般不用于处置式里（王力，1943/1985），只有在对待义处置式"把"可以跟"拿"互换。高安（太阳）话的"拿"字也有做处置介词的用法，基本上可以和"把"替换，有些是固有的，有些可能是受高安城区话的影响，现在"把"和"拿"都通用，只是有些细微的差别，如给予义处置式谓语动词为"把给"时，用"拿"更自然；另外，描写性处置式"拿NP一V"格式里用介词"拿"比用"把"更自然，如"拿门一关各人去瞓觉把门一关自己去睡觉、拿棍哩一掉，打到一個人把棍子一扔，打到一个人"等。下面主要介绍"拿"字处置句的用法和特点。

第一，给予义处置式。"拿"字处置句也有给予义处置式。主要分两种情形。

①当谓语动词是给义的"把"时，这一语义类型直接采用"拿+NP₁+把+NP₂（+VP）"形式。例如：

（79）拿许本书把我。把那本书给我。

（80）记到拿箇紧钱把你大人。记着把这些钱给你父母。

（81）快拿尔买得个电脑把我覞眈。快去把你买的电脑拿给我看看。

上面例子里的NP₁都是有定的或确指的。如果是NP₁无定的或不是有所指的，"拿"的动性比较强，后面可以添加完成体助词"之"，因此，很难译成普通话的介词"把"，应该看成动词。有时NP₂后面还有动词，"拿"的动词性也很强，不是处置介词。例如：

（82）我拿之毛子钱把渠。我拿了点钱给他。

（83）拿瓶可乐把我。拿瓶可乐给我。

（84）冇睏牛的井晏就拿糠把牛喫。没放牛的时候，就拿米糠给牛吃。

（85）我拿本书把尔看。我拿本书给你看。

②当谓语动词是其他给予义其他动词，如"送、还、卖、借借出、租租出、让、赏、嫁、赔、退、补、发、寄、交、教、踢、传"等时，要用"拿+NP$_1$+V得+把+NP$_2$（+VP）"格式，其中的"V得+把"相当于普通话的"V给"。例如：

（86）拿箇几蔸白菜送得把你喫。把这几棵白菜送给你吃。

（87）我拿锯仔还得把渠去之。我把锯子还给他了。

（88）拿尔个笔借得把我用一下。把你的笔借给我用一下。

（89）我拿我学得个口[ia^{42}]一下教得把你来之，你要好正学嘞。我把我学的知识全都教给你们了，你们要好好学呢。

告知义动词也有①②这两种格式。例如：

（90）拿尔看得个情况话声我。把你看见的情况告诉我。

（91）拿尔看得个情况话得把我俚听。把你看见的情况说给我们听。

第二，当作义处置式。这类处置式与"把"的情况相同，也包括处置（作）及其附类处置（成）。略举几例如下：

（92）里下仔个大人看得人重，拿细人子当作宝。现在的父母很看重孩子，把自己的小孩当作宝。

（93）不能拿药当饭喫。

（94）该只家伙冇头脑个搞，拿好好哩个书撕成渣渣哩去之。这个家伙瞎搞，把好好儿的书撕成了碎片。

（95）拿饼仔擗成两半，一個人喫一半。把饼干擗成两半，一人吃一半。

第三，到义处置式。举例如下：

（96）出之日脑，拿凳仔搬到外头去坐。出太阳了，把凳子搬到外面去坐。

（97）公公拿牛牵到树下来之。爷爷把牛牵到树下了。

（98）把镬里个菜张到碗里。把锅里的菜盛到碗里。

（99）我拿伞放得门角里㗻。我把伞放在门后面。

（100）渠拿钱弄得床下。他把钱藏在床下。

第四，一般处置式。例如：

（101）渠拿新个书都卖泼之，可惜之喔！他把新书都卖掉了，可惜啦！

（102）拿碗里个菜喫圆来嘞。把碗里的菜吃完哦。

（103）拿属于尔个东西都寻出来。把属于你的东西都找出来。

（104）我俚爷拿谷挑得去卖去之。我父亲把稻谷挑着去卖了。

（105）箇只学生冇有坐相，拿脚盈得高高哩。这个学生没有坐相，把脚抬得高高儿的。

第五，致使义处置式。例如：

（106）昨日箇只事拿渠气得要死。昨天这件事把他气得半死。

（107）尔结婚个事拿我愁得睏不着。你结婚的事把我愁得睡不着。

（108）渠俚太婆死之拿渠哭得要死。他曾祖母去世把他哭惨了。

（109）一根绳仔拿小刚吓得半死，渠认当是蛇。一根绳子把小刚吓得半死，他还以为是蛇。

第六，对待义处置式。"拿"类对待义处置式比"把"字使用范围更广，有"把"字相同的用法。例如：

（110）渠找不到哪什出气，拿我骂之一顿。她找不到人出气，把我骂了一顿。

（111）许箇女个要是敢话我，我拿渠羞煞。那个女的要是敢说我，我把她羞死。

还可以用"拿到"来表示对待义处置式，表示对谁无可奈何义时相当于普通话的"拿"。比如：

（112）箇种人尔拿到渠怎样着？这种人你拿他怎么办呢？

（113）尔好好哩话渠不听，尔也拿到渠无整。你好好说他不听，你也拿他没辙。

（114）碰到箇种人，尔硬拿到渠无法。碰到这种人，你真拿他没办法。

但是，具体说明如何处置时，"拿到"还是相当于普通话的"把"。例如：

（115）渠不听话就拿到渠打一顿。如果他不听话，就把他打一顿。

（116）问眈尔自家做错之啊冇，莫拿到我来出气。问问你自己做错了没有，别拿我来出气。

9.1.3 "捉到/□到"类处置句

9.1.3.1 句法形式

高安方言里的"捉[tsɔʔ³]"和"搭[kʰa⁵⁵]"本都是动词。"捉"做动词用主要是捉拿、擒拿义，如"捉鸡、捉贼"等。"捉"是紧紧地抓住，是一种强有力的行为，因此又有强迫某人做某事的意义（通常要加助词"到"），如"渠不想喫就是，莫捉到渠喫他不想吃就算了，别强迫他吃、不做捉到做不做就逼着做"。"搭"做动词用本是"用手扼住（脖子）"的意思，如"搭颈、搭喉咙管"；也有捉拿、持拿的意义，如"等我搭到箇只鸡帮我捉住这只鸡、搭到里毛子韭菜"；另外，还有量词的用法，如"一搭韭菜"。与"捉到"一样，"搭到"也有强迫某人做某事之意，如"伢俚不去也搭到去啊？人家不去你也强迫他去吗"。

"捉到""搭到"都有虚化为处置介词的用法，其句法格式是"捉到/搭到 + NP + VP"。例如：

(117) 我又有生[sɛŋ⁵⁵]惹渠，渠好巴哩哩好端端、无缘无故捉到/搭到我骂一顿。

(118) 该只老几不听话，我捉到/搭到□[uɛ⁵⁵]之两句。这个家伙不听话，我（把）吼了几句。

(119) 渠捉到/搭到伢俚小王打之一顿。他把人家小王打了一顿。

(120) 尔再乱话，我捉到/搭到尔搋一顿，信不信？

9.1.3.2 语义、结构特点

介词"捉到""搭到"构成的处置句，二者形式相同，意义相当。从上面例句可以看出，宾语 NP 是 VP 的受事，但主要是表人或动物的有生名词语，而且是有定的。VP 都是动量述补结构，其中的 V 主要是肢体类行为动词和责骂、训斥义言语动词。这两种句式都主要限于对待义处置式，即把某人怎么样。

"捉到/搭到"类处置句与"把"字、"拿"字对待义处置句相比，起码有两点不同：一是前者的补语形式只能是数量（动量）补语。后者除这一形式外，谓语动词后的补语还可以是程度补语、状态补语、趋向补语，如"把/拿渠骂得要死、把/拿小李话得冇事话、把/拿渠赶起

走"。二是"把"字、"拿"字处置句介词后的宾语必须出现，而"捉到/搭到"类处置句介词后的受事与主语或话题所指相同（尤其是第三人称代词）时可以省略。比如：

（121）渠怎箇吵人啦，捉到/搭到打一顿！他怎么这么烦人啊，把他打一顿！

（122）箇种人不捉到/搭到骂一顿不得肃静。这种人不骂一顿不会安静。

（123）尔自家做错之，搭到别人出气！你自己做错了，拿别人出气！

"捉到/搭到"还有一种特殊的处置用法，表示一直或执着地进行某个动作，在说话人看来是一种奇怪的或无谓的行为，含有责备、埋怨情感。更为重要的一点是，谓语动词 VP 可以是光杆形式，宾语 NP 依然是谓语动词的受事，但是不限于有生名词，还可以是无生名词，如下面例句的"电视机、烟"等。"捉到/搭到"主要起到提宾的作用。例如：

（124）明明停之电，渠总总捉到/搭到电视机搞。明明是停电了，他却一直去弄电视机。

（125）方块不晓得出，渠总总捉到/搭到主去钓！（打牌）不知道该出方块，他一个劲地钓主！

（126）尔怎紧到捉到/搭到箇個烟喫啊？有什哩味道哦？你怎么一直拿着个烟抽啊？哪有什么味道哦？

如果把以上例句的 NP 和 VP 调换顺序，则"捉到/搭到"可以去掉，基本意义与原句差不多，但是凸显不出说话人的那种责备、埋怨的情感，或者说不那么强烈。

"捉到""搭到"不仅有处置义，还有使令义，有逼迫的意味，这可能与其较强的动作义有关。比如：

（127）渠俚又捉到/搭到小李付钱。他们又让小李付钱。

（128）老板捉到/搭到渠做事，唔把去屋里。老板让他干活，不让回家。

9.1.3.3 方言分布情况

动词"捉""搭"语法化为处置介词的用法，对普通话来说是个较大的特点。但在其他汉语方言里却有类似甚至相同的演化路径。

第一，"捉"类处置标记的地域分布。"捉"类处置标记在汉语方言里主要有单纯标记"捉"和复合标记"捉到、捉哒"等形式。根据李蓝、曹茜蕾（2013）、余乐（2018），以及我们检索到的资料如李小华（2013）、吕昱雯、肖萍（2012）、曾海清（2016：56）、谭元亨主编（2010）等，该类处置标记主要分布如表9-1所示。

表9-1 "捉"类处置标记方言分布

处置标记	方言例句	分布地域
捉	捉渠老婆来骂。把他老婆骂了一顿。 我捉其批都一次。 老妹捉碗打烂抛。妹妹把碗打破了。 渠捉老人出气。	广东：阳江、惠州、河源、丰顺、平远 江西：安义、广丰、吴城 湖南：洞口、邵东、益阳 浙江：余姚 江苏：南通 山东：临沂
捉到	姆妈捉到渠打呱一餐。妈妈把他打了一顿。 王老师捉到我骂哩一餐。王老师把我骂了一顿。 捉到渠没有整。	江西：莲花、安义、萍乡、高安
捉哒	捉哒沙发上的衣服折好。把沙发上的衣服叠好。	湖南：宁乡

从上面的例子可以看出，"捉类"处置句主要见于东南方言地区。各地处置介词"捉"的虚化程度不一，虚化程度较低者，谓语动词主要是打骂类词语，处置介词"捉"后的宾语也以表人词语为多；反之，虚化程度较高者，谓语动词和宾语可不受这些限制。但总体上，这类处置句主要还是表示不愉快的处置或对待，这一点江西境内的莲花、安义、高安方言比较一致。

第二，"搭"类处置标记的地域分布。"搭"类处置标记主要有"搭、搭起、搭紧、搭到"等形式，这类处置标记在汉语方言里分布相对较少，据现有的资料，主要分布地域见表9-2。

从表9-2的例句可以清楚地发现，"搭"类处置句介词后的宾语绝大多数是指人词语（主要是人称代词），谓语动词基本是肢体类动词，整个句式也多表示对人的不友好行为。说明"搭"的动词性很强。

表9-2　　　　　　　　"搭"类处置标记方言分布

处置标记	方言例句	分布地域
搭	你搭桌去拭个下。你把桌子擦擦。 祖搭我打哦一餐。他把我打了一顿。 搭祖撑到溪里去。把他推到河里去。	福建：将乐 湖南：蓝山、耒阳 浙江：富阳①
搭起	搭起祖撑到溪里去。把他推到河里去。	湖南：蓝山
搭紧	搭紧他绹起来。把他捆起来。	湖南：新田、永州
搭到	搭到渠打之一顿。把他打了一顿。	江西：高安

9.2　处置介词的语法化过程

　　高安方言的处置标记有"把、拿、捉、搭"。一般认为，这些处置介词都来源于动词的握持义。讨论的焦点在于从动词握持义到处置义有没有经过工具义。吴福祥（2003）认为汉语处置式的产生与演变经历了"连动式→工具式→广义处置式→狭义处置式→致使义处置式"这样的一个连续的发展过程。关于广义处置式来自工具式，吴文明确指出历史上可以用于广义处置式的介词，如"以、持、取、把、捉"等，都无一例外地具有工具介词的用法，这两种格式之间确实具有语义上的内在关联。而祝敏彻（1957）、马贝加（2014）等认为连动式虚化为处置式和工具语是同时发生同时完成的，处置式在形成过程中并不经过工具语阶段。笔者以为，具体的语法化路径可能还是要区分具体的方言和不同的介词。

　　第一，"拿"字的语法化。高安方言的"拿"字有动词握持义、使用/工具义和介词处置义，其语义演变由实到虚，语法化路径应该是"握持义→工具义→处置义"。

　　第二，处置标记"把"字的语法化。"把"字在高安方言里有给予、处置、使役（致使、容让）、被动（不完全被动）等意义，但是作为本义的握持义已经消失。那么，处置标记"把"来源于动词握持义还是给予义呢？处置与被动之间是否有关联？这些都是值得深入探讨的

---

① 见盛益民、李旭平《富阳方言研究》，复旦大学出版社2018年版。

问题。汉语各大方言中有很多给予义动词兼做处置标记和被动标记的用法，之间的关联和演化路径也引起了激烈的讨论，尤其是给予义动词做处置标记的争论。江蓝生（2000）指出给予动词是个"万能"成分，能兼表使动、被动和处置，其原因主要归结于非形态语言的汉语在词法上施受同辞这一本质特点，给予动词表处置是一种转用。佐佐木勋人（2002）注意到吴语的杭州、宁波、徽语的休宁、黟县、祁门，赣语的抚州、黎川，湘语的长沙等地都有给予义的动词做处置标记的现象，通过考察认为，GIVE 的处置句主要从"GIVE1 + Theme + GIVE2 + Goal"这一结构派生出来的，引进受事成分的 GIVE 是该结构中 GIVE1 语法化的结果。但是，从历时角度看，"把"的本义是持拿、握持义，在中古汉语里做处置介词的用法就已经比较成熟了，在近代和现代汉语里也占主导优势。

  作者认为给予义主要朝着使役、被动的方向发展（见本书第十章关于被动标记"把"的来源的论述），处置义还是来源于动词的持拿义，尽管高安方言里这一意义已经消失，但这跟普通话一样是中古汉语以来"把"字处置用法的继承。下面谈几点理由。

  首先，"把"的处置义和给予义的时间先后问题。一般认为处置介词"把"产生于唐代，如王力（1944/2015）、祝敏彻（1957）、吴福祥（1996）等。有的认为时间可能更早，如太田辰夫（1957）、潘允中（1982）等认为南北朝时期"把"的初期处置式已经出现；吉仕梅（1995）根据出土文献认为"把"字处置式出现的时间至迟当在秦代（转引自马贝加，2014：368）。尽管具体时间不一，但都认为"把"的介词用法至晚在唐代就产生了。而"把"字在宋元以后才逐渐衍生出给予义（黄晓雪、李崇兴，2004；郑宏，2012）。因此，先产生的处置义不可能由后产生的给予义演变而来。

  其次，动词向介词语法化必须符合语义和句法机制。从语义上看，给予义动词的动词性不强，比较容易向使役（容许）义、被动义方向虚化。从跨方言的角度，我们可以明显地看到这一规律。根据《汉语方言地图集》，闽方言的"乞、互、度"、粤方言的"畀、分"、客家方言的"拿、分"，以及吴方言的"分、丐"等的纯给予义动词与被动介词高度重合，与处置介词基本无对应关系。赣方言的处置介词多与给予义动词"把、拿"重合，但这些动词不是真正的给予义动词，它们都来源于持拿义，因此，很少兼做被动介词（仅有个别方言点用"拿"），其被动标记主要是"等、着、被"这些非给予义来源词。吴语有给予义的"拨"、徽语的"给、分、畀"不一定做处置介词，但它们一定做被动标记。北方方言主要是北京话的"给"意义和用法比较复杂，其他地方的"给"很少做处置标记和被动标记，处置标记主要是"把"，被动标记主要用"被、叫、让、着"等。从此可以看出真正的给予义动词主要往被动义方向发展，其处置用法可能另有来历。张敏（2008，又见2010）制定的"汉语方言主要间接题元的语义地图"大致确定了汉语处置式标记的类型学地位和被动标记的直接来源，根据语义地图显示的脉络，排除了被动标记与给予动词、处置式标记、受益者标记等直接相关的可能。张文明确指出一部分汉语变体（上古—中古—近代汉语的"以、把、将"，官话、湘语、赣语、吴语、徽语、粤语部分方言的"把、拿、担、捉、掇、逮、捡、提、掠、拧、械"等标记）的处置式标记要么来自前身为持拿义动词的工具语标记，要么直接来自持拿义动词；另一部分汉语变体（主要是南方话，如湘语、徽语、吴语、客家话、闽语"帮、替、与、给、共、个、佮、搭、挨、畀"等）的处置式标记要么直接来自受益者标记，要么来自其他各种来源（如伴随者标记等），但最终发展出受益者标记并由此发展为处置式标记。这一论述应该有较大的说服力。

此外，从句法结构上看，给予义动词组成的结构"V_给 + NP + V"（如"把尔用""把鸡喫"）的 NP 多为后面动词的施事，形成兼语式（使役式，如"把两个人去""把恁打"），这为重新分析为被动式（如"莫把渠看得"）提供了句法机制。而持拿义构成的连动式才更符合工具式、处置式的语法化句法条件。当然，高安方言的"把"也没有使用、工具义，其处置义主要来源于古汉语的持拿义。

基于以上分析，笔者不赞同"把"的处置义来自"给予义"的观点。

第三，"捉""搭"的语法化。关于介词"捉"的语法化，前人时贤都有很多论述，一般认为其介词化路径与"拿"类字相同：持拿→工具→处置。古汉语的"捉"也有持拿、握持义，如"捉发走出"

(《左传·僖公二十年》)、"孙权捉预手，涕泣而别"(《三国志·蜀志·宗预传》)等。至晚在唐代就发展出工具介词、处置介词的用法。吴娟、崔云志（2020）提出了"捉"介词化的另一条路径：握持义→捕捉义→处置义。高安话的"捉"没有先秦时期的"握持义"，只有捕捉、抓获义，如"捉黄鳅泥鳅、捉贼"。单独的"捉"只是动词，没有介词用法。加上语素"到"组成"捉到"才有处置义，而且没有经过"工具义"这个阶段。

"搯"作为动词，是"用力扼、掐脖子"的意思，例如："简用力去郭昇咽喉上搯一搯，其人当下倒地身死。"（宋司马光《乞不贷故斗杀札子》，引自《汉语大词典》）也有一般的握持义，如"吓的我消磨了酒，慌的我撇掉了花。则见他威凛凛一表身材大，明晃晃一把钢刀搯，不由我战钦钦一片心肠怕"（元无名氏《盆儿鬼》第一折，引自《汉语大词典》第 6 卷，776 页）。近代汉语关于"搯"的文献较少，也基本未见有工具介词、处置介词的用法，但是，如前文所述，现代汉语方言却有零星的处置式用法。在高安话里，"搯"做动词有"掐住脖子、抓获、用力拿着"的意义，如"莫搯渠个颈、搯一只鸡把外婆、钱莫搯到手里，拿得弄到钱别握在手里，拿去藏好"。与"捉"一样，"搯"本身也不能当介词用，只有"搯到"才有处置介词的用法。

综上所述，"捉到""搯到"都是由动词性短语演变成处置式介词，但词化后的语素"捉""搯"意义虚化，由动词持拿、捕获义语法化为处置义（介词），没有经历工具义（介词）阶段。不过，动词性短语"捉到""搯到"在高安话里仍然在使用，即动词和介词用法并存。而且，"捉"比"把""拿"具有更强的动作性特征仍然遗留在介词用法里，"捉到""搯到"的语法化也不彻底，由其构成的处置式只能是对待义处置式，使用范围很有限。下面的说法都不能用"捉到"或"搯到"：

(129) ＊捉到/搯到交椅仔搬过来。把椅子搬过来。

(130) ＊捉到/搯到箇本书把我。把这本书给我。

(131) ＊捉到/搯到柴子哩剁成两截仔。把柴草剁成两截。

(132) ＊捉到/搯到渠气得要死。把他气得要死。

9.3 处置句的特点

高安方言处置句有"把"字处置句、"拿"字处置句和"捉到/搢到"处置句。总体上，它们都与普通话的"把"字句有着共同的特点：①谓语动词不能是光杆形式；②宾语在意念上一般是有定的；③处置介词有提宾的作用，宾语一般为受事。与普通话明显不同的是：①高安话的处置标记除"把"以外，还有"拿"和"捉到/搢到"。普通话口语里主要用"把"，"拿"字不用于处置式（王力，1943/1985），或者说只在极少数情况下用"拿"，如"拿他没办法"。②描写性处置式普通话用"把 N — V"，高安话里更倾向于用"拿 N — V"。③高安话里有专门的处置标记"捉到/搢到"来表示对待义处置式。

从前文的介绍可以看出高安方言的三种处置句之间也有不同的特点：①三类处置句的地位、层次不同。"把"字处置句、"捉到/搢到"处置句是高安太阳本地最地道的处置句，"拿"字处置句可能是受高安城区话的影响，高安城区的处置标记多用"拿"，不怎么用"把"。②三个处置标记词虚化程度不一。"把"由古汉语持拿义动词虚化为处置介词，但"把"的持拿义在高安方言里已经消失，做动词有"给予"义，这一意义发展为使役（容让）义和被动义。但是"把"的被动义虚化不彻底，不是典型的被动标记词。"拿"由持拿义演变为工具义，最后发展为处置义，虚化程度较高。"捉到""搢到"既可以做动词（相当于"抓住、拿着"），又可以做处置标记，后者由前者虚化而来，但虚化得不彻底，在处置式里动作性仍很强，使用很受限制。这几个词虚化程度排列顺序是：把/拿→捉到/搢到。③由于前面两点不同，"把""拿""捉到/搢到"的功能和使用范围不同。"把"字处置句在高安（太阳）话里使用范围最广，可以适用于各种处置式语义类型，并且其造句功能最强。"拿"字处置句也较常用，但有些句子不如"把"字句地道，但是"拿（到）渠无法拿他没办法""拿 N — V"等格式比"把"字更自然。"捉到/搢到"的语法化程度最低，使用范围最受限制，只用于对待义处置式，不能用于其他处置式语义类型。

9.4 处置表达的其他形式

前文介绍的"把"字处置句、"拿"字处置句、"捉到/搭到"类处置句是高安方言里有标记的处置句类型,处置义的表达还有无标记的形式,如"V₁得 + NP + V₂"式、"V + C + O"式和"NP + V₁得 + V₂"式。

9.4.1 "V₁得 + NP + V₂"式

该格式的完整形式是"(S) + V₁得 + NP + V₂ + (X)","V₁得 + NP + V₂"是其主干形式,X 可以是动词或做补语的成分,宾语 NP 是定指的。这种形式必须在 V₁后加助词"得",有强调处置对象的作用。整个格式有相当于"把"字句的功能,主要有两种意义类型:一是相当于一般处置式,即"把 NP 怎么样";二是相当于致使义处置式,即"使得 NP 怎么样"。

9.4.1.1 一般处置式

"V₁得 + NP + V₂"格式表示一般处置式,可以转换成"把"字句。根据 V₂ 的不同,又可分两个小类。

①如果其中的 V₂ 是"来、去、出来、出去、进来、进去、上来、上去、下来、下去、过来、过去"等趋向动词,那么该类型的意义相当于"把 NPV₁V₂","V₁得 V₂"构成动趋式,也即该处置式具有移动义特征。V₂后面的 X 可以是动词或动词性短语。例如:

(133)搬得箇张桌哩上去。把这张桌子搬上去。

(134)我拿得渠个书包来之。我把他的书包拿来了。

(135)尔搞不正,快去喊得你爷来。你搞不定,快去把你父亲叫来。

(136)公公牵得牛出去之。爷爷把牛牵出去了。

(137)玲玲,掇得箇碗菜过去。玲玲,把这碗菜端过去。

(138)拿尔个车送得大娘去屋里。用你的车把大姨妈送回家。

上面例句里的宾语有的指人,有的指物,但都是有定的,尽管有些宾语前面没有指示代词"箇、里、许"。从对应普通话的翻译可以看出,这类句子也都能换成"把"字句。趋向动词 V₂后面还可以加上 V₃

（动词或动词性短语），整个格式变成连动式，V_3 是前面 V_1V_2 的目的。例如：

（139）挈得里紧花生去把你外婆。把这些花生提去给你外婆。

（140）挑得花生去卖。把花生挑去卖。

（141）搬得箇张桌哩上去喫饭。把这张桌子搬上去吃饭用。

（142）小敏，捡得碗过来洗。小敏，把碗捡过来洗。

②如果 V_2 是实义动词（主要是动词"喫"），那么"V_1 得 V_2"构成连动式，相当于"V_1 了／着 V_2"，V_1 表示 V_2 的方式，宾语 NP 是这个连动式的受事。整个格式"V_1 得 + NP + V_2"的意思是"把 NPV_1 了／着 V_2"。例如：

（143）莫喫盐菜，拣得箇两块肉喫咯。别吃咸菜，把这几块肉挑着吃掉。

（144）煠得厨里㗖个蛋喫咯嘞。把橱柜里的鸡蛋煮着吃掉呢。

（145）我炒得许毛子蕹菜喫之。我把那点空心菜炒了吃了。

这里的宾语，也可以用介词"把"提到动词前面，意义基本不变。变换如下：

（146）莫喫盐菜，把箇两块肉拣得喫咯。

（147）把厨里㗖个蛋煠得喫咯嘞。

（148）我把许毛子蕹菜炒得喫之。

其实第①种更加可以将"把"字和"V_1 得 V_2"形式混用。例如：

（149）小李把许张桌哩搬得上去之。小李把那张桌子搬上去了。

（150）我把渠个书包拿得来之。我把他的书包拿来了。

（151）尔搞不正，快去把你爷喊得来。你搞不定，快去把你父亲叫来。

9.4.1.2 对待、致使义处置式

当格式"（S）+ V_1 得 + NP + V_2 +（X）"里的 NP 是兼语，"V_2 +（X）"是述补短语时，往往表示致使义。根据 V_1 的不同，也可分成两类。

① V_1 是实义动词，可以看作致使"V_2 +（X）"的原因。例如：

（152）我打得渠匍到。我把他打趴下了。

（153）渠话得学生哭之。他把学生说哭了。

（154）渠间得我口 [tsɛŋ]^{42} 之一跤。他把我绊得摔了一跤。

这里的 V_1 主要是肢体类动词和训斥义言语动词，从前面的分析来

看，似乎应该是对待义处置式，而且这些句子也有相应的"把"字提宾形式，例如：

（155）我把渠打得匍到。

（156）渠把学生话哭之。

（157）渠把我间得□［tsɛŋ⁴²］之一跤。

不过，从语用上看，这两种说法还是有些细微的差别。用"把"字提宾更强调对待处置意味，不用"把"字，更强调事件的结果，前面的动词只是致使结果的原因。比如，"我打得渠哭之"可以理解为"我打他，（使得）他哭了"。只是这类动词（V₁），意义比较实在，不好译成"使"。

②V1 是"舞、搞"类的动词，"舞得、搞得"意义比较虚，相当于"使得、弄得"。这是格式"（S）+ V₁ 得 + NP + V₂ +（X）"完全可以理解为致使义处置式。而且主语也不限于表人的词语。例如：

（158）落雨舞得我来晏之。下雨使得我来晚了。

（159）渠紧到吵，搞得我冇心思做事。他一直吵，使得我没心思做事。

（160）尔搞得渠做错之作业。你弄得他做错了作业。

（161）小李做错之事，舞得渠俚娘个病又发之。小李做错了事，使得他母亲的病又复发了。

（162）帮小刚话之两句好话，舞得我也驮之骂。替小刚说了几句好话，弄得我也挨骂了。

（163）冇提前等恁话，舞得恁白走之一转。没提前跟您说，弄得您白跑了一趟。

（164）手脚轻毛子，莫舞得渠来哭。动作轻点儿，别把他弄哭了。

（165）等我老实毛子，莫舞得别人又来告状。给我老实点儿，别弄得别人又来告状。

9.4.2 "V + C + O"式

一些动宾式如"V + C + O"格式也有处置意味。这种动宾式的宾语是有定的或有所指的，而且动词后不能是光杆形式，要有补语 C，常见的有相当于"掉"义的唯补词"泼"、性质形容词、双音节趋向动词、数量成分等，主要用于祈使句。例如：

（166）快啜泼箇碗汤。快把这碗汤喝了。

（167）管好尔自家！别人个事不要尔劳。把你自己管好！别人的事不要你操心。

（168）莫错过之箇個好机会。别把这么好的机会错过了。

（169）穿到毛线褂仔，莫把冷凉咯。把毛衣穿上，别着凉了。

（170）洗伶俐手来再喫饭。把手洗干净了再吃饭。

补语是趋向动词时，一般是双音节的，而且宾语要插在这两个音节之间。比如：

（171）里個天蛮热人，开开床子来。天气好热，把窗户打开。

（172）敲开袋仔口哩来。把口袋敞开。

（173）盈起手来把我看盹。把手举起来给我看看。

上面前两个例句的趋向动词，尽管普通话里是单音节词，但在高安方言里却必须是双音节的。即便用"把"字也是如此，如"把床子开开来"。

也可用于陈述句、疑问句，例如：

（174）我又想之一下渠话得个事，话得也有毛子道理。

（175）嬉烂之我个笔就箇样啊？不着赔啊？把我的笔弄坏了就这样吗？不用赔吗？

9.4.3 "NP +V₁得+V₂"式

受事前置句指不借助处置标记（介词）而把受事前移到动词之前的句子。高安方言里的受事前置句主要采用"NP受+（NP施）+VP"格式。大主语受事是定指的，从语用上看，是作为谈论的话题，因此说"受事前置"有时也不妥，因为在口语里经常是受事作为主语或话题的。小主语施事可省略。笔者认为VP里有"V得"的受事前置句（即"NP +V₁得+V₂"式）具有一定的处置意义。例如：

（176）婆婆喫个药我带得来之。奶奶吃的药我带来了。/我把奶奶吃的药带来了。

（177）作业我交得把老师去之。作业我交给老师了。

（178）衣裳姆妈洗得晒之。衣服妈妈洗了拿去晒了。

（179）不要个书拿得卖泼。不要的书拿去卖掉。

（180）牛牵得去暎去之嘛？牛牵去放了吗？

带"V得"的这类句子尽管有时施事不出现，但仍然隐含一定的处置性，当然，如果实施出现，处置性会更强。

9.5 小结

高安方言的处置句有"把"字处置句、"拿"字处置句和"捉到/搨到"处置句。"把"字处置句详细探讨了其句法形式、语义类型、特点。笔者把高安方言的处置句分为给予义处置式、当作义处置式、到义处置式、一般处置式、对待义处置式和致使义处置式。"拿"字处置句也可以分出这些语义类型。"捉到/搨到"类处置句是高安方言有特色的一种处置句类型，本章也探讨了其句法形式、语义特点和在汉语方言中的分布情况。处置介词"把、拿、捉、搨"都来源于其动词的持拿义，其中"拿"字还经历了工具义阶段。高安方言的三种处置句之间也有不同的特点：首先，三类处置句的地位、层次不同。"把"字处置句、"捉到/搨到"处置句是高安太阳本地最地道的处置句，"拿"字处置句可能是受高安城区话的影响。其次，处置介词的虚化程度不一。"把"由古汉语持拿义动词虚化为处置介词，但"把"的持拿义在高安方言里已经消失，做动词有"给予"义，这一意义发展为使役（容让）义和被动义。"拿"由持拿义演变为工具义，最后发展为处置义，虚化程度较高。"捉到""搨到"语法化程度最低。最后，它们的功能和使用范围不一样。"把"字处置句的使用范围最广，可以适用于各种处置式语义类型。"拿"字处置句也较常用，但不如"把"字句地道，但是"拿（到）渠无法拿他没办法""拿 N 一 V"等格式比"把"字更自然。"捉到/搨到"的语法化程度最低，使用范围最受限制，只用于对待义处置式。

处置义的表达还可以是其他无标记的形式，如"V_1 得 + NP + V_2"式、"V + C + O"动补宾式祈使句和"NP + V_1 得 + V_2"类受事前置句等。

第 10 章　被动句

被动句是汉语里一种重要的句型，被动表达也一直是语法学界关注的热点。被动句是指表示被动意义的句子，也叫被动式（黎锦熙，1924/1992；王力，1943/1985 等）。汉语的被动句一般包括有被动标记的被动句和无被动标记的被动句，后者也被称作意念被动句。本章讨论高安方言的两类被动句，重点介绍有标记被动句。普通话的被动标记主要有"被、让、叫、给"等，高安方言的被动句的形式标记有"着、讨、把"等。

10.1　有标记被动句

已有关于高安方言的研究一般只注意到被动标记"讨"。其实，如果深入高安各个乡镇会发现还有更丰富的表被动的介词，如"着、把、啊把、等、被"，等等。就高安太阳话来说，被动标记主要有"着、讨、把"。"着"字被动句是最常用的表达，"讨"字被动句可能是邻近方言的影响，"把"字可表被动，但还没有发展为典型的被动用法。

10.1.1　"着"字被动句

普通话最常用的被动标记是介词"被"（"被"后面不带宾语时，有的认为是助动词），在高安方言里最常用的被动标记是介词"着"。高安方言的"着"有不同的读音和意义，用法比较广泛，可以做动词、介词，还可以做助词。"着棋"的"着"念不送气音［tsɔʔ³］，"高着"念［tsau⁵⁵］，其余念送气音［tsʰɔʔ³］。下面介绍"着"［tsʰɔʔ³］的用法。

10.1.1.1　"着"字的基本用法

第一，动词的用法。"着"［tsʰɔʔ³］做动词用，有好几个意义：

A. 表示"需要、用得着"。例如：

（1）明日着要我来么？明天需要我来吗？

（2）不着要尔劳！用不着你操心！

（3）箇也着话啊，肯定会赢！这还用说啊，肯定会赢！

B. 表示"燃烧、着火"。例如：

（4）箇個柴伤□［ŋa⁰］湿之，不得着。这个柴太湿了，不会着。

（5）炉仔里个火着之。炉子里的火着了。

C. 表示"遭受"，这类用法比较少，只有词语"着累"表示"受累"的意思，可以拆开使用。例如：

（6）做里個事，闲悠得很，一忽都不着累。做这个事，轻松得很，一点都不受累。

（7）着之累哈，来，喫根烟。辛苦了哈，来，抽根烟。

D. 表示"入睡、着迷"等意义，不单用，要用在动词后，表示动作的结果。例如：

（8）我睏着之，冇听得渠俚话什哩。我睡着了，没听到他们说什么。

（9）渠有毛子事就瞌不着。他有点儿事情就睡不着。

（10）渠嬉着之，把箇只事□［lai³⁵］记之。他玩得着迷了，把这件事忘记了。

第二，助词的用法。"着"可以做体貌助词用，用在句末表示先行体意义。（见本书第四章《高安方言的体貌》）例如：

（11）喫口水着，等下来做。

（12）尔也想来嬉呀？下盘着。你也想来玩吗？下一把再说。

另外，根据第四章（4.3节）的研究，笔者认为高安方言里的完成（实现）体标记"之"也可能来源于近代汉语表完成的"着"。

第三，介词的用法。"着"用作介词，表示被动意义，引进施事。例如：

（13）树着风吹倒之。

（14）桶哩嘚个鱼仔着猫鸠喫泼之。桶子里的鱼被猫吃掉了。

下面重点讨论"着"的这一意义和用法。

10.1.1.2 "着"字被动句的句法形式

"着"字被动句是高安方言里最典型的有标记被动句。根据"着"

前是否出现体词性成分，可以把高安方言的"着"字被动句分为两种格式：一种是"NP₁+着+NP₂+VP+（X）"（Ⅰ式）；另一种是"着+NP₂+VP+（X）"（Ⅱ式，指不能出现或补出受事主语的情况）。其中NP₁表示在主语位置上的体词性成分，"着"是被动标记词，NP₂是紧跟被动标记词后的体词性成分，VP是谓词性成分，X是体貌助词和/或语气词。"（）"表示里面的成分可以不出现。

第一，Ⅰ式：NP₁+着+NP₂+VP+（X）。这种结构最为完备，也是最常见的格式。NP₁一般只能是受事，在一定语境下可以省略不说。NP₂是施事，通常不能缺省。VP是NP₂对NP₁造成的结果，因此以动补结构为常，主要叙述不如意或不企望发生的事情。X或者是体貌助词（如完成体标记"之"、经历体标记"过来"等）；或者是语气词；或者是体貌助词和语气词并用。例如：

（15）庑子着风吹烂之啊？窗户被风刮坏了啊？

（16）尔着你姆妈打过来嘛？你被你妈妈打过吗？

（17）一壶酒着渠喫得冇一滴。一壶酒被他喝得一滴不剩。

（18）好好哩一个人着你带成箇样去之！好好儿的一个人被你们带成这样了！

第二，Ⅱ式：着+NP₂+VP+（X）。这类格式是没有NP₁或者无法补出受事主语的情况。"着"前可以有状语成分，但是不是核心动词的受事，而且其中的VP以不及物动词为主。比如：

（19）又着渠溜起走之。又被他溜走了。

（20）箇转差毛子着渠逃出去，下转要注意嘞。这次被它逃出去，下次要注意呢。

第一例完全无法补出主语。第二例"箇一转"似乎可以看作主语，但即便如此也不是动作的受事。这类句子数量比较有限。

10.1.1.3 "着"字被动句的成分分析

由于语言中以Ⅰ式为多见形式，下面以Ⅰ式为例，考察"着"字被动句的各个成分特点和语义特征。

第一，标前成分NP₁。从词性上看，NP₁可以是名词（及名词性短语）、代词和方所词语。例如：

（21）我个的书着芳妹仔撕波掉之。

（22）渠个嬉个着老师缴起来之。他的玩具被老师收缴了。

（23）我好巴哩哩着我俚姆妈骂之一顿。我无缘无故被我妈骂了一顿。

（24）渠着雨□［tsʰɛi²¹］病之。他被雨淋病了。

（25）屋下着一办细人子搞得乱八叽糟。屋里被一帮小孩弄得乱七八糟。

（26）门口着鸡屙得泥死之！门口被鸡拉屎拉得脏死了！

NP₁也可以是小句形式，整个主语具有指称性。例如：

（27）渠偷鱼仔着老板捉到之。他偷鱼被老板抓到了。

（28）老李借钱把别人着渠俚老婆晓得之。老李借钱给别人被他老婆知道了。

从语义上看，NP₁一般只能是受事，不能是施事、工具等语义成分，如例（21）—例（28）。但是在有些VP为动补短语的句子里，NP₁也可能是非直接的受事，如例（46）、例（47）。

NP₁在一定的语境下可以不出现，但是可以补出。比如：

（29）硬是着渠估猜中之。

（30）着狗□［lɛ⁵⁵］咬之一口。

（31）着渠吵得头昏脑胀。

上面例（29）的主语是事件的结果，不言自明。例（30）一定有个受事主语，可以根据语境判断出来。例（31）的主语多是指人。

从传递信息的角度看，主语NP₁一般是定指的人或事。有些名词受数量短语修饰，似乎是无定的，但其实也是有具体所指的。比如例（17）的主语"一壶酒"一定是对话双方都已知的。再如例（32）被撕掉的"一本书"很明显是有定的、确指的。

（32）好好哩一本书着渠撕得乜烂个。好好的一本书被他撕得稀巴烂。

第二，"着"前的状语成分。被动标记"着"前除主语外，还可以有状语成分。充当状语的主要是副词，如频率副词、范围副词、时间副词和语气副词等。例如：

（33）小刚读书个井晏，净□［ŋa⁰］着别人打。小刚读书的时候，经常被人打。

（34）小强喫烟又着老师覗得之。小强抽烟又被老师看见了。

（35）田塍边上个禾□［ia⁴²］一下着牛喫泼之。田埂边的禾苗全被牛吃掉了。

（36）抽间里个钱一转着贼牯哩偷泼之。抽屉里的钱全部被小偷偷掉了。

（37）许只妹仔太蠢之，早晏着别人□［ɕo³⁵］起走。那个女孩太傻了，迟早被人骗走。

（38）我拿鞋哩弄起来之，硬是着渠寻到之。我把鞋子藏起来了，终究还是被他找到了。

（39）伞差忽子着风吹泼。伞差点被风吹掉。

但一般不能是表程度的副词。充当状语的也可以是时间名词，例如：

（40）我昨日夜窝着蚊虫叮之一口。我昨晚被蚊子咬了一口。

（41）小李一早就着渠喊得去做事去之。小李一早就被他喊去干活去了。

还可以是表示处所的词语。例如：

（42）屋下到茫着渠搞得墨乌。屋里到处都被他弄得漆黑的。

"着"字被动句一般表达的是一个已然发生的事件或情况。但有时介词"着"前有能愿动词"会"时，表示的是一种可能的情况，是对将然情况的一种推断。例如：

（43）不听大人个话，总会着别人□［ɕo³⁵］起走嘞！不听大人的话，恐怕要被别人骗走呢！

第三，标后成分 NP_2。紧跟被动标记"着"后的 NP_2，主要是施事，从前面的例句可以看出，NP_2 都是由名词（及名词性短语）和代词充当。例如：

（44）老李着渠俚老婆骂之一顿。老李被他老婆骂了一顿。

（45）渠偷偷子溜出去着我看得之。他偷偷地溜出去被我看见了。

NP_2 大部分是施事，但也有特殊的情况。有些"着"字被动句里的 VP 是动补短语，这种句子往往表达的是个被动致使事件。因此，有的 NP_2 不是施事，而 NP_1 也不是受事。NP_2 实际上是事件的责任者或造成事件的原因，有的学者称之为致事，有的称之为致使者。例如：

（46）脑牯都着尔话晕之。头都被你说晕了。

（47）耳朵着渠话得起之茧。耳朵被他说得起了茧。

像上面两句里的主语"脑牯"和"耳朵"在语义上根本不是动词"话"直接支配的对象，而是受事的一部分，因此介词"着"的宾语"尔"和"渠"自然也不是一般的施事，而只能理解为致使事件的致事或致使者。

从信息角度看，NP₂可以是已知的、有定的，如前面很多NP₂是代词和表人名词的被动句。也可以是无定的成分，比如例（35）和例（40）的"牛"和"蚊虫"只能是泛指的，具体的所指也不是说话人关注的焦点。例（36）的NP₂"贼牯哩"虽然是说话人可能特别想知道的，但也不清楚具体是哪一个，只能是泛指的。

通常情况下，NP₂要出现，但有时施事不明或不好说出的情况下，也可能省去不说。例如：

（48）好好哩个路一下仔就着踩得乜烂个。好好儿的路一下子就被踩得稀巴烂。

第四，谓词性成分VP。动词性短语VP是个简单的概括，具体分析起来实际上包含多种形式，如单个动词形式（带上体貌助词或语气词）、动补短语、动宾短语、连谓短语等。其中最主要的是动补短语。

A. VP是单个动词

"着"字被动句里的VP可以是单个的谓语动词，当然这时的X也即体貌助词或语气词必须出现，否则句子很难成立。这个动词可以是单音节的，如"打、骂、□［so³⁵］骗、□［tʂau³⁵］哄、锁、关"，也可以是双音节动词，如"发现、晓得、看得、觅得看见、听得、欺负、开除、批评、通报"等。例如：

（49）许個新来个学生着别人打之，快去看眈嘞！那个新来的学生被人打了，快去看看吧！

（50）箇还着话啊？唔总又着渠□［so³⁵］之嘞。这还用说吗？肯定又被他骗了吧？

（51）你许日哩话得个话着小刘听得之。你们那天说的话被小刘听见了。

（52）渠喫多之冤枉，落背着单位开除之。他贪污严重，后来被单位开除了。

B. VP是动补短语

动补短语是VP的主要形式。动补短语中补语的小类也比较多，有结果补语、状态补语、趋向补语、时地补语和数量补语等，但不能是可能补语。下面分别讨论。

a. 结果补语

这里的结果补语是动结式里的补语。结果补语主要由动词和形容词充当，其中形容词不限于贬义形容词，也可以是中性形容词。用褒义形容词的情况较少，但表示意外的情况，也可以使用，介词"着"前一般有"都、还"等副词。例如：

(53) 还正睏一下仔就着渠吵醒之。才睡一会儿就被他吵醒了。

(54) 昨日个菜着我俚姆妈一转倒泼之。昨天的菜被我妈全倒掉了。

(55) 自行车着渠搞烂之。自行车被他弄坏了。

(56) 箇样教人，好人都会着渠教坏咯。这样教人，好人都会被他教坏了。

(57) 该句骂人个话着渠听懂之。这句骂人的话被他听懂了。

(58) 里個牌都着我打赢之。这个牌都被我打赢了。

这种 VP 都是动结式，上面几例都是典型的动结式。施春宏（2008：42）将动结式分为三种语义结构类型：致役类动结式、自变类动结式和评述类动结式，"只有致役类动结式才是典型的动结式，其他都是非典型的动结式"。根据笔者的观察，能进入"着"字被动句的动结式只能是致役类动结式，不能是自变类动结式（如"睏惊睡醒、长高"）和评述类动结式（如"买贵、睏晏睡晚"）。

从王力（1943/1985）把动结式称作"使成式"起，一般认为典型的动结式都表示致使关系。当"着"字被动句的 VP 是动结式时，这种被动句表达的也是个致使事件，只不过是被动致使事件。因此，如前文所述，有些 NP$_1$ 和 NP$_2$ 就不是受事和施事，而是役事（使事）和致事。

b. 状态补语

即动词和补语之间带"得"的非能性补语。状态补语可以是形容词和动词性词语。例如：

(59) 卷子试卷着渠做得一塌糊涂。

(60) 强伢仔每转不听话都着俚娘打得□［ŋɔŋ¹³］叫个。强伢仔每次不听话都被他母亲打得嗷嗷叫。

(61) 小红着老师话得哭之。小红被老师说哭了。

(62) 张三着李四追得开踔。张三被李四追得一个劲地跑。

后面两句不能用普通话直译。从语义事件看，当补语是状态补语时，整个句子表示的也是一种致使关系，其语义关系都是 NP$_2$ 使得 NP$_1$ 造成了某种结果。只不过是致事放在介词后面，役事在句子主语位置，是一种被动的致使结构。

c. 趋向补语

在"着"字被动句里充当补语的趋向动词必须是双音节动词（如"出来、进去"等），单音节趋向动词"来、去"必须在前面加"得"，构成"得来、得去"。此外，除了与普通话相同的趋向动词，高安方言还有特殊的趋向动词"走"（这类动补式之间要加补语标记"起"）。举例如：

（63）箇个老人家着渠俚息同块新妇赶出来之。这个老人家被他的儿子和媳妇赶出来了。

（64）我个泡泡哩着渠抢起走之。我的气球被他抢走了。

（65）放得门口个东西又着别人拿得去之。放在门口的东西又被别人拿去了。

（66）一百多斤谷都着渠扛起来之。

d. 时地补语

补语也可以是表时间、处所的成分。引介时间、处所成分，高安方言不用介词"在"，而用"得"和"到"。在"着"字被动句里，这两个介词有一定的规律：引介处所名词以用"得"为常，用"到"要添加趋向动词"来"或"去"；引介时间名词主要用"到"。例如：

（67）许瓶酒着渠俚姆妈奔得角角里嘚。那瓶酒被他母亲藏在角落里。

（68）我拿得来个花生着小明挈到楼上去之。我拿来的花生被小明提到楼上去了。

（69）办喜事个日子着渠改到下个月去之。办喜事的日子被他改到下个月去了。

一般来讲，介词"着"前如果没有特别表示未然情况的词语（如"会"表示将来的情况），"着"字被动句都是表示已然发生的情况。高安方言里的"得"只用于已然句；"到"虽然用于未然的情况，但加上已然体标记"来之、去之"也可用来表示已然的事件。

e. 数量补语

这里的数量主要是指动量短语，如"一下、两转、几口"等。这时完成体（实现体）标记"之"要放在动词之后数量补语之前。例如：

（70）我来晏之，着老师话之一顿。我来晚了，被老师批评了一顿。

（71）渠又不听话，着我打之两下。他又不听话，被我打了几下。

（72）渠偷奸着我看得之几转。他偷懒被我看见了几次。

(73) 前日从草草哩啳过，着蛇□［lɛ⁵⁵］之一口。前天从草丛里过，被蛇咬了一口。

C. VP 是动宾短语

也即 VP 里的动词后面还有一个宾语 NP₃，NP₃ 与 NP₁ 有局部与整体或领属关系。一些修饰名词的数量短语，不出现中心语，实际上代表了 NP₁ 的一部分，一般也看成动词的宾语。例如：

(74) 一碗肉汤着渠一個人喫之一半。一碗肉汤被他一个人吃了一半。

(75) 好好哩一块板仔着渠裁泼之一只角。好好的一块木板被他切掉了一个角。

(76) 杯仔着老弟打烂之盖盖哩。杯子被弟弟打坏了盖子。

(77) 箇本书着渠撕泼之两页。这本书被他撕掉了两页。

有一种 NP₃ 与 NP₁ 表面上没有部分与整体或领属关系，而是由 NP₁ 变成 NP₃。这里的谓语动词经常有变化义。例如：

(78) 箇样教人，好好哩个人都会着尔教成蝉头。这样教人，好好的人都会被你教成傻子。

(79) 一本新书着渠搓成盐菜去之，□［kʰat³］皱个。一本新书被他搓成了咸菜似的，皱巴巴的。

D. VP 是连谓短语

连谓短语里的动词之间通常要加"得"，尤其是前一个动词是单音节时。连谓短语里的重心在后一个动词上，前一个动词一般表示后一动词的方式或状态。例如：

(80) 楼梯下个盒盒哩着渠捡得掟泼之。楼梯下面的盒子被他捡了扔掉了。

(81) 放得桌上个一瓶酒着渠啜得喫之，我都冇话要渠喫。放在桌上的一瓶酒被他喝掉了，我都没说让他喝。

前一例句两个动词有时间先后关系，后一动词形式"掟泼"是前一个动词"捡"的目的。后一例句普通话没有相应的说法，"啜"是大口、快速地喝，是喝的一种方式。

第五，X 的成分。X 可以是体貌助词或语气词，或二者兼有。体貌助词主要是完成体（实现体）标记"之"和"咯"，已然体标记"来之、去之"，经历体"过来"。体貌助词虽然不是句子的主要成分，但实际语言中总是以出现为常态。语气词有表疑问语气的"嘛""吧"和"啊"及其变体形式，但"着"被动句主要表示意外的情况或不好的遭遇，因此能用于被动句末尾的主要是表示惊讶并求证实的语气词"啊"及其变体，如例（83）。不过，用经历体"过来"时可以用语气词"嘛"，如例（84）。表示揣测问时，也可以用"喔"。用于陈述和感叹的语气词主要是"哩、嘞"。语气词不是必要成分，可隐可显。前文有很多带体貌助词而不用语气词的句子，下面举几个带语气词的例子。

（82）听得话，老李着别人打之啊？要紧嘛？听说老李被别人打了啊？不要紧吧？

（83）尔箇听话也着你大人骂过来嘛？你这么听话，被父母骂过吗？

（84）莫着渠□［lu⁵⁵］之喔？怎还不来哩？别是被他骗了吧？怎么还不来呢？

（85）是嘞，着尔话中之哩。是啊，被你说中了呢。

（86）哈？老张着机器打到手啊？什么？老张被机器打到手啊？

最后一例，有疑问语气词"啊"后面未带体貌标记，但有表示结果的"到"。

10.1.1.3 "着"字被动句的句式语义和语用意义

笔者认为高安方言里"着"字被动句的句式语义主要是被动，表示受事受动作行为的影响而发生变化。有些被动式里的VP是动补短语（尤其是补语为结果补语和状态补语）时，表达的是被动致使意义，但也仍然表示被动。

"着"字被动句的语用意义则是表示"意外事件"。杉村博文（2003）认为，"汉语的被动句的核心意义可以定性为'意外的遭遇'"。杉村博文（2006）又进一步指出，汉语被动句所表达的"被动"概念理解为"以受事为视角（perspective）叙述意外事件的发生"。这一论断是比较适合"着"字被动句的语义的。高安方言的"着"字被动句虽然很多是不如意的事件或不好的遭遇，但拂意不能统括全部被动句的意义，因为有些被动句叙述的并非是拂意的情况，如"着渠猜中之""着我打赢之"等就不能说是不如意的事情，但一定是个意外事件。杉村博文（2006）将汉语被动句的原型句式义理解为［意外事件］，而将［不如意的遭遇］仅看作由［意外事件］扩张出来的一种句式义，这是很有见地的。

另外，高安方言里的"着"字被动句一般没有普通话里承赐型

"被"字句（邢福义，2004）相当的用法，被动句里的谓语动词一般不能是"授予、评选、称为"类词语，比如下面的句子基本不说：

（87）＊张明着社员选为队长。张明被社员选为队长。

这样的句子不能说，起码有三个方面的原因：一是这些动词比较正式、书面性比较强，尤其是"授予"这类词，口语里基本不说；二是普通话的承赐型"被"字句被动标记后的宾语可以省略不说，而高安方言的"着"字被动句被动标记后的宾语通常是不能省略的；三是普通话的承赐型"被"字句不是拂意的，若无标记也不是意外的情况，高安方言的"着"字被动句都是表示意外的情况。

10.1.1.4 "着"字被动句的否定式

高安方言的"着"字被动句的否定式在介词"着"前加副词"冇、不"，但条件很受限制，不像普通话那么自由。"着"字被动句的否定式与句子的功能类型有密切关系，其足句功能在陈述句和疑问句里有不同的表现。

①在陈述句里，否定式的条件非常受限，基本没有足句功能，只能充当从句或背景句。例如：

（88）还好冇着渠看得。还好没被他发现。

（89）箇种人不着警察捉起来才怪。这种人不被警察抓起来才怪。

（90）渠啊，不着别人打一顿不得不会长记性。

②在疑问句里，"冇"字否定式比"不"字的足句功能要强一些，用"冇"否定的句子主要是揣测或求证性问句。例如：

（91）床子冇着风吹烂吧？窗户没被风吹坏吧？

（92）尔箇样做事冇着你师傅骂啊？你这样干活没被你师傅骂啊？

用"不"直接否定的情况很少，如果用"不得"（相当于"不会"）否定未然的情况，很多句子就都能说。例如：

（93）衣裳不得着风吹泼啊？衣服不会被风吹掉吗？

（94）箱仔不得着我坐烂咯吧？箱子不会被我坐坏吧？

（95）东西放到箇𫩓不得着别人拿起走啊？东西放在这里不会被别人拿走吗？

（96）尔不得着渠烦煞啊？你不会被他烦死啊？

"不"用在疑问句里相当于"不是"，经常表示反问，句子的意思是表示肯定，这时"不"不是真正的"着"字被动句的否定式。这种语气更像是一种感叹，相当于"还不是……！"。比如：

（97）我个书不着渠拿得去啊？我的书还不是被他拿去了！

（98）买得个酒不着你爷一個人喫之啊？买的酒还不是被你父亲一个人喝了！

10.1.2 "讨"字被动句

高安（太阳）方言被动句的介词除用"着"外，也用"讨"[hau⁴²]。"讨"字被动句在高安境内较为常用，根据笔者的初步调查，除了太阳镇，高安城区（瑞州街道、筠阳街道）、石脑、杨圩、上湖、新街、蓝坊等乡镇都有用"讨"做被动标记的。《高安市志》（2009）作"好"，用的是同音字，桥本万太郎（1987）只写了语音形式[hou³ᵃ]。颜森（1981，1982）写作"讨"[hou⁴²]，无疑是正确的。在太阳话与杨圩（老屋周家）话以及高安各地土话里这个字语音相近，而且古透母、定母有些字声母擦化了，不读 [tʰ]，而读 [h]，如"偷、炭、汤、吞、脱、袋、桃、头、豆、蛋、淡、塘、糖、藤、邓"等字声母都念 [h]。太阳话的"讨"只有在书面色彩较浓的词语如"讨厌""讨价还价"里才念 [tʰau⁴²]，其余念 [hau⁴²]。另外，刘纶鑫（1999）和曹志耘主编的《汉语方言地图集（语法卷）》（2008）均作"讨"。

"讨"本是动词，有两个意思：一是"索要"的意思。如"讨饭要饭""讨钱""箇個米是讨得别伢俚个这些米是向别人家讨要的"。二是"获取"义，具体来说相当于"采摘"的意思。如"讨菜""我去园里嘚讨毛子蕹菜来喫我去菜园里摘点蕹菜来吃"等。

"讨"也可以做介词用，是被动句的被动标志。高安（太阳）话里的"讨"字被动句与"着"字被动句的用法基本相同，只是后者使用频率高一些，前者是与城区和周边方言的接触造成的。下面略举几例：

（99）园里嘚个菜讨虫喫圆之。菜园里的菜被虫吃完了。

（100）许双鞋哩硬讨渠寻到之。那双鞋子硬是被他找到了。

（101）杯仔讨老弟搨烂之。杯子被弟弟摔坏了。

（102）还算要得个崽哩讨你话得冇一□[tsʰaŋ³⁵]。还算不错的小伙子被你们说得一无是处。

(103) 一张自行车讨渠□［tsɛŋ⁴²］得乇烂个。一辆自行车被他摔得稀巴烂。

(104) 两块肉讨老李一转拿得去之。两块肉被老李全拿去了。

(105) 讨一個细伢仔□［sɒ³⁵］得轮转个，掩人嘛？被小孩骗得团团转，丢不丢人？

(106) 间里讨渠翻得冇头脑。房间里被他翻得乱七八糟。

"讨"字被动句介词后的宾语一般也是不能省略的。这种句式的语用意义也与"着"字被动句差不多，主要表示一种意外的遭遇。

10.1.3 "把"字被动句

高安方言的"把"字除了表示处置（见本书第九章），还能表示使役和被动意义。使役是"把"字从给予义到被动意义的中间环节。江蓝生（2000）把动词具有使令、致使、容许、任凭等意义叫作使役。高安方言的"把"字表使役主要表现为使令、容许、允让义，这时仍是动词的用法，"把"字后的成分是兼语，有时候也可省略。例如：

(107) 明日把两個人去小芳俚喫饭。明天派/让两个人去小芳家吃饭。

(108) 姆妈，姐姐买之好喫个不把我喫。妈妈，姐姐买了好吃的不给/让我吃。

(109) 许条路修正之嘛？会把过嘛？那条路修好了吗？会让过吗？

(110) 把渠进来，箇是我俚哥哥。让他进来，这是我哥哥。

(111) 不戴校徽保安不得把尔进去。不戴校徽保安不会让你进去。

(112) 箇只河里会把钓鱼仔嘛？这条河边会让钓鱼吗？

(113) 尔怎会箇木，徛到哩把渠打？你怎么这么笨，干站着让/被他打？

例（107）是使令义。后面几例都倾向于允让义。例（108）的"把"字宾语后还有谓语动词，句子是兼语式。"把"字可以是给予或允让义，但给予的动作义比较虚，主要表示受益。如果"把"字后面只有宾语没有谓语形式，就是实实在在的"给予"。如"里本书把尔这本书给你"。例（109）"把"字后的宾语省略，是允让的意思。例（110）—例（112）的"把"字都有使役、允让的意思。最后一例兼语后的动词"打"是及物动词，主语"尔"是"打"的受事，这种句子则是允让和被动的交织。

"把"字由使役（允让）义进一步语法化为被动标记。例如：

（114）拿柑子弄到，莫把细人子看得。把橘子藏起来，别被小孩看到。

（115）钱放正来，莫把贼牯哩偷得去咯。把钱放好，别被小偷偷去了。

（116）我俚轻轻子话个，冇把大人听得。我们悄悄地说的，没被大人听见。

（117）箇是冇把晓得嘞，晓得之哪什会把渠去哩？这是没让［被］知道，知道了谁会让［允许］他去呢？

（118）尔怎会把渠晓得哩？你怎么会让他知道呢？

（119）除之莫把我晓得，把我晓得之不得等尔撕啊撕个。除非别让我知道，让我知道了不会跟你客气的。

上面例句的"把"虽然可以译为"让"，但不是允让义，而是纯粹地表示被动。① 不过，这种"把"字被动句用法比较受限，不如"着"字、"讨"字被动句运用广泛。高安（太阳）方言的"把"字被动句有下面几个特点。

①"把"字被动句要受到句型的限制，只能用于否定句（如上面前4个例句）和反问句（如第5个例句）。用于肯定句和陈述句没有单独足句功能，只能充当从句，如上面最后一例。不能说"*碗把渠打烂之碗被他打碎了"这样的句子。

②"把"字后的兼语只能是表人名词或代词，有时可以省略，如例（117）。不能说"树冇把风吹倒"这样的句子。

③动词也很受限，一般是用于人的知晓、感官类动词，如"晓得、看得、听得"等。动词多是非自主的行为。

④主语一般是有定的。从语义上看是谓语动词的受事，可以是人或事物。"NP$_1$ + 莫/冇 + 把 + NP$_2$ + VP"格式不一定是被动句，如"我恁莫把渠走我们别让他走""我冇把小李喫"的句子里的主语都不是"把"字后动词的受事，"把"是"允让"的意思，句子的谓语是兼语式，不是被动式。

从上面的分析来看，高安（太阳）话"把"字被动句还不是典型的被动句，高安（太阳）话"把"字这种用法只是酝酿被动用法的阶段。但在高安独城、八景等地"把"字有相当于普通话"被"字、太

---

① 例（117）后一分句的"把"除外。

阳话"着"/"讨"字的功能。这些地方像"碗把渠打烂之"这样的句子是完全可以说的。高安独城话在介词"把"前还要加上前缀"啊"。例如：

（120）杯仔啊把渠打烂之。杯子被他打碎了。

（121）鱼仔啊把猫喫之。鱼被猫吃了。

10.1.4 被动标记的来源

高安（太阳）方言被动标记有"着""讨"和"把"。"着""讨"字被动句是典型的被动句，"把"字表被动意义使用的要受到很多限制，还不是典型的被动句。"着""讨""把"三种被动句有不同的来源。

10.1.4.1 被动标记"着"的来源

"着"字被动句是近代汉语里一个常见的被动句。学者一般认为"着"字表被动始于唐宋，如郑宏（2006）、袁宾（1992）、冯春田（2000）等。田春来（2009）、张振羽（2010）认为"着"字的被动用法早在魏晋南北朝时期就已萌芽，到唐五代被动用法已经比较明确。例如：

（122）南面西头曰凤阳门，上有凤二枚，其一飞入漳水，其一仍以锁绊其足。邺人旧故曰："凤阳门南天一半，上有金凤相飞唤，欲去不去著锁绊。"（晋·陆翙《邺中记》）

（123）一朝著病缠，三年卧床席。（唐·寒山《三百三首》）

关于"着"字被动句的来源，学界主要有三种观点：一是被动介词来源于"遭受"义动词"着"，持该观点的有学者向熹（1993）、吴福祥（1996）、马贝加（2002）、张振羽（2009）、张延俊（2010）、刘海波（2019）等。二是"着"字被动句来自"着"字使役句，如桥本万太郎（1987）、许仰民（1990）、冯春田（2000）、蒋绍愚（2005）等。三是双源说，即认为"着"字被动句有前面两种来源，应该区别对待，持这一观点的有李蓝（2006）、郑宏（2006；2017）、屈哨兵（2008）、田春来（2009）、吴福祥（2015）。李蓝（2006）通过考察现代汉语方言"着"字句的分布，认为南方方言的"着"字被动句来自"着"的遭受义，北方方言的"着"字被动句来自"着"的使役义。郑宏（2006）、田春来（2009）认为"着（著）"字的介词用法来源于动词"着（著）"的"遭受"义；"着（著）"字被动句的另一个来源应该是"着（著）"字使役句的大量出现。吴福祥（2015）总结说："从现有的成果看，双源说最有说服力，也可能更接近演变的真相。"不过，张延俊（2010）认为"着"的使役用法可能是"教"字词间类化的结果。从高安方言"着"字的用法来看，"着"字做动词用时根本没有使役、使令义，只有"遭受"义还保留一些痕迹，比如，"着累"表示"受累"的意思，"着之吓"是"被吓到了"的意思，符合南方方言的特点。高安方言的"着"字被动句应该来源于"着"字的"遭受"义，并且"着"字被动句表示意外的情况，其中主要是不如意的事件，这都与"遭受"义有关。

10.1.4.2 被动标记"讨"的来源

古代、近代汉语论著里基本未见关于"讨"字表被动用法的介绍。进入21世纪以前，方言学界关于被动标志"讨"的报道也不多，用"讨"的方言主要有赣语高安话（颜森，1982；桥本万太郎，1987；刘纶鑫，1999）、上高话（刘纶鑫，1999）、安义话（李如龙、张双庆，1992；万波，1997），属于客家方言的赣县话（李如龙、张双庆，1992）以及吴语高淳话（石汝杰，1997）。近十几年来，关于"讨"的被动用法的报道和研究才多了一些，如曹志耘（2008）、胡云晚（2010）和罗荣华（2018）的研究。根据罗荣华（2018）的调查，被动标记"讨"主要分布在以下方言点：赣语：江西上高、宜丰、高安、靖安、丰城、新干、安义、永丰，湖南临湘；客家话：江西瑞金、安远、宁都、上犹、信丰；吴语：江苏高淳；湘语：湖南洞口。从中可以看出大多数分布在江西境内。

关于被动标记"讨"的来源，桥本万太郎（1987）指出，大部分南方方言里，被动标记是从动词"给予"来的，其中就举了赣语高安方言的［hou^{3a}］（即"讨"）的例子。不过，据笔者所知，高安方言的"讨"并无给予义。安义方言里也没有给予义（万波，1997）。万波（1997）根据南方方言的被动标记多是从表给予义的动词虚化而来的认识以及赣方言之间的对比，推测古代汉语的"讨"可能曾有过"给"义，安义方言的被动标记"讨"即由此虚化而来。张敏（2011）则指出：赣语的"讨"由动词"求取、索要"义进一步可引申出"引致、招惹"义，再经遭受义演化出被动标记用法。罗荣华（2018）赞同张文的看法，认为"招惹"义引申为"遭受"义为连动式的"讨₁+[N+V]"重新分析为"[讨₂+N]+V"提供了语义基础。赣语上高话"讨"的语法化链条为：讨1索取→讨1招惹→讨1遭受→讨2被。从方言的事实来看，后两位学者的意见可能更有说服力。高安方言的"讨"与上高话有些相似，做一般动词时也是"索取"义，如"讨饭、讨钱"等。表招惹义时，有"讨厌"一词，但似乎没有"讨+N+V"（如"讨人嫌、讨老师骂"）的说法，而只说"惹人嫌、驮老师个骂"。而且，"讨厌"的"讨"读[tʰau⁴²]，与表"索取"义和被动用法的[hau⁴²]不是同一个历史层次。作者的看法是，"索取"义的"讨"与"得到"义的"得"（袁宾，1992）一样具备表示被动的语义基础，而不需要经过"招致、招惹"的中间环节。所不同的是"得"的本义是获得，得到往往是好事，多表示合人心意的行为（袁宾，1992；吴福祥，2015）；"讨"多是逼不得已地向人索取，多是被迫无奈的行为，故经常表示不如意或意外的情况。

10.1.4.3 被动标记"把"的来源

高安方言的"把"同时表示给予、使令、致使、允让、被动和处置等意义。其中"使令、致使、允让"学界一般统称"使役"或"役使"。关于给予义动词发展为被动标记，多数学者认同给予、使役和被动三者有着密切的关联，其来源相同，演化路径都是给予→使役→被动。（桥本万太郎，1987；冯春田，2000；蒋绍愚，2002；张敏，2003）比如，近代汉语的"与"，北方方言的"给"和"乞（吃/喫）"，南方广州方言的"畀"，上海崇明方言的"拨"，等等，都经历过这一发展路径。至于近代汉语和方言中被动标记"把"的来源，汪国胜（2001）和郑宏（2017）都明确指出，"把"字也经历了"给予→使役/役使→被动"的语法化过程。在近代汉语里"把"都有这些意义。"把"字本是持拿义，自宋代以来，"把""与"经常连用，受"与"的同化影响，"把"字逐渐衍生出给予义。元明时期，"把"脱离了"与"的依赖，完全转化为给予义动词。（黄晓雪、李崇兴，2004；郑宏，2012、2017）之后向使役义和被动用法演变。例如：

（124）白娘子道："先夫留下银子，我好意把你，我也不知怎的来的。"（冯梦龙《警世通言》）

（125）你如今须把他一个下马威。（陆人龙《型世言》）

（126）我们几个守着这里，把一个走去，再叫集十来个弟兄，一同下手。（凌濛初《二刻拍案惊奇》）

（127）如今我特把尼姑听见，说我们肯与他银子，哄他来。（陆人龙《型世言》）

（128）险把咱家走乏。（郑德辉《倩女离魂》）

（129）这明明是天赐我两个横财，不取了他的，倒把别人取了去。（《元曲选·傻狗劝夫》）

（130）别人的儿女，把你去骗酒吃。（李渔《蜃中楼·姻阻》）

前面两例的"把"是给予义，中间三例表使役（分别是使令、容许、致使），最后两例表被动。

不过，近代汉语中的"把"字被动句使用不是很普遍，主要集中在《全元曲》《醒世恒言》《金瓶梅》《型世言》《醒世姻缘传》等文献中（郑宏，2012、2017；刘海波，2017）。但是在现代汉语方言中，特别是在南方方言中还大量存在。徐英（2016）考察了汉语方言"把"字被动标记词的地理分布，发现其集中于南部方言区，由赣语向西南官话、江淮官话以及湘语、吴语区扩散，呈辐射的分布特点。"把"字在不少方言里都有给予、使役和被动意义。

从前面的分析可以看出，高安方言的"把"的本义握持义已消失，"把"字也经历从给予动词到使役动词再演化为被动标记的过程。使役是转化为被动标记的中间环节。不过，从高安方言的情况来看，笔者认为使役中的容许、允让义才更容易演变为被动意义。当然，使役句（指大范围的使役句）的句式为重新分析为被动句提供了句法条件。因此，高安方言被动标记"把"的语法化链条是：给予→使役（容让）→被动。这也比较符合桥本万太郎（1987）的论断：从理论上说，汉语"给予"动词表被动也可能独立地在汉语里发展，因为"给予"义很容易引申为"给对方让有机会做什么""容让"等义。

10.2 无标记被动句

无标记被动句是不带形式标记但含有被动意义的被动句，也叫意念被动句或意合被动句。要说明某人或某物受到什么作用或影响，产生了什么后果，就用"无标记被动句"（吕必松，2015：192）。高安方言的无标记被动句可以分为两类：一类含遭受、任凭义动词句；另一类是一般的受事主语句。

10.2.1 遭受、任凭义动词句

从意念上看，遭受、任凭义动词明显具有被动意义。这些动词都具有虚化为被动标志的可能。近代汉语和现代汉语方言里不少被动式来源于遭受义动词，如"被"字式、"吃（喫、乞）"字式，以及南方方言的"着"字式（李蓝，2006）。任凭义属于使役，汉语里很多被动式来自使役义或经过使役义再演变为被动用法，如"教（交、叫）"字式、"与"字式、"给"字式以及"把"字式等。

①高安方言的遭受义动词用"驮"[tʰɔ³⁵]。这类遭受义动词句的主体形式是"主语+驮+宾语"，其主语是表人的名词性词语，宾语表示遭遇的情况，一般是打骂或债务，可以是动词、名词和"N个V"形式（相当于普通话"N的V"）。例如：

（131）冇头脑个搞！尔想驮打吧？_{在这儿瞎搞！你是不是想挨打/欠揍？}

（132）老五赚之不少个钱，结之婚，又做之屋，都冇驮什哩账。_{老五赚了不少钱，结了婚，盖了房子，都没怎么欠账。}

（133）渠不听话，今□[ŋa⁰]又驮之一顿打。_{他不听话，今天又挨了一顿打。}

（134）就是尔！搞得我好巴哩哩驮渠个骂。_{都怪你！弄得我好端端被他骂。}

（135）门面上个事都要做好来，莫驮别人个话把。_{门面上的事情都要做好，别落人话柄。}

从上面例子可以看出，高安话的"驮"字后面主要接指称性成分，即便是动词，也可以将之指称化。一方面动词可以受数量修饰，如"一顿打、一顿骂"等；另一方面，用"N个V"形式将其名词化，N其实

是动词的施事，如"渠个骂"。当施事出现时仍不用兼语式的这一特性，使得遭受义的"驮"不具备重新分析的句法基础，自然也就无法虚化为被动介词。另外，"驮"的构词主要是上面的"驮打、驮骂、驮账、驮话把"，"驮"还有个更口语的读音［hɔ³⁵］，相当于动词"背"的意思，对象只能是人。此外，念［tʰɔ³⁵］时又有承受义，如"这张交椅驮尔不起"。可见，高安方言的"驮"重在表示承受义，因此，它后面是名词和指称化的动词。而南昌方言的"驮"由承受义继续引申为遭受义，其构词能力很强。除了"驮打、驮削挨训"，还可以跟很多动词结合，构成固定词语，比如：驮册被骗｜驮提被捉弄｜驮眯被戏弄｜驮表扬受表扬；而且已经彻底语法化为被动标记，如"冒跑几远子就驮人家拐［liɛʔ²］到抓住了"。（魏钢强、陈昌仪，1998）王力（1943/1985）把"挨、受"类遭受义动词句叫作"类似被动句的主动式"，即不承认是被动式。但是龚千炎（1980）叫作"受、遭句"，属于非被字的受事主语句（被动句）的一种。这里是为了探讨这类动词在方言里是否有变为被动标记的可能。

②高安方言任凭义的动词有"让、儘（尽）、张"等。"让"有容许、任凭的意思；"儘"只有"任由"义；"张"是"听从、听凭"的意思。这些动词没有语法化为被动介词，但都能体现被动意义。由它们构成的被动句本身也是受事主语句，但其谓语部分是兼语式。因此，这种被动句的格式主体是"NP受事 + V₁ + NP施事 + V₂"，V₁是任凭类使役动词，V₂是及物动词，NP施事必须出现。例如：

（136）渠（徛到）让别人打。他（站着）让别人打。
（137）我不得老老实实让渠骂。我不会老老实实让他骂。
（138）我赚得个钱儘尔花。我赚的钱任你花。
（139）粉还多得很，儘尔喫。米粉还多得很，任凭你吃。
（140）我儘渠骂，让渠骂个够。我任由他骂，让他骂个够。
（141）尔怎会张渠□［sɔ³⁵］哩？你怎么会被他骗呢？
（142）渠不话实事个，莫张渠吓。他从来不说实话的，别被他吓唬到。

前两例"让"有允让、任凭义，主语都是表人词语。中间三例的"儘"表示任凭、任由义，主语可以是人或物。从最后两例可以看出"张"字的被动意义与已然和未然有关。在未然句里倾向于"听凭"

义，在已然句里表示遭受不好的情况已成事实，可以理解为被动。可见，遭受义和任凭义密切关联。"张"还有"盛"义（如"张饭、张菜、拿面盆里来张到"）、"接收、接受"义（如"我里垃张不到风_{我这里吹不到风}"）。许宝华、宫田一郎主编的《汉语方言大词典》（1999）也收录了广东客话有"盛"这一义项，此外还收录了晋语（山西忻州）、徽语（安徽绩溪）都有"受、承受"的意义。"张"在高安方言里由"受"义转为"听从、任凭"义，如"张别人教_{听从别人教导}、话不张_{说了也不听}、张别人□［ŋ³⁵］_{任由别人骗}"。任凭不好的事物发展下去，就容易理解成被动。"张"的这种用法在汉语方言里还比较少见。高安方言里的这几个容许、任凭义动词没有进一步语法化，表示被动意义强度比较弱，还只是停留在使役义阶段，而普通话和方言中除"张"字外都有不少演变为被动标记的事实。① "让"字表被动在普通话和很多官话方言都有反映，兹不赘述。表使役的"儘（尽）"字在湖北不少方言点有介词（被动）的用法，如浠水、红安、团风、麻城、罗田（陈淑梅2005）、随州（刘村汉，1992；黄伯荣，1996）、恩施（王树瑛，2017）、孝感（左林霞，2004；王求是，2014）、安陆（盛银花，2015），等等。下面介绍恩施、孝感两地方言"儘（尽）"兼做使役动词和被动介词的用法。

"儘（尽）"做使役动词用法。例如：

（143）尽他们几个去搞，看搞得出个么子名堂。［恩施话］

（144）你莫吵他，尽他多睡哈儿。_{你别吵他，让他多睡一会儿。} ［孝感话］

"儘（尽）"做介词，构成被动句。例如：

（145）上街的时候儿包包儿尽强盗偷哒。_{钱包被小偷偷了}［恩施话］

（146）昨天不小心尽狗子咬了一口。_{昨天不小心被狗子咬了一口。}［孝感话］

高安话里的"儘（尽）"没有进一步语法化，可能与方言里已有典型的被动标志"着"和"讨"有关，或许转化为被动标志还需要其他的因素。

---

① 据语保工程采录平台，江西乐安话里"张"可用作被动标记。

10.2.2 表被动的受事主语句

"受事"充当主要的句子,可称为"受事主语句",也可称为"被动句"。(龚千炎,1980)龚千炎先生所说的受事主语句是广义的受事主语句,即包括有形式标志的被动句和无形式标记的被动句。受事主语句还有狭义概念,仅指不带被动形式标志的被动句。(李珊,1993;张云秋,1994)这两种定义都表明不管广义还是狭义的受事主语句都是被动句,然而,关于受事主语句的外延,蒋绍愚(2011)、张美兰(2003)等还有另一种看法,即受事主语句可分为三种:有标记的被动句、无标记意念上的被动句和话题—评论式受事主语句或不表被动意义的受事主语句。这种观点表明不是所有的受事主语句都是被动句。下面试从句法结构、语义特征和语用功能等几个方面探讨有被动意义而无标记的受事主语句。

(1) 句法形式

根据受事、施事的隐现和语序的不同,高安方言的受事主语句可分为三种句法形式:Ⅰ式:NP受事 + VP;Ⅱ式:NP受事 + NP施事 + VP;Ⅲ式:NP施事 + NP受事 + VP。分别举例如下:

Ⅰ式:NP受事 + VP。例如:

(147) 菜喫圆之,饭还盈之毛子。菜吃完了,饭还剩一点。

(148) 鸡关到□[tsu¹³]哩唧去之。鸡关到鸡笼里去了。

(149) 地里个花生□[ia⁴²]一下拔泼之。地里的花生全都拔掉了。

(150) 衣裳洗得伶伶俐俐。衣服洗得干干净净。

Ⅱ式:NP受事 + NP施事 + VP。例如:

(151) 鱼仔我早就学正之。鱼我早就杀好洗净了。

(152) 桌哩渠等下会搬过来。桌子他等一下会搬过来。

(153) 扳手小明借起走之。扳手被小明借走了。

(154) 箇本小说我早就看圆之。这本小说我早就看完了。

Ⅲ式:NP施事 + NP受事 + VP。例如:

(155) 老李今年哪址都有去,就待得屋里。老李今年哪里都没去,只待在家里。

(156) 我哪个都不请,想来个就是。我哪个都不请,想来的就来。

(157) 渠什哩事都等渠俚老婆话。他什么事都跟老婆说。

（158）箇只老己书读不进，事又不会做。这个家伙书读不进去，事情又不会做。

高安方言不能像吴闽等方言（刘丹青，1997；陈泽平，1997；李如龙，1997；等等）那样自由运用Ⅲ式，用Ⅲ式仅限于受事表示周遍意义或强调并列的情况，句中常有范围副词"都"同现，并且Ⅲ式基本不表被动意义。因此，高安方言的能表被动意义的受事主语句主要体现在Ⅰ式和Ⅱ式。下面主要讨论这两种格式。

（2）语义特征

①受事的语义特征

A. 定指性。无标记被动句与有标记被动句一样，受事主语都具有定指性。形式上有些受事前面有指示代词、领属成分修饰或其他限定成分，明显是有定的。例如：

（159）许只电影院关泼之。那个电影院关掉了。

（160）箇只碗紧到拿到手里，总会打烂咯嘞。这只碗一直拿在手里，怕是会打碎吧。

（161）旧年养得个狗仔送得把老肖去之。去年养的狗送给老肖了。

（162）放得床上个衣裳我等尔捡起来之。放在床上的衣服我给你收起来了。

有些受事是光杆名词或受"一+量词"修饰的名词，表面是无定形式，但在说话人看来是定指的。例如：

（163）书包放得地下［tʰia²¹］里。书包放在地上。

（164）鱼骨头我都拣出来之，放心个喫。鱼刺我都挑出来了，放心吃。

（165）一瓶酒渠俚两個人喫正之。一瓶酒他们两个喝得精光。

（166）一本簿仔撕得乜烂。一本本子被撕得稀巴烂。

前两例的"书包"和"鱼骨头"都不是泛称或类指，而是有具体所指的。同样，后两例的"一瓶酒"和"一本簿仔"也不是任指的，而是说话人有所指的"酒"和"簿仔"。

B. 倾向于无生性。有标记被动句的受事可以是有生名词和无生名词；无标记被动句里表遭受、任凭义动词句的受事倾向于表人的有生名词，这里探讨的表被动的受事主语句则倾向于无生名词或弱有生名词，如上面例（159）—例（166）的大部分受事主语是无生名词，只有例（161）属于动物，是有生名词，但在这里不是强调其生命度。有时主语也可以是人。比如：

（167）老李俚细个女把到罗家去之。老李家的小女儿被送给了罗家。

②VP 的语义特征

无标记被动句的动词形式上不能是光杆形式，一般要前加或后附成分，最简单的形式也要有体貌标记。语义上，王灿龙（1998）指出普通话无标记被动句结构核心的动词的语义特征是［+可控，+强性动作，+可致果］。这一概况在高安方言里也适用，尤其是最后一个特征"可致果性"对句法形式作出了严格要求，即动词不能是个简单形式，动词后面一般要有补语，如结果补语、状态补语、趋向补语、处所补语等。这些成分配上完成体标记"之"或"咯"更能显示结果性。这一点对区分无标记意念上的被动句和不表被动的受事主语句至关重要，后者往往没有"可致果"这一特性。比如，普通话里说"辣椒我吃（醋我不吃）"，基本没有被动意义；而"辣椒我吃掉了"则可以转化为有标记被动句。受事主语和动词都相同，是否具有"可致果性"使得二者被动性强弱分明。

③施事的语义特征

施事有时可不说，只在Ⅱ式里出现。语义上，施事同样具有定指性。与倾向于无生性的受事不同的是，施事一般具备有生性特点，主要是表人或动物的词语。如例（151）—例（152）都是表人的名词或代词。施事是动物的例子如：

（168）墙上个线老鼠□［lɛ^{55}］断之。墙上的电线老鼠咬断了。

（169）地下［tʰia^{21}］里个骨头狗衔起走之。地上的肉骨头狗衔走了。

在某些情况下，施事也可以是无生命的名词。例如：

（170）帽仔风吹泼之嘞。帽子风吹掉了呢。

但这种句子通常还是用被动标记"着"或"讨"更自然。

（3）语用功能

无标记被动句的受事在句法上是主语，在语用上属于旧信息，是主题或话题，是说话人要强调、说明的对象。龚千炎（1980）认为，被字句跟主动句一样，着重叙述一个有某种动作构成的事件，而非被字句则着重说明一种由于某种动作而产生的状态。笔者认为，被动句（包括有标和无标被动句）都强调受事被某个行为、动作造成了某种结果或状态。但无标记被动句不像有标记被动句那样关注施事，从前面的分析可以看出，施事有时可以不出现。而且，从语言的经济性来看，无标记被动句形式更简洁，旧信息的对象和新信息的结果一目了然。另外，就高安方言的情况来说，有标记被动句的语用意义是表示意外，主要是拂意的情况；无标记被动句没有这种主观情感功能，很多只是客观地说明一个事件的结果或状态，如例（147）—例（167）的很多例句没有意外或不好的遭遇。

10.3　小结

本章主要介绍了高安方言的被动句，分为有标记被动句和无标记被动句两大类型。有标记被动句有"着"字被动句、"讨"字被动句和"把"字被动句，其中后者表示被动意义还不典型，要受到很多限制。文章着重探讨了高安方言中有代表性的"着"字被动句，分析了其句法形式、成分特点和语义、语用功能。笔者认为高安方言里"着"字被动句的句式语义主要是被动，表示受事受动作行为的影响而发生变化，其语用意义则是表示"意外事件"，不如意的情况是"意外"的下位层次意义。"着"字被动句的否定式与句子的功能类型有密切关系，其足句功能在陈述句和疑问句里有不同的表现。此外，还讨论了被动标记"着""讨"和"把"的来源："着"字主要来源于动词的"遭受"义。关于被动用法的"讨"字，张敏（2011）、罗荣华（2018）则认为赣语的"讨"由动词"求取、索要"义进一步可引申出"引致、招惹"义，再经遭受义演化出被动标记用法。笔者认为，高安方言的"讨"可能与被动标记"得"一样都是"给予"的对立面，由"索取"义可以演化为被动标记，而不一定要经历中间环节"引致、招惹"义。高安方言被动标记"把"的语法化链条是：给予→使役（容让）→被动。无标记被动句主要分两类来介绍：一类是在其他方言已经转化为被动句的遭受、任凭义动词句，比如"驮""让""紧"。高安方言还有比较有特色的"张"也有遭受、任凭义。这些词都有被动意义，但没有演变为被动标记。另一类是除此之外的表示被动意义的受事主语句。受事主语句不都是被动句，主要介绍了有被动意义的几类句子，简单探讨了其句法结构、语义特征和语用功能。

第 11 章　双宾句

我国第一部系统的汉语语法著作《马氏文通》就注意到了动词后的双宾语现象，只不过当时称止词而不叫宾语。马建忠（1898/1983）说："'教''告''言''示'诸动词后有两止词，一记所语之人，一记所语之事。先人后事，无介字以系着常也。"可见，马氏也注意到间接宾语和直接宾语的所指和语序问题。黎锦熙《新著国语文法》（1924/1992）明确提出了"双宾位""双宾语"概念，并指出两个宾位中"属于被交接之事物的叫'正宾位'，属于接受事物之人的叫'次宾位'"，二者分别对应于英语里的直接宾语（Direct Object）和间接宾语（Indirect Object）。黎氏还将双宾句分成五种类型，其中包括"把"字句，范围较宽。吕叔湘《中国文法要略》（1942/1982）把与事宾语分成"受词"和"反受词"，实际上是根据动词的语义不同，把双宾句分成"给予"类和"取得"类。赵元任（1968）依照动词带不带"给"的情况将双宾语里的动词分成四类，实际涵盖了现在所说的给予类、索取类、"叫"类和予夺不明类动词。朱德熙（1982）认为述语后的两个宾语可以都是真宾语，也可以是一个真宾语、一个准宾语。由全是真宾语构成的双宾语格式主要分成给予、取得和等同三类。此后，马庆株（1983）、李临定（1984）等对双宾句进行了详细的分类。以上都是对汉语共同语双宾句的研究，方言学界对相关问题也做了不少有益的探索。李如龙、张双庆（1997）对东南方言的动词谓语句（包括双宾句）作了精练的概况描写，汪国胜（2000）系统地研究了大冶方言的双宾句，张敏（2011）从类型学角度探讨汉语方言双宾结构的差异及其成因，等等，这些对汉语方言双宾句的考察研究具有重要的参考价值。

本章探讨高安方言的双宾句，考察双宾句的结构类型、双宾句的动词、宾语和句式语义，分析双宾兼语混合句，比较高安话和普通话里表给予义的"把"和"给"的异同。

11.1 双宾句的结构类型

双宾句是动词后带两个宾语的句子，其中表物的宾语叫作直接宾语（记作 O_1），表人的宾语叫作间接宾语（记作 O_2）。根据高安方言的特点，我们对双宾句作宽泛的理解（有的也叫"双及物结构"，如张伯江，1999；刘丹青，2001；张敏，2011 等），即双宾句包括典型的动词后直接带两个宾语的一般双宾式和必须借助与格标记连接间接宾语的间宾标记式。一般双宾式的结构形式是"$V + O_2 + O_1$"，间宾标记式的结构形式是"$V + O_1 + 把 + O_2$"，采用哪种形式与动词的语义特点有关。

11.1.1 一般双宾式：$V + O_2 + O_1$

高安方言一般双宾式的结构形式与普通话相同，也是间接宾语位于直接宾语之前，即"$V + O_2 + O_1$"格式。例如：

（1）第一转去渠俚做客，我得之渠一条巾哩、三個蛋。第一次去她家做客，我得了她一条毛巾、三个鸡蛋。

（2）话实话，就赚之尔两块仔钱。说实话，只赚了你两块钱。

（3）尔去就是，渠会话声尔怎样做。你去就行了，他会告诉你怎么做。

（4）我还欠老王一百块钱，等下拿得把渠。我还欠老王一百元钱，待会儿拿给他。

（5）渠比尔细，但是按到排行尔还要喊渠叔叔。他虽然比你小，但是论辈分你还要叫他叔叔。

这种结构形式也叫"双宾 A 式"（刘丹青，2001）。高安方言里的两个宾语不能直接调换顺序，没有"$V + O_1 + O_2$"式，即"双宾 B 式"，这与很多南方方言不一样。

11.1.2 间宾标记式：$V + O_1 + 把/过 + O_2$

高安方言的另一种双宾形式是间接宾语 O_2 在直接宾语 O_1 之后，但 O_2 前必须要有介引性成分"把"（意义相当于"给"），即采用"$V + O_1$

+把+O_2"结构形式。例如:

(6) 我考上大学个年里,姐姐送之一只手机把我。我考上大学的那一年,姐姐送了我一个手机。

(7) 熟人还不放心啦?尔不要渠会退钱把尔。熟人还不放心吗?你不要的话他会退钱给你。

(8) 莫借东西把渠,渠借之冇还个。别借东西给他,他借了不会还的。

(9) 渠俚大人多分之一只间把渠。他父母多分了一个房间给他。

(10) 到之广州寄封信把我。到了广州寄封信给我。

这种结构有的叫"介宾补语式"(刘丹青,2001),但是高安话的"把"动词性还比较强,与普通话的"给"有别。普通话的给予句可以用"给/V给+O_2+O_1"和"V+O_1+给+O_2"两种形式,而且当动词有给予义时两种句式可以互相变换;高安方言O_2前的"把"置于动词后要加"得",如"里本书送得把尔 这本书送给你",不能紧跟动词V后面,因此,高安方言也有没有"复合词式"双宾句。不过,从跨方言的角度看,"把"与其他方言中的"得、到、了、在、分、拿、拨、乞、畀、科"等(汪国胜,2000;陈淑梅,2001;张敏,2011)都是功能相当的成分,引进与事宾语。一般认为这些成分是介词,而陈淑梅(2001)则认为有些意义较实、有些意义较虚,都称作插入形式,并将"介宾补语式"叫作"间宾标记式"。刘丹青(2001)严格区分"送书给他"和"买书给他"分别为介宾补语式和连动式。张敏(2011)则将二者统称为"间接宾语式"。我们对二者也不作严格区分,因为这种句式都必须用间接宾语标记"把",所以都称作"间宾标记式"。

高安方言里还有一种间接宾语标记,那就是"过",主要是老一辈使用。例如:

(11) 拿两根大蒜过我。拿几根蒜苗给我。

(12) 我提之一袋哩花生过渠。我提了一袋花生给他。

(13) 拿钱过我,我去买忽子菜来。给我钱,我去买点菜来。

(14) 等下仔打個电话过你丈母。等下打个电话给你丈母娘。

间宾标记"过"现已不多见,有消失的迹象,逐渐被"把"取代。香港和广州粤语里的与格介词"过"也有类似的情况(邓思颖,2003:66),逐渐被"畀"取代。钱志安(Andy C. Chin, 2010;2011)认为

汉语里有 *go*-type（趋向类）和 *give*-type（给予类）两类间接宾语标记，并从语法和语义两个方面对粤语的间宾标记"过"被"畀"取代这一现象作了解释。

有些人也用与格介词"到"，如"拿一个苹果到尔"。可能是受高安城区话的影响。

鉴于三个标记（"把""过""到"）中"把"的使用频率和范围最广，本章讨论间宾标记式时主要举"把"的例子。

11.2 双宾句的动词

采用不同的双宾句式与动词的语义特点有关。高安方言能进入一般双宾式（"V+O$_2$+O$_1$"式）的有"取得"义、"差欠"义、"叙说"义、"称叫"义、"泼洒"类（汪国胜，2000）等动词，但绝不能是"给予义"和"准给予"义动词。相反，后者只能进入间宾标记式（"V+O$_1$+把+O$_2$"）。当然，有些动词两种句式都能进入。

11.2.1 一般双宾式动词

11.2.1.1 取得义动词

所谓"取得"是从主语角度来说的，指主语从间接宾语那里索取、获得了什么，对间接宾语来说则意味着失去什么。能进入一般双宾式的"取得"义动词有"得、罚、扣、□［tsau^{35}］哄骗、彻骗取、赚、赢、拿夺取、落克扣、抢、偷、借借入、学、买、收、喫"等。例如：

（15）渠去水库里打鱼仔，村上罚之渠一百块钱。他去水库边上打鱼，村里罚了他一百块钱。

（16）着渠□［tsau^{35}］之我一瓶酒去之。被他骗了我一瓶酒去了。

（17）打之箇久个牌，我就赢之恁一盘。打了这么久的牌，我只赢了您一把。

（18）平伢仔买之我三斤柿哩柿子。

（19）要渠等我买东西，渠还落之我十块钱。要他替我买东西，他还克扣了我十块钱。

（20）去强伢仔许址喫之渠两盅仔酒。

普通话的"借"是双向动词,像"他借我一本书"这样的句子是有歧义的。但是高安方言用两种双宾句式可以很清楚表示两种意思,一般双宾式里只能是"借入"义,间宾标记式里很明显是"借出"义。例如:

(21)渠借之我一本书。他向我借了一本书。

(22)渠借之一本书把我。他借给我一本书。

这类双宾结构的直接宾语大多由数量短语修饰或本身是个数量短语,并且间接宾语与直接宾语之间有领属关系,但在形式上 O_2 和 O_1 之间一般不能加定语标记"个"。动词与间接宾语有些是支配关系,如例(15)—例(17)的"罚、□[tsau³⁵]哄骗、赢"等可以和其后的间接宾语"渠、我、恁"等搭配;有些动词与间接宾语在语义上无直接联系,如例(18)—例(20)的动词"买、落、喫"。

11.2.1.2 消耗义动词

这里的消耗、使用义动词指的是对 O_2 来说有失去义,但对主语来说没有获得义的动词。O_1 是被消耗或使用的东西。这类词语有"花、用、浪费、消得"等动词以及一些动结式(如"打烂")。例如:

(23)渠读书花之我万似万花边。他读书花了我一万多块钱。

(24)我用之尔两桶漆。

(25)走错之路,浪费之我一個多钟脑。走错了路,浪费了我一个多小时。

(26)箇毛子事消得恁几久哦!这点小事要不了您多久时间。

(27)你孙仔打烂之我一只碗。你孙子打坏了我一只碗。

(28)渠嬉泼之我两只游戏机。他玩坏了我两个游戏机。

与取得义动词一样,这类双宾句的直接宾语 O_1 也一般要有量化成分。马庆株(1983)把消耗或使用意义的动词划分为取予类的第二小类动词。这里从意义上将二者区分,并且消耗义的动词语中带有去除义的动结式"V泼"这一类词语比较丰富,很多可以进入该格式。普通话里的动结式词语不少能进入双宾句。除了"张先生打碎了他四个杯子"(徐杰,1999),还有很多这样的例句。比如,从BCC语料库检索到以下说法:

(29)中间的那位亲,由于您这月电费少交,基于节电原则,我们拉掉您一盏灯,下月请按时交足电费!

（30）貌似我踩烂了人家一块瓦。

（31）该名小朋友一天内咬破了我两双袜子。

（32）三天时间拼坏了我两方木料。

（33）可恶的卷笔刀卷坏了我三支铅笔！

（34）这个地方，我连续来了三年，烧烂了我三件新衣服。

11.2.1.3 叙说义动词

这类动词只能进入"V + O_2 + O_1"式，不能用于"V + O_1 + 把 + O_2"。"叙说"义动词有"问、话声告诉、教声教导、教、答应、通知、提醒"等。例如：

（35）我问尔一样事，尔要老老实实个话声告诉我。

（36）徐老师教我俚我们语文。

（37）渠答应之我明日会来。

（38）快通知屋场里大水涨得来之。快通知村里洪水漫过来了。

叙说义动词从予取角度可分为两类：一类是倾向于"索取"，如动词"问"。另一类倾向于"给予"，表示传递信息。上面例句的后三句，从语义上看，间接宾语 O_2 是传达的对象，都是指人的词语，直接宾语 O_1 是传达的内容。

从构成上看，直接宾语 O_1 不限于名词性成分，也可以是谓词性成分。即使同一个动词也可以有这两种不同功能的直接宾语，如"问"的内容可以是"一件事"，也可以是一个具体的事件。这类动词构成的双宾句，动词与间接宾语关系密切，但双宾语之间没有必然的语义关联。

11.2.1.4 称呼类动词

又叫"等同"类动词，指间接宾语 O_2 与直接宾语 O_1 之间有同一关系（朱德熙，1982；马庆株，1983）。这类动词有"喊、话、骂、认当以为、算、□［tɕɛ³⁵］夸耀"等。

（39）我俚名字一样个，我喊渠老同。我们名字相同，我叫他老同。

（40）莫打乱话，别人会话尔蝉头。别胡说八道，否则别人会说你傻子。

（41）渠净□［ŋa⁰］骂渠俚老婆半斗。他经常骂他老婆傻婆娘。

（42）笛久都不话事，别人还认当尔哑巴哩嘞。这么久都不说话，别人还以为你哑巴呢。

"喊、认当"的直接宾语可以是各种称谓，而"话""骂"这里都是表指责义，直接宾语都是贬称。上面除第一句外，这类结构的间接宾语 O_2 与直接宾语 O_1 之间可以加"是"，但这时结构就不再是双宾句。"喊 + O_2 + O_1"也可以用重动式"喊 + O_2 + 喊 + O_1"，如"尔喊我喊什哩啊你叫我什么"。

由称呼类动词构成的双宾句，O_1 有时不是名词性成分，而是谓词性成分。例如：

(43) 箇条河划得过算尔喫价。能游过这条河算你厉害。

(44) □[ia⁴²]一下都□[tɕæ³⁵]渠蛮听话。大家都夸他很听话。

11.2.1.5 肢体类动词

表述身体、肢体类动作的词语后面也可以接双宾语，O_2 是指人词语，O_1 是"数量+身体名词"。常见的动词有"打、揌[tat³]打、掉甩、斫扇耳光、扇、踢、劼踹、刀踢、踹、□[lɛ⁵⁵]咬、津亲嘴"等。这类结构主要表示用肢体对人身进行攻击或接触。例如：

(45) 我在里做事，箇只细个家伙紧到吵，我斫之渠一只巴掌。我在做事，这个小家伙一直吵，我扇了他一耳光。

(46) 渠气得揌之自家两只巴掌。他气得打了自己两个耳光。

(47) 老弟昨日刀之我一脚，舞得我里样子还痛。弟弟昨天踢了我一脚，弄得我现在还痛。

(48) 莫去惹别伢俚个狗，□[lɛ⁵⁵]尔一口□[ɻ²¹]！别去逗别人家的狗，咬你一口怎么办！

(49) 孙仔津之婆婆一口。孙子亲了奶奶一口。

由"数量+身体名词"构成的 O_1 与"一顿""一下"之类表动量的形式有区别，后者是对动作的计量，而前者除动作进行计量外，还表示动作进行的工具或方式。如第一例的"一个巴掌"不仅表示打了一下，而且表明是用手打的。同理，其他例子动作表示用脚或嘴等方式进行。因此，这种结构 O_1 是对待 O_2 的工具或方式，相当于一种抽象的给予。一个有力的证据是，普通话里的"扇了他一个耳光"可以说成"给了他一个耳光"。

11.2.1.6 "差欠"类动词

主要是动词"欠、差"。例如：

(50) 上一转老李帮之我，我还欠渠一個人情。上次老李帮了我，我还欠他一个人情。

(51) 渠欠银行里一千块钱。他欠银行一千块钱。

(52) 莫走优，我还差尔两块钱。先别走，我还差你两块钱。

11.2.1.7 "泼吐"类动词

常见的动词有"泼、吐、呕、□〔$t^haŋ^{21}$〕溅、飙喷、塌涂抹、□〔$miε^{21}$〕碰、蹭、隁蹭、射、踩"等。这一类型的 O_1 都有"一身""一面"等表示周遍的"一+量词"成分，整个句子表示某个行为、事件致使 O_2 满身、满脸等都是不好的东西，是个不愉快的情况。例如：

(53) 渠掇到面盆哩走路有好正，泼我一身个水。他端着脸盆走路不当心，泼我一身的水。

(54) 妹妹塌尔一脑咕个油。妹妹抹得你满头都是油。

(55) 渠话事□〔$t^haŋ^{21}$〕得我一面个口水。他说话溅了我一脸的唾沫。

(56) 落雨个天，一张车到我边里飞快个开过去，飙得我一背个泥巴。下雨天，一辆车飞快地从我身边驶过，溅得我背上满是泥巴。

(57) 提得漆桶哩来之，快让开，省得隁尔一身。提漆桶过来了，快让开，免得蹭你一身。

表示动作或事件已经完成，这里不用体貌标记"之"，而要用虚词"得"。当 O_1 是"一+量+个+名词"时，不用"得"也能表示已经完成、产生了某种结果，如前两句。如果是未然的情况，一般 O_1 只用"一+量"形式，如上面最后一例。

11.2.2 间宾标记式动词

间宾标记式的格式是"$V+O_1+$把/过$+O_2$"，能进入该类格式的动词主要是给予义动词，以及一些由格式赋予的临时表给予义动词。鉴于"把"与"过"的功能差不多，下面只举用间宾标记"把"的例子。

11.2.2.1 给予义动词

高安方言里真正的给予义动词是"把"。但是由于动词"把"后只能接表人词语，而且该式间接宾语标记也用"把"，所以动词 V 的位置用"把"很不自然，通常情况下要用"拿"。当"拿"后面的宾语是有定时，句子看成处置式和间宾标记式在意义上似乎都说得通。例如：

（58）拿锁匙把我。把钥匙给我。/给我钥匙。

但宾语前有明确的指示代词时，似乎理解为处置式更自然。例如：

（59）拿里件衣裳把尔。把这件衣服（送）给你。/？给你这件衣服。

如果"拿"后面的宾语是无定的，那么"拿"是动词，"V + O$_1$ + 把 + O$_2$"式应该看成间宾标记式。例如：

（60）我拿一把锁匙把尔，尔自家去开门。我给你一把钥匙，你自己去开门。

（61）姑姑拿之一件衣裳把我。姑姑给了我一件衣服。

其他表给予义动词有"送、卖、退、还、借借出、寄、赔、输、留、分、赏、嫁、打（电话、钱）、话说媒、介绍、教传授"等。例如：

（62）小南送之一支笔把我。小南送了我一支笔。

（63）我卖之两斤薯仔把渠。我卖给他两斤红薯。

（64）情妹仔还之五十块钱把我。情妹仔还我五十块钱。

（65）去年我借之一百块钱把尔，尔不记得啦？去年我借了一百块钱给你，你不记得了吗？

（66）尔来箇垃读书，我分一只间把尔。你来这里读书，我分给你一个房间。

（67）赏之两条巾哩把渠。赏给他两条毛巾。

（68）老王嫁之一個女把老张俚。老王嫁给老张家一个女儿。

11.2.2.2 临时"给予"义动词

许多动词本身语义上没有给予义，但是也能进入"V + O$_1$ + 把/过 + O$_2$"格式，也就是其给予义是格式临时赋有的。确切地说，"V + O$_1$ + 把 + O$_2$"格式的给予义主要是"把"的意义体现的。而"V + O$_1$ + 过 + O$_2$"主要是通过格式临时赋予的。不管如何，能进入这一格式的动词 V 都要有一定的限制。朱德熙（1979）认为普通话里能进入"Ns + V + N + 给 + N"格式的除给予义动词外，还有表示取得义和制作义的动词，不过，后两类动词与"给"代表两个分离过程，而前者只是一个过程。我们把取得类动词分为移动义动词和分离义动词。这样，高安方言里能进入"V + O$_1$ + 把 + O$_2$"格式的动词可分为三类。

①移动义动词。这类动词主要是"买、寻、找、带、挑、挈、提、搬、发、回、俵分发、捉扔、挪、捐、斗、斟"等。例如：

(69) 等尔考上之大学，我买只电脑把尔。等你考上大学，我买台电脑给你。

(70) 快去寻一粒钉子把我。快去找一颗钉子给我。

(71) 过节个日哩渠挈之两斤肉把婆婆。过端午那天，他提了两斤肉给奶奶。

(72) 到之北京回个信把我。到了北京给我回个信。

(73) 我掟之十块钱把渠，渠不要就是。我扔了十块钱给他，他不要就算了。

(74) 斟五块钱零钱把我！换五块钱零钱给我！

②分离义动词。这类动词其实也有移动义特征，它们要借助一定的容器或工具、方式将物体移动。这类词主要有"舀、科用斗等物舀取、挟、搣、倒、拨、掇、拣、捞、张盛、称、裁、摘"等。例如：

(75) 里個药口 [ŋaŋ⁵⁵] 苦个，舀一勺仔糖把我。这个药苦得很，舀一勺白糖给我。

(76) 多喫毛子，来，挟两块排骨把尔。多吃点，来，夹几块排骨给你。

(77) 拣斤把子红辣椒把我。挑一斤左右红辣椒给我。

(78) 称五斤苹果把我凑，省得找钱。再称五斤苹果给我，省得找零钱。

(79) 我俚还有一块大个腊肉，尔要个话，裁毛子把尔。我家还有一块大的腊肉，你要的话，切点给你。

(80) 尔想喫桃哩啊？我摘一個把尔。你想吃桃子啊？我摘一个给你。

③制作类动词。这类动词有"做、舞弄、折、写、开（药）、包、录、拍、画、剪、生"等。例如：

(81) 小红做之一双鞋哩把渠俚爷。小红做了一双鞋给她父亲。

(82) 我折之一只纸飞机把渠。我折了一只纸飞机给他。

(83) 不要紧，我开毛子药把尔。不要紧，开点药给你。

(84) 渠蛮久冇写信把我来之。他很久没给我写信了。

(85) 单箇样话不认得，尔拍個相片把我。光这样说没用，你拍个照片给我。

(86) 我画一個地图把尔，尔按到上等个路线走。我画个地图给你，你按着上面的路线走。

11.3 双宾句的宾语

11.3.1 宾语的形式和语义类型

11.3.1.1 间接宾语的形式和语义类型

间接宾语 O_2 都是表人的词代词和名词性词语。从语义上看，间宾标记式由于有间接宾语标记"把"，所以都是动词的与事（动作的交接对象）。一般双宾式的间接宾语比较复杂，有夺事（张国宪，2001）、特殊的与事、称呼对象等语义成分。

①张国宪（2001）把受损的有生与事称为"夺事"，这类成分在高安话里主要是取得义和消除义双宾句的间接宾语，叙说义动词的"问"也隐含"索取、取得"义（范晓，2004）。因此，这类动词后的宾语也可以看成夺事。

②由于高安方言里没有给予义动词双宾句，因此，一般双宾式里的间接宾语没有典型的与事。但是由肢体类动词、"泼吐"类动词和部分叙说义动词（如"话声、教、通知"等）可以看作一种特殊的给予，前两类动词大多是受损的给予，后一类是抽象的给予，故而这类动词后的 O_2 也可以当作特殊的与事。

③称呼类动词双宾句里的间接宾语是称呼对象。从某种意义上讲，称呼类动词也可以看成一种给予，施事是将称呼词语 O_1 送给 O_2。

11.3.1.2 直接宾语的形式和语义类型

直接宾语 O_1 的形式从功能上看主要是名词和名词性短语，也有少数是谓词性短语。名词性短语从结构上来说又以数量短语修饰的偏正短语为主。两种双宾句的直接宾语在形式上都倾向于数量短语或受数量成分修饰的名词性短语。

一般双宾式里动词为取得义、消耗义、肢体类、差欠类、"泼吐"类时，都严格要求直接宾语必须带数量成分，肢体类动词的直接宾语则完全由数词加上临时量词构成。叙说义动词后面的直接宾语可以是代词（如"问渠什哩"）、光杆名词（如"教我俚数学"）和小句（如"答应之我明天开车来"），也可以是受数量成分修饰的名词性短语（如"通知尔一样事"），或直接是数量成分（如"教之我两着"）。称呼类动词后面的直接宾语一般只能是光杆名词。

间宾标记式的直接宾语都是名词性成分。一般也要有数量成分，但不是很严格，可以有下面几种情况。

①可以是带数量成分的名词性短语，在一定语境下也可以省略中心语名词，只出现数量成分，如例（79）、例（80）。数量也包括微量，常用"毛子"或"忽子"表示。

②也可以是指量成分修饰的名词性短语。例如：

（87）送得该袋花生把你外婆。送这袋花生给你外婆。/把这袋花生送给你外婆。

（88）哥哥提得许瓶酒把公公去之。哥哥提那瓶酒给爷爷去了。

用指示代词"箇、该、许"时，该名词是有定的，前面的动词 V 一般要加"得"，整个句子带有一定的处置意味。前一例相当于"把这袋花生送给你外婆"；后一例虽然不能直译成普通话的"把"字句，但动词 V 表示给予的一种方式。从语感看，该句相当于通过"提"的方式将那瓶酒送给爷爷。上面两句在高安方言里完全能换成如下处置句：

（89）把该袋花生送得把你外婆。

（90）哥哥把许瓶酒提得把公公去之。

③还可以是光杆名词。直接宾语是光杆名词时，要么表示双方已知的事物，要么表示泛指。分别举例如下：

（91）柑子拿起走，留苹果把渠。橘子拿走，留苹果给他。

（92）莫哭，姐姐买糖子把尔（喫）。

直接宾语从语义上看，也有不同的类型，可以是受事宾语、工具宾语和结果宾语等。

①表示受事。不管是一般双宾式还是间宾标记式，大多数情况下直接宾语 O_1 都是表示动作支配的对象。一般双宾式里除肢体类、"泼吐"类动词的直接宾语属于其他语义类型外，其余都表示受事。间宾标记式的给予义、移动义和分离义动词的直接宾语也都是受事宾语。在双宾句里这种受事往往要可移动性和可让渡性特征。

②表示工具或方式。肢体类动词后的直接宾语是"数词＋临时量词"，这里的临时量词除计量动作外，还表示动作的方式或工具，如"踢一脚、咬两口"等。更为典型的工具是"砍两刀、开一枪"的

"刀、枪"等。与后者不同的是，前者使用身体作为动作的工具。

③表示结果。"泼吐"类动词双宾句含有致使意义，其直接宾语 O_1 表示给间接宾语 O_2 造成的某种结果。另外，间宾标记式里制作类动词后的直接宾语也是结果宾语。

11.3.1.3　直接宾语与间接宾语的语义关系

O_1 与 O_2 有的有某种语义关联，有的则无必然的联系。取得义、差欠义和消耗义动词双宾句里 O_1 与 O_2 有领属关系，O_1 属于 O_2，但通过某个行为使得 O_1 转移给施事主语，或者使这种领属关系消失。称呼类动词的 O_1 与 O_2 具有等同关系，但严格说来有些是自然的关联，如当 O_1 是亲属称谓词时，O_2 与 O_1 的等同性可能与动词无关，这种关系是客观存在的；有些是人为的等同，这种关系是通过动词建立的，有很强的主观性，如"骂渠半斗_{骂她傻婆娘}"。间宾标记式里的 O_1 与 O_2 本来也无必然的领属关系，但是通过动词把不属于 O_2 的东西转移给 O_2。

11.3.2　宾语的位移和隐现

11.3.2.1　宾语的位移

高安方言里，不同的双宾句式不仅 O_1、O_2 的语序不同，而且 O_1、O_2 的位移情况也不一样。间宾标记式在一定条件下可以将 O_1 置于动词 V 之前，变成处置句，而一般双宾式很受限制。

①当间宾标记式的动词 V 后有助词"得"（即结构为"V + O_1 + 把 + O_2"）时，O_1 通常是有定的，可以将 O_1 置于动词 V 之前，变换成两种有处置意义的句式"O_1 + V 得 + 把 + O_2"或"把 + O_1 + V 得 + 把 + O_2"。这里的 V 不能是制作义动词，只能是给与义动词、移动义和分离义动词。例如：

（93）还得桌哩把老肖，伢俚等到要用。_{把桌子还给老肖，人家等着用。}

（94）话介绍、说媒得你细个妹仔把我俚崽，要得嘛？_{把你小女儿介绍给我儿子，可以吗？}

（95）提得箇桶鱼仔把你母舅。_{把这桶鱼提去给你舅舅。}

（96）摘得箇只瓠仔把尔。_{摘这个瓠子给你。}

这些句子本身也有处置意味，所以可以变换成"把"字处置句（"把 + O_1 + V 得 + 把 + O_2"）。上面的句子都能变换如下：

（97）把桌哩还得把老肖，伢俚等到要用。

（98）把你细个妹仔话得把我俚息，要得嘛？

（99）把箇桶鱼仔提得把你母舅。

（100）把箇只瓠仔摘得把尔。

也可以完全不要处置介词"把"，直接说成"O_1＋V 得＋把＋O_2"式。

动词后不带"得"的间宾标记式，也能变换成处置句，但意义不一致，O_1的性质也发生了变化，在间宾标记式里往往是无定的，而在处置句中一般要求是有定的。例如：

（101）a. 送之一袋哩米把渠。→b. 把一袋哩米送得把渠去之。

变换后的句子与原句意义不完全一致，a 句的"一袋哩米"是无定的，b 句的"一袋哩"要重读，强调量多，而且是有所指的，相当于"那么一大袋米"的意思。另外，这种变换还要求原句是已然事件，通常有相应的体标记，而 b 句也要用"去之"（当O_2是第三人称时）或"来之"（当O_2是第一、第二人称时）表示，否则不能变换。但是如果原句是疑问句，不是已然事件，变换也成立。如下面的例子所示：

（102）a. 送一袋哩米把渠。→＊b. 把一袋哩米送得把渠。

（103）a. 送一袋哩米把渠啊？→b. 把一袋哩米送得把渠啊？

②一般双宾式多数不能变成"把"字处置句，只有"泼吐"类双宾句可以将O_1的中心语前置，做定语的"一＋量"成分必须保留。例如：

（104）a. 渠吐我一面个口水。→b. 渠把口水吐我一面。

（105）a. 箇只家伙搭涂抹我一身个糊粘。→b. 箇只家伙把糊粘搭我一身。

取得义、消耗义动词双宾句不能单独把O_1移到动词前，必须将O_2和O_1整体移位，O_2是双音节时，后面一般要加表领属的"个"，而且取得义动词要加上"得去"。例如：

（106）a. 渠偷之我一瓶酒。→b. 渠把我一瓶酒偷得去之。

（107）a. 渠抢之老弟两粒糖仔。→b. 渠把老弟个两粒糖仔抢得去之。

然而能变换的取得义动词也只限于"偷、抢"类不如意的动词，

"买"之类有补偿或等价交换的动词就不大能这样移位。消耗义动词双宾语整体移位限于动结式双音节词。例如：

(108) a. 渠打烂之我一只碗。→b. 渠把我一只碗打烂之。

(109) a. 渠拔泼之我两根白头发。→b. 渠把我两根白头发拔泼之。

11.3.2.2 宾语的隐现

一般双宾式和间宾标记式宾语的隐现情况不一样，不同类型动词构成的一般双宾式，其宾语的隐现情况也不一致。

先看一般双宾式。

①可以只出现 O_1 或者 O_2。这类有叙说义和部分肢体类动词双宾式。例如：

(110) 渠问我明日几点钟来。→渠问我。｜渠问明日几点钟来。

(111) 徐老师教我俚语文。→徐老师教我俚。｜徐老师教语文。

(112) 渠刀之我一脚。→渠刀之我。｜渠刀之一脚。

(113) 狗口［lɛ⁵⁵］之渠一口。→狗口［lɛ⁵⁵］之渠。｜狗口［lɛ⁵⁵］之一口。

②可以只出现 O_1，但不能只出现 O_2。这类有取得义、消耗义和差欠类动词双宾式。例如：

(114) 渠借之我两本书。→渠借之两本书。｜*渠借之我。

(115) 舒妹仔打烂之我一只杯仔。→舒妹仔打烂之一只杯仔。｜*舒妹仔打烂之我。

(116) 渠欠我一千块钱。→渠欠一千块钱。｜*渠欠我。

当动词为表示获得的"得"时，可以只出现 O_1，也可以只出现 O_2，但是意义不同，例如：

(117) 渠得之娘啊爷父母两万块钱。→渠得之两万块钱。｜渠得之娘啊爷。

"渠得之娘啊爷"里的"得"不是"取得、获得"的意思，而是"受益于"的意思，该句表示长期受恩于父母。

③可以只出现 O_2，但不能只出现 O_1。属于这种情形的主要是叙说义动词。例如：

(118) 我话声尔一個秘密。→我话声尔。｜*我话声一個秘密。

④O_1 和 O_2 都必须出现。属于这种情况的有"泼吐"类和称呼类动

词双宾式。例如：

（119）渠吐我一面个口水。→ *渠吐我。｜*渠吐一面个口水。

（120）渠踩我一脚个泥巴。→？渠踩我。｜*渠踩一脚个泥巴。

（121）我喊渠叔叔。_{我叫他叔叔。}→ *我喊渠。｜*我喊叔叔。

（122）别人话渠蝉头。→别人话渠。｜*别人话蝉头。

称呼类动词双宾式有些动词可以分别跟 O_2、O_1 搭配，如例（121），但是意义上不一致，"喊"在双宾句里是称呼的意思，单独拆开则是"喊叫"的意思。

间宾标记式的宾语通常都要出现，不能省略。只有当 O_1 是说话双方已知的事物或在前文语境中已经出现时，才能省略不说，但指人宾语 O_2 一定不能省略。例如：

（123）里只旧个录音机尔要嘛？送得把尔。_{这个旧的录音机你要吗？送给你。}

（124）渠要（个话）就拿得把渠嘞，箇总好话。_{他要的话就拿给他，这都好说（没问题）。}

11.4　双宾句的句式语义

由于双宾句主要是从"位置"的角度定义的，而且界定标准不很统一，双宾结构的类型、范围比较庞杂。因此，学界对汉语双宾句的基本句式语义的看法也自然存在分歧。张伯江（1999）从句式语法观论证双及物式的核心语义是"有意的给予性转移"。典型的双及物式是"施事者有意地把受事转移给接受者"，从句式语法角度看，典型的词汇语义（如"给、送"等）对句式语义的形成有过贡献，但句式语义又可以反过来赋予一些原没有给予意义的动词以给予义。这样，张文把取予类等非给予义动词构成的双及物式看成"给予"受事某种"损失"。张国宪（2001）以历史的文献和共时的方言为依据推演出汉语"动词+间接宾语+直接宾语"的原始句式语义为"强制的索取性转移"，"给予"义动词进入双宾句是该句式语义扩展的结果。"给予"和"索取"具有共同的上位语义基础，双宾句的句式语义应该是"施动者有意识地使事物的所有权发生转移"。两位学者争论的焦点其实不在于整个句式语义，而是"给予"和"索取"哪个才是原型语义，他们都赞同双宾句的基本语义涉及"受事领有权转移"问题。彭睿（2020）抓住"受事领有权转移"这一特征，依据间接宾语对直接宾语的领有权程度不同，把"修了王家三扇门"这类"非给予类双宾句"剥离出来并称为"与事遭损获益句"（简称"损益句"）。从与事角度看，多数双宾句其实涉及损益问题，这点张国宪（2001）说得很清楚："给予"双宾句的与事是"得者"，"索取"双宾句的夺事是"失者"，从语言认识心理上，前者是受益句式表积极意义，后者是一种受损句式表消极意义。丁加勇（2007）就兼顾了受事和与事/夺事的情况，将隆回湘语双宾结构的核心意义概况为"因为转移而导致有所得失"。这些分析虽侧重点不一，但使汉语双宾句式的研究更加深入。

  双宾句的类型、范围不同必然影响对整个句式意义的把握。高安方言的一般双宾式"$V+O_2+O_1$"是双宾结构，给予义动词一般不能进入这一格式。根据上文的分析，能进入双宾式的主要有取得义、消耗义、叙说义、称呼义、肢体类、"泼吐"类和"差欠"类动词。从施事角度看，可以分为取予义和给予义两类双宾句。前者包括取得义、消耗义、"差欠"类和部分叙说义动词构成的双宾句；其余动词构成的双宾句可以看出给予义双宾句，至少可以看成一种抽象的"给予"。但受事的问题比较复杂，被动作支配的对象，有一定的转移性特征，但不一定都与间接宾语的领属关系比如称呼义、肢体类、"泼吐"类动词构成的双宾句，更不用说受事领有权转移的问题（取得义动词除外）。从与事角度看，倒有一定的共性，即 S 施事某个行为后对 O_2 造成了一定程度的损益。除部分叙说义、部分称呼义动词双宾句外，其余都是表消极意义的受损句。另外，一般认为双宾句式是施事有意识的活动，但"泼吐"类动词双宾式有些可能是无意识的行为。

  综合已有的研究成果，并根据方言的具体实际，笔者把高安方言的双宾句式意义概况为施事（S）转移受事（O_1）而使 O_2（广义与事）造成一定程度的损益。之所以强调"一定程度"，是因为双宾结构有一个普遍的现象，那就是它一般要求直接宾语含有数量成分。数量成分的意义是什么？张伯江（1999）指出汉语的量词有分类和计量两种作用，当句式着重于表达交易行为时，"数·量·名"短语就只有计量意义而没有实体意义,并引用 Li & Thompson（1981）的观点认为"赚了三毛钱"和"跑了两趟"一样是从数量上表示动作实现的程度。这一点给我们很大的启发。

双宾句的这一句式意义也适合高安方言的间宾标记式,该句式不是严格意义上的双宾结构,但其句式比较符合"施事者把受事转移给接受者,使其获益"这一语义,其中"V + O_1 + 把 + O_2"里的与格标记"把"明显体现"给予"义,"V + O_1 + 过/到 + O_2"里的与格标记"过"和"到",虽不具备给予义,但其来源于趋向动词和终点介词,在这些句式里就有了将受事转移给与事的意义。

综上所述,总体上双宾句都是损益句,高安方言的一般双宾式偏向于受损义句式,间宾标记式都是获益义句式。

11.5 双宾兼语混合句

11.5.1 句法形式

双宾语后面有时还带一个动词性成分,构成一种特殊的双宾兼语混合句。共同语采用"V_1 + O_2 + O_1 + V_2"格式,能进入这一格式的 V_1 主要是给予义动词。例如:

（125）孔乙己便给他们茴香豆吃。（鲁迅《孔乙己》）

（126）他送给我一本书看。

而高安方言给予义动词都没有"V + O_2 + O_1"式（即一般双宾式）,能进入这一格式的动词后面一般也不能再加动词或动词性短语。因此,高安话里没有典型的双宾兼语混合句,只有间宾标记式套合兼语式,其格式是"V_1 + O_1 + 把 + O_2 + V_2",意义对应于共同语的双宾兼语混合句。例如:

（127）我送箇本书把尔看。我送这本书给你看。

（128）渠借之两百块钱把我用。他借了两百块钱给我用。

（129）尔干之口嘛?我削一個梨哩把尔喫。你口渴了吗?我削一个梨给你吃。

有的 V_2 后面也可以带宾语 O_3,其后有时也可以带 V_3。例如:

（130）打水把姆妈洗脚。打水给妈妈洗脚。

（131）借桌哩把渠俚办喜事。借桌子给他们办喜事。

（132）拿毛子钱把尔买酒喫。拿点钱给你买酒喝。

（133）寻里种草把渠做药卖。找这种草给他做药卖。

值得注意的是，有一类"$V_1 + O_1 + 把 + O_2 + V_2$"格式其中的"$V_2$"必不可少，否则句子不成立。例如：

（134）婆婆讲故事把我听。奶奶讲故事给我听。

（135）我开着灯来把尔覝。我开灯给你看。

这里的"把"意义要虚得多，不是"给予"的意思，不是"与格标记"，而是表示服务义的介词。普通话的"给"也有这样的意义和用法，但已有的研究主要指出"给"位于谓语动词前表"引进动作的受益者"（吕叔湘，1980：226）或服务义（朱德熙，1979）。

11.5.2 语义关系

从上面例子可以看出，双宾兼语混合句里的 O_2 都是 V_2 的施事，而 O_1 与 V_2 的关系与 V_2 后面有无成分有关系。在"$V_1 + O_1 + 把 + O_2 + V_2$"格式里，$O_1$ 一定是 V_2 的受事，如例（127）—例（129）。如果 V_2 后面还有 O_3 等别的成分，O_1 只是 V_2 的工具、手段、材料或者说是用事成分，O_3 才是 V_2 的受事，如例（130）—例（133），同时 O_3 也是 V_3 的受事，如上文最后两例。

11.6 高安方言的"把"与普通话的"给"

普通话的"给"和高安方言的"把"都是给予义动词，在双宾语句（间宾标记式）里也都能作与格标记，但是二者实际有较大的区别。下面谈谈二者的异同。

①做动词时虽然二者都有"给予、使对方得到"的意思，后面都可接有生宾语，例如：

（136）高安方言：里本书把尔。普通话：这本书给你。

（137）高安方言：钱把小王，莫把我。普通话：钱给小王，别给我。

但是，普通话的"给"也可以后接无生宾语，表示所给之物，主要是表示钱财类词语，如"钱、饭钱、现钱、工钱、零花钱、小费、月薪、回扣、钞票、报酬、广告费、红包"等；还有一些抽象名词如"处分、给机会、好评、说法、意见、建议、答案"等；在语境允许下，也可以是其他很多无生名词。例如（引自BCC语料库）：

（138）她要金子，你们不得给银子，要星星，你们不得给月亮。

（139）甭管这人干了什么，只要哭天抹泪，痛改前非，我们都给出路。

（140）我当初和你哥哥定的是：不论谁辞谁，都得两个礼拜以前给信。

（141）真是先给甜枣再给巴掌！

（142）对于商家不给发票给礼品的行为，食客们的看法也各有不同。

这里的"给"是"拿出、提供"的意思，高安话里的"把"没有这个意思，上面例句里的"给"都不能用"把"替换。或者说"给"可以不出现与事，而"把"必须出现。这与近代汉语"把"表给予义的渊源有关系。"把"字本是持拿义，自宋代以来，"把""与"经常连用，受"与"的同化影响，"把"字逐渐衍生出给予义（黄晓雪、李崇兴，2004）。给予义的"把"后面的宾语一开始就倾向于指人与事。

高安话里的动词"把"后面似乎也可接无生名词，但这时是"投放"的意义。例如：

（143）镬里把毛子盐凑。锅里再放点盐。

（144）莫把糖，我不欢迎喫甜个。别放糖，我不喜欢吃甜的。

（145）鸡还有把食。鸡还没有喂食。

②普通话的"给"字可以后接双宾语，如"给我一支笔"；而高安话的"把"不可以。这可能与第①个特点即有无"提供"义，能否后接给予之物有密切关联。

③普通话的"给"有致使、容许的意思，用法与"叫、让"相近（吕叔湘，1980：225）。高安话的"把"也有致使、容许义。例如：

（146）走之蛮远个路，把我累得要死。走了很远的路，把我累得要死。

（147）怎箇大个声哩？会把髦髦吓到嘞。怎么这么大声呢？会吓到小宝宝的。

(148) 关到鸡□［tsu¹³］哩，莫把鸡飞出来。关好鸡笼，别让鸡飞出来。

(149) 箇是什哩啊？把我看眈！这是什么啊？给我看看！

(150) 不戴校徽不把进。不戴校徽不让进。

前两个句子是致使义，但是不等于普通话"让"的意义。最后两例是容许义，意义等同于"给"或"让"。中间一例也有致使性，但又带有使令义，相当于"让""使"，所以普通话里似乎不大能用"给"。普通话有"看着小鸟儿，别给飞了"（吕叔湘，1980：226）"别给它逃了"类的说法，但"给"后面的兼语要么不出现，要么是代词，句子偏向于致使义，而且这样的例句还特别少见。而高安话里的"把"还有更强的使令性质，它可以有"派遣"的意思。例如：

(151) 一家把两個人去强伢仔俚喫酒。一家派两个人去强伢仔家喝酒。

(152) 莫把渠去，渠搞不正。别派/让他去，他搞不定。

后一句受否定副词的影响，"派遣"的意思有所弱化，但仍然属于使令义。上面两句普通话都不能用"给"。因此，高安话动词性的"把"比普通话的"给"多了一个使令义。

④做介词时，总体上普通话"给"的意义和用法相当复杂，高安方言的"把"相对单纯一些。

"给"用来引进交付、传递的接收者，可以在动词前，如"给他去个电话""家里给小王寄来了一封信"等；也可以用在动词后，如"交给我一封信""把球传给中锋"等。高安方言的"把"都不能这么用。"把"字也可以引进交付、传递的接收者，但一般用间宾标记，如"打个电话把渠""屋里寄之一封信把小王"等，不能位于谓语动词前，也不能紧跟在动词后。有一种情形似乎是在动词后，但动词后要加助词"得"。例如：

(153)（把）信交得把渠。[把]信交给他。

(154)（把）球传得把中锋。[把]球传给中锋。

这里的受事主语都是有定的，这些句子都有较强的处置意义，受事主语前面可以加处置介词"把"，这样在处置句里似乎"得把"等同于普通话的介词"给"。不过，"得把"结构比较松散，中间可以嵌入受事，受事变成宾语后前面一定要有定指成分。如上面两句可以变换成：

(155) 交得里封信把渠。把这封信交给他。

（156）传得箇個球把中锋。把这个球传给中锋。

⑤"给"可以作为被动介词用。高安方言的"把"虽然也能表被动意义，但它没有完全语法化为被动介词，其被动用法很有限，主要作为处置标记，不像"着""讨"那样专门做被动标记。

⑥"给"可以引进动作的受益者（吕叔湘，1980：226），有"为、替"的意思。高安方言的"把"没有这种意义。受益者标记，高安方言里得用"等"。例如：

（157）等渠洗之下衣裳。给他洗了一下衣服。

（158）喊渠来等尔诊病。喊他来给你治病。

"给我"加动词，用于命令句，表示说话人的意志。高安方言的"等我"也有这样的意义和用法：

（159）渠算老几？等我滚开！他算老几？给我滚开！

（160）尔等我好正忽子！你给我小心点儿！

"给"还有朝、向、对的意思。高安方言的"等"也能这么用，如"我等尔讲个故事"。可见"等"与"给"有些用法相当。

⑦普通话的"给"字还有引进动作的受害者，用作助词等许多用法，高安方言的"把"字没有这些功能。

11.7　小结

高安方言的双宾句，包括一般双宾式和间宾标记式。一般双宾式的结构形式是"$V + O_2 + O_1$"，间宾标记式的结构形式是"$V + O_1 + 把 + O_2$"，后者老派也说"$V + O_1 + 过 + O_2$"。两种双宾句的动词特点不同，一般双宾式的动词主要是取得义、消耗义、叙说义、称呼类、肢体类、"差欠"类和"泼吐"类动词。间宾标记式的动词除给予义动词外，还有临时给予义动词，这种类型相对比较开放，我们分为移动义、分离义和制作义三类。宾语上也有差别：间接宾语 O_2 都是表人的词语，包括代词和表人的名词或名词性短语。从语义上看，间宾标记式由于有间接宾语标记"把"，所以都是动词的与事（动作的交接对象）。一般双宾式的间接宾语比较复杂，有夺事、特殊的与事、称呼对象等语义成分。两种双宾句的直接宾语在形式上都倾向于数量短语或受数量成分修饰的名词性短语。直接宾语从语义上看，也有不同的类型，可以是受事宾语、工具宾语和结果宾语等。本章也探讨了双宾句的句式语义，笔者认为高安方言的双宾句都是损益句，一般双宾式偏向于受损义句式，间宾标记式都是获益义句式。

本章还探讨了双宾句相关的双宾兼语混合句的句法形式和语义关系，章节末尾比较了"把"与普通话的"给"的异同。

第 12 章 疑问句

章士钊《中等国文典》(1907/1925) 以"发言者之意志"(语气) 把句子分为叙述句、疑问句、命令句和感叹句。金兆梓《国文法之研究》(1922/1983) 分四种口吻：直陈句 (Declarative sentence)、传感句 (Exclamative sentence)、布臆句 (Imperative sentence)、询问句 (Interrogative sentence)。20 世纪 50 年代中学教学语法的"暂拟系统"把句子语气分为直陈句、疑问句、祈使句、感叹句四类。黄伯荣 (1957) 为此编写的专书名为《陈述句、疑问句、祈使句、感叹句》，此后，关于句子的功能类型，主要沿用这一分类和名称。

在这些句类当中，疑问句是现代汉语句类研究的重点之一，疑问是人类重要的功能范畴。我国第一部系统的汉语语法著作《马氏文通》就关注了疑问语气词和疑问句的问题："助字所传之语气有二：曰信，曰疑。故助字有传信者，有传疑者。""传疑助字六：'乎''哉''耶''与''夫''诸'是也。其为用有三：一则有疑而用以设问者；一则无疑而用以拟议者；一则不疑而用以咏叹者。"（马建忠，1898/1983）三种句类相当于一般疑问句、反问句和感叹句。（邵敬敏，2014）关于汉语疑问句，历来有诸多不同的分类和描述。金兆梓《国文法之研究》(1922/1983) 将疑问句分为三种：普通询问句、特别询问句和抉择询问句。黎锦熙《新著国语文法》(1924/1992) 将疑问句分为"表然否的疑问句""助抉择或寻求疑问""无疑而反诘语气"三种。吕叔湘《中国文法要略》(1942/1982) 将问句分为两类：是非问和特指问。其中，是非问还包括抉择是非问句（抉择问句）。反复问句，从形式上看是抉择问句，但就意义而论，和单纯是非问句没有分别。吕叔湘 (1985) 更明确地提出问句的四种格式：甲、特指问，乙、是非问，丙、正反问，丁、选择问，这奠定了现代汉语疑问句的结构类型。后来的研究争论主要是大类的划分问题，但小类基本采用这一分类。学界又从功能类型角度将疑问句分为附加问、回声问、反诘问、设问、间接问、追问等。与普通话相比，高安方言疑问句的形式和功能有不少差异，即便选用相同的语气词，其意义和用法也不尽相同。

本章分别介绍高安方言疑问句的结构类型和功能类型，前者有是非问句、特指问句、选择问句和正反问句，后者主要有反诘问句、附加问句和回声问句。此外，还讨论了语气词"时"。

12.1 是非问句

现代汉语普通话的是非问句有两种形式：一是语调是非问，二是语气词是非问。高安方言的是非问句基本不用句末上扬的语调来负载疑问信息，而必须在句末附上疑问语气词来表达疑问，即高安方言只有语气词是非问。高安方言常用的疑问语气词有"嘛、么、啊、吧、么着"，此外，还有语气词"嘛""呢"连用、"嘛""嗟"连用的情况。

12.1.1 是非问句的手段和常见形式

12.1.1.1 疑问语气词

12.1.1.1.1　S + 嘛［ma⁰］

高安方言的疑问语气词"嘛"大致相当于普通话的"吗₁"①。"S + 嘛"是高安方言里典型的中性是非问句格式，问话人预先没有倾向性答案，其疑问程度是疑大于信。

"S + 嘛"问句可以对客观情况和主观意愿进行询问。对客观情况进行询问时，谓语动词后一般有体貌标记，如完成体标记"之"、经历体标记"过来"、近经历体标记"来"等，即 S 是已然句②形式。笼统

---

① 彭小川（2006）认为普通话带"吗"的是非问句应分两类，一类是中性"吗"问句，另一类是表示诧异或反问的"吗"，分别记作"吗1"和"吗2"。

② 李铁根（1999：17）从绝对时角度将汉语的句子分为已然和未然两类：事件在说话之前或说话之时已发生（过）或存在（过）的句子为已然句，事件在说话之时尚未发生的句子为未然句。

地说，高安方言的"嘛"相当于"吗"。具体而言，询问客观情况的"S+嘛"问句相当于"V没VP"或"VP没有"。答问方式肯定用"VP"，否定用"冇（VP）"。举例如下：

（1）尔喫之饭嘛？你吃没吃饭？——喫之。/冇喫。

（2）你娘归来回来之嘛？——归来。/还冇（归来）。

（3）渠年轻个井晏作过田来嘛？他年轻的时候种过田没有？——作过来。/冇作过来。

（4）恁去过北京来嘛？您去过北京没有？

（5）许個带帽仔个是你爷父亲嘛？——是哦。/不是。

（6）箇两日去园哩嘚䁖来嘛？就怕蛮多草在嘚叽。这几天去菜园里看过没有？恐怕里面长了很多草吧。

"S+嘛"还可以对主观意愿、未然事件和一贯的行为进行询问，谓语动词后一般不带体标记，整个格式意义相当于"V不VP"。其回答方式肯定用"V"（VP为述补短语时要用VP），否定用"不V"（VP为述补短语时要用相应的否定式）；谓语动词前有能愿动词时，用能愿动词的肯定形式和否定形式回答。例如：

（7）去街上□［kʰiau²¹］嘛？去不去街上玩？

（8）渠欢迎喫酒嘛？他喜不喜欢喝酒？

（9）尔还记得渠嘛？你还记不记得他？

（10）日□［ŋa⁰］箇样做喫得住嘛？每天这样做吃不吃得消？——喫得住。/喫不住。

（11）明日会落雨嘛？明天会不会下雨？——会（落雨）。/不得会（落雨）。

（12）下個月还要去工地上做事嘛？下个月还要不要去工地上做事？

与普通话的"吗"一样，"嘛"问句也可以构成特指性是非问句（邢福义，1987）。例如：

（13）明日有哪什会来嘛？明天有谁会来吗？

（14）尔晓得几井晏开学嘛？你知道什么时候开学吗？

高安方言"S+嘛"问句与普通话"S+吗"问句相比有几点较大的不同。

①普通话"S+吗"是非问中的VP可以是肯定形式，也可以是否

定形式；而高安方言"S+嘛"是非问句只有肯定形式，没有否定形式。对比如下：

（15）a. 普通话：你们还没吃饭吗？

　　　b. 高安方言：*尔俚/你还有喫饭嘛？

（16）a. 普通话：这个故事你没听过吗？

　　　b. 高安方言：*箇只故事尔有听过来嘛？

（17）a. 普通话：不出去走一下吗？

　　　b. 高安方言：*唔出去走下仔嘛？

（18）a. 普通话：他不会游泳吗？

　　　b. 高安方言：*渠不会划水嘛？

以上例（15）—例（18）b 句高安方言里都不能用"嘛"（只能用"啊"或其音变形式）。"S+嘛"问句不能用否定形式，其原因是高安方言的疑问语气词"嘛"（或作"吗"）也是否定词与语气词的合音，而且还一定程度上保留否定词的性质（但已经开始向无实在意义的疑问语气词演变）。不过，高安方言的"嘛"在形式上"合而难分"，只能作为一个整体用在句末，没有 VP+Neg+M' 或 VP+Neg 的形式。从前面的分析来看，"S+嘛"问句已经突破了否定词的时体限制，既可以询问未然事件，也可以询问已然事件。根据汪国胜、李罂（2019）的研究，高安方言的"嘛"与粤语的"嘛（吗）"一样，由其构成的问句正处于正反问句向是非问句演变的第三阶段：VP+合音词（合音词合而难分，VP 只能是肯定形式）。这时的"S+嘛"问句已经开始脱离正反问句的范畴，更多地表现出是非问句的性质。

②普通话"S+吗"是非问句在功能上可以表示反问，尤其当 VP 是否定形式或 VP 前有加强语气的副词时，反问意味更明显。例如（以下例子转引自邵敬敏，2014：228—232）：

（19）我是"三寸金莲"，小得"不盈一握"，能跳华尔兹吗？（北 278）

（20）那么贵重的东西，买得起吗？（北 446）

（21）跟着大姐你，我敢不老实吗？（老 33）

（22）小刘，老掌柜在这儿多少年啦，你就不照顾他一点吗？（老 131）

（23）二婶，你难道盼望着我的凌云在这儿站柜台吗？（老172）

高安方言的"S＋嘛"问句一般没有反问的用法，更不能在 VP 前加增强反问的词语。要表示反问，可以用语气词"啊（啦）"，或"嘛""嗟"两个语气词连用（下文再探讨）。但在极少数表示问话人显而易见持完全否定、毫无质疑态度情况下可以表示反问。例如：

（24）恁话，箇是人话事嘛？您评评理，这是人说的话吗？

（25）箇像话嘛？这像话吗？

即便如此，谓语动词前也不能有表示"难道"意义的词语，如下面（26）（27）是不成立的：

（26）＊恁话，箇何址难道是人话事嘛？

（27）＊箇何址像话嘛？

③普通话"吗"前的 S 可以是谓词性谓语句，也可以是名词性谓语句；而高安方言的 S 必须是谓词性谓语句，不能是名词性谓语句。例如：

（28）今口［ŋa⁰］去当圩嘛？今天去赶集吗？

（29）里件衣裳好看嘛？

（30）＊喂，小李嘛？

例（30）至少也要在名词性词语前面加"是"，或将语气词"嘛"换成"啊"才更符合语感。

④普通话用"吗"询问是否能获得听话人的帮助，要在谓语动词前加能愿动词"可以"或"能"，否则，句子不成立或不自然。而高安方言不用在谓语动词前加能愿动词，且以不加为常。对比如下：

（31）a. 普通话：能帮我关一下门吗？

b. 普通话：＊帮我关一下门吗？

c. 高安话：等我关下门嘛？

高安方言里不用能愿动词，直接用询问的方式表祈请意义很自然，可见，这时"嘛"有祈求性疑问的意味。例如：

（32）童童，去牵得牛来嘛？童童，去牵牛来放好吗？

（33）等我把许個袋哩提上来嘛？帮我把那个袋子提上来可以吗？

（34）挈得箇紧肉去把你公公嘛？提这些肉去给你爷爷可以吗？

12.1.1.1.2　S+么［mɔ⁰］

这也是常见的是非问句。疑问语气词"么"与"嘛"的意义和用法相近,其疑问程度也是疑大于信。能用"嘛"的是非问句,都可以换成"么"(反之,则不可)。"S+么"问句可以对已然事件和未然事件进行询问,S 也只有肯定形式,不能是否定形式。例如:

(35) 尔个作业做圆之么? 你的作业做完了吗?

(36) 读过初中来么? 读过初中吗?

(37) 渠俚明日有客来么? 他家明天有客人来吗?

(38) 下个礼拜会晴么? 下个星期会天晴吗?

(39) 去山上斫柴么? 去山上砍柴吗?

不过,语气词"么"与"嘛"不同的是,"嘛"字问句主要用于询问,且语气平和,一般不能表示反问;而"么"字问句语气比"嘛"字问句较重,在一定语境下(多是未然事件)可以表示反诘语气,表否定意义,相当于普通话的"难道……吗?"或"哪里……?","么"要重读。例如:

(40) 箇多事一个人做得圆么? 这么多事一个人哪里做得完?

(41) 里样子尔不管渠,过日渠会睬尔么? 现在你不管他,(难道)以后她会理你吗?

(42) 还想餐餐喫肉,有箇多钱么? 还想顿顿吃肉,哪有这多钱?

(43) 尔好意思话渠,尔有渠一半样么? 你还好意思说他,你有他一半厉害吗?

(44) 渠又不是你什伽人,有箇好事帮尔么? 他又不是你什么人,有这么好心帮你吗?

黄国营(1986)认为现代汉语一些南方方言分别用一对同是双唇声母而元音不同的语法成分来区分询问和反问,而且询问句都不取否定形式。高安方言的语气词"嘛"主要用于询问,一般不用于反问;而"么"可以用于询问,也可以用于反问。不过,和"嘛"字问句一样,"么"字问句也仍然不能出现加强反问语气的副词。可见,高安方言的语气词"嘛"和"么"就询问和反问方面还没有完全分工。

12.1.1.1.3　S+啊

普通话的"啊"是否为疑问语气词,学界有不同的看法。陆俭明

（1984）指出"把'啊'看作疑问语气词缺乏根据，在形式上得不到验证"，也即不承认"啊"为疑问语气词。不过，邵敬敏（2012）认为"啊"字是非问应该属于语气词是非问，即"啊"也是疑问语气词。高安方言是非问句末尾的"啊"字却无疑是疑问语气词，因为高安方言是非问句的疑问信息不能像普通话那样由上升的语调来承担，如果少了"啊"字，就没有疑问功能。

高安方言的"S+啊"是求证型是非问句，其信疑度是信大于疑。"问话人对疑问内容有某种程度的预判，只是主观上尚不能确定，故而发问求证。"（邵敬敏等，2010）有时可能是"明知故问"。受前面音节末尾音素的影响，语气词"啊"有几种音变形式。前一音节末尾是 i 的，可变成"呀"（也可不变）；前一音节是鼻音韵尾 n 或 ŋ（高安方言鼻音韵尾 n、ŋ 不区分意义）和塞音韵尾 t 的，通常要变成"啦"。（前一音节末尾是 u 的，没有变成"哇"的习惯。）例如：

（45）喫之饭啦？

（46）今□[ŋa⁰] 冇去学里啊？ 今天没去学校啊？

（47）下昼不着不用要我来呀？

（48）尔欢迎喫辣个啊？许我多把毛子辣椒。你喜欢吃辣的啊？那我多放点辣椒。

（49）听得话你明日会杀猪啊？等我留两斤脿肉哩。听说你家明天会杀猪啊？给我留几斤瘦肉。

高安方言的"啊"字是非问句主要有以下特点。

①如例（45）—例（49）所示，"啊"字是非问句中的 S 的可以是肯定形式，也可以是否定形式。否定形式再如：

（50）接新新个车还冇来呀？ 接新人的车还没到啊？

（51）恁唔晓得啦？许条路嘎走得正。您不知道啊？那条路现在走得成。

（52）渠里样子不闲得啊？许就过两日着。他现在没空啊？那就过两天再说。

②"啊"字是非问句的 S 可以是动词性谓语句形式、形容词性谓语句形式，还可以是名词性谓语句形式。例如：

（53）你爷挑得谷去卖之啊？ 你父亲挑谷子去卖了啊？

（54）里個药唔苦啊？ 这种药不苦啊？

(55) 今□［ŋa⁰］礼拜日哩啊？ 今天是周末啊？

(56) 明日初五啊？二、五、八当圩，明日街上有菜卖。

③"啊"字问句除表询问外，还带有惊讶的语气，尤其是当谓语动词前有"还""还正才""就""又"等副词修饰时，惊讶的意味更明显。例如：

(57) 是你两個人啦？我认当哪什哦。是你们两个人啊？我以为是谁呢。

(58) 渠箇后生就当之爷啊？ 他这么年轻就当爹啦？

(59) 渠就来之啊？ 他这么早就来了啊？

(60) 尔还正到箇垃啊？不是几时就起之身啦？ 你才到这里呀？不是早就出发了吗？

(61) 还不去学里啊？会嗟八点钟嗟。还不去学校啊？都快八点钟了。

不过，"惊"和"疑"在不同的句子里有不同程度，有的侧重于表示惊讶，说明问话内容已成事实，不强制要求对方作答，如例(57)—例(59)。有的偏向于"疑"，虽然问话内容也已成事实，不要求对方作肯定或否定回答，但要求对方解释原因，如例(60)、例(61)，这种问句可以在前面加上"怎、为什哩"来质问原因。这里的"啊"都不能换成其他语气词。

④"啊"字是非问句能比较自由地表示反诘语气，不需要特别的形式手段，直接根据常识、上下文语境判断、推理；也可以是由能愿动词、表可能的动补结构、否定式和语气副词等构成的疑问句。有时是各种手段综合运用，这样反诘语气就更强了。例如：

(62) 尔看清楚来，箇是"今"字啊？箇是"令"字嘞！

(63) 渠箇大子人做得事正啦？ 他这么小的人做得了事情吗？

(64) 里個天会落雨啊？莫打乱话。这个天会下雨啊？别胡说。

(65) 我要渠来，渠敢不来呀？

(66) 老师不是等尔话过来呀？ 老师不是跟你说过吗？

(67) 箇不是尔个书啊？还到块仔寻！这不是你的书吗？还到处找！

(68) 好好哩教声尔还要不得啦？好好儿地教你还不行吗？

(69) 何垃我喊尔来个啊？难道是我叫你来的吗？

⑤回声问（复问）等于说"你是问……吗？"，本质上也属于是非问句。（吕叔湘，1982；邵敬敏，2014）普通话的回声问，疑问语气词

可用可不用。高安方言的回声问都要用"啊"字问句形式，"啊"字（或其变体）是必须要带上的。例如：

（70）甲：高安到南昌要几久？从高安到南昌要多久？

乙：要几久啊？五六十分子钟。要多久啊？五六十分钟吧。

（71）甲：快去买十斤辣椒来。

乙：十斤啦？伤多之吧？十斤啊？太多了吧？

（72）甲：等我看眈我俚徐丽考之几多分啦？帮我看看我家徐丽考了多少分？

乙：徐丽呀？冇考得好哦。徐丽啊？没考好哦。

12.1.1.1.4　S+吧

"S+吧"问句可分为两种情况：一种是测度是非问句，记作"S_1+吧"。另一种是问话人提出某种建议，征询受话人的看法，含有商量的语气，记作"S_2+吧"。

① "S_1+吧"表示问话人对某个行为事件的揣测，尽管问话人对所说内容心中已有明显的倾向，但还不能完全肯定，要求受话人证实。测度问介于信、疑之间，信大于疑。测度句的结构主体可以是已然句和未然句，主要是对客观情况的揣测。例如：

（73）你是谢红梅俚大人吧？你们是谢红梅的父母吧？

（74）熟之饭吧？肚哩饿得要死。饭熟了吧？肚子饿得很了。

（75）话媒人个事渠等尔话之吧？说媒的事她跟你说了吧？

（76）看箇架子，明日会落雨吧？看这样子，明天会下雨吧？

（77）嘎生之孙仔，恁今年不得去打工吧？现在生了孙子，您今年应该不去打工吧？

这类结构的"吧"也可能不构成疑问句，但仍然表示说话人的估测。整个句子是对别人问话的回应。例如：

（78）甲：强伢仔哩呢？

乙：去外头做事去之吧。到外面做事去了吧。

（79）甲：里样子去还来得彻嘛？现在还来得及吗？

乙：会嗟昼嗟，来不彻吧。快到中午了，来不及吧。

② "S_2+吧"问句是问话人就某事与对方商量，希望得到对方同意。这时"吧"相当于"行不行""好不好"或"怎么样"。"商量语

气原则上是一种问话"（吕叔湘，1942/1982：309），所以一般要对方回答。说话人的提议得到认可后，才好行动。这种句子只能是未然句，表示主观意愿或建议。例如：

（80）关泼电视吧？硬蛮吵人！关掉电视吧？吵得很！

（81）先莫等渠话优吧？先别跟她说吧？

（82）下昼有箇多人帮忙，我就不来吧？下午有这么多人帮忙，我就不来了吧？

（83）尔个书借得把我看下吧？你的书借给我看看吧？

（84）夜之来之，我去屋里吧？天快黑了，我回家吧？

普通话的"吧"一般分为问话的"吧"和非问话的"吧"（吕叔湘，1942/1982）。高安方言的"吧"主要还是问话式的。即便说话人提出建议或表明自己的宗旨，不需要征求对方同意，也仍然有商讨意味，期待对方回应。如下面的例子：

（85）甲：莫去屋里，就到里址住！别回家，就在这儿住。

　　　乙：今□［ŋa⁰］不住吧？屋里还有蛮多事冇做。今天不住吧？家里还有很多事没做。

　　　甲：许就闲得个日哩来□［kʰiau²¹］。那就有空的时候来玩。

另外，值得注意的是，普通话非问话的"吧"可用于祈使句，如可以说"进来吧！""快去吧！""赶紧把门关上吧！"等。高安方言的"吧"不能用于这种祈使语气强烈的句子末尾，因为它的第二种意义就是表示商议、商讨语气（第一种是估测），始终带有询问的性质。像下面的句子在高安方言里都是不成立的。

（86）＊进来吧！

（87）＊快去吧！

（88）＊快关到门吧！

对于普通话的"吧"用于祈使句的情况，刘丹青（2017b：486）认为"其实，'吧'在祈使句中的作用主要不是表祈使，而更多表祈使句的伴随语气——非命令式的、委婉或商议的口气，这与'吧'的不确定含义有关，所以也用于求证性疑问句"。

可见，高安方言的"吧"主要表现为揣测义和商讨义。揣测义在陈述句纯粹表示揣测，在疑问句中则还有求证的目的；商讨义只用在疑问句中。我们同意这两种意义都来源于"吧"的原初概念：意向待定（赵春利，2019：116）和不确定含义（刘丹青，2017b：486）。

12.1.1.2　疑问副词＋语气词

12.1.1.2.1　莫＋VP＋喔

这一格式也是测度是非问句。其中"莫"表示揣测，"喔"是语气词，整个问句意思相当于"莫非……"或"别是/该不会是……吧"。与"吧"字测度问句不同的是，"莫＋VP＋喔"这一格式中的VP表示的多是不企望发生或意料之外的事情。例如：

（89）莫尔听错之喔？渠正啊不得箇样话啰。别是你听错了吧？他才不会这样说呢。

（90）莫渠口［so³⁵］尔个喔？还有箇好个事啊？该不会是他骗你的吧？哪有这么好的事啊？

（91）箇久还有到，莫不得来喔？这么久还没到，不会不来了吧？

（92）莫鸟哩又来啄谷来之喔？别是鸟儿又来吃稻谷了吧？

现代汉语普通话的"莫"已不能这么用，要表示揣测，得用"莫非、莫不是"等。高安方言的"莫"，保留了古代汉语"莫"的意义和用法。表示测度疑问的副词"莫"早在先秦文献中就已出现。（刘坚、江蓝生等，1992：261）《论语·述而》："文，莫吾犹人也。躬行君子，则吾未之有得。"朱熹《论语集注》："莫，疑词。"徐仁甫编著的《广释词》（1981：546）也说："莫犹'或'，疑而未定之词。"《汉语大词典》（1975：12932）说得更明确："副词。表示揣测。或许；大约；莫非。"并引用了以下例子：

a. 唐·杜甫《秋日寄题郑监湖上亭》诗之三："赋诗分气象，佳句莫频频。"

b. 清·纳兰性德《满宫花》词："盼天涯，芳讯绝，莫是故情全歇？"

a句的"莫"是或许的意思，只表示揣测，但还不是疑问；b句的末尾句调《汉语大词典》原作句号，其实用问号可能更准确，是测度性疑问句。高安话里的"莫"是该用法的遗留，但通常末尾要加上语气词"喔"。这与唐五代口语"莫"的用法相同，表测度询问时，通常要有语气词"摩、不（否）、无、也无"相呼应。例如①：

c. 师便把住云："莫屈著兄弟摩？"（《祖堂集》卷一〇"长庆和尚"）

d. 夫人莫先疾病否？（《变文集》卷二《叶净能诗》）

e. 项羽遂乃高唱："帐前莫有当直使者无？"（《变文集》卷一《汉将王陵变》）

f. 进云："和尚莫通三教也无？"（《祖堂集》卷八"钦山和尚"）

12.1.1.2.2　总 + VP + 嗟

这也是求证类是非问句形式，但求证、核实意味很强烈，相当于"是不是真的 VP？""确实会……吧？"。其中的语气副词"总"相当于表疑问的副词"可"，但不能单独表疑问。语气助词"嗟"不是纯表疑问的语气词，主要表示深究意味。格式里的句中副词"总"和句末语气助词"嗟"都不能缺少，否则不能起到表疑问的作用。该格式的疑问用法举例如下：

（93）渠总明日还会来嗟？他明天是不是真的会来？

（94）尔总喫之饭嗟？冇喫个话就到里址喫毛子。你是不是真的吃过饭了？没吃的话就在这里吃点。

（95）许個人尔认得嘛？总不得□［so³⁵］尔嗟？那个人你认识吗？真的不会骗你吗？

12.1.1.2.3　总 + VP + 嘞

这一格式也是测度性问句，但疑问度较弱，说话人对所问内容已比较肯定。高安方言的副词"总"还有估测的意义，"嘞"是句末语气词，不是纯疑问语气词，但与副词"莫"配合使用相当于普通话的"吧"，可表疑问。该格式除表示估测外，往往还带有轻蔑情感和责备口气。例如：

（96）地下［tʰia²¹］里到茫是水，总细伢仔搞得个嘞？地上到处都是水，肯定是小孩子弄的吧？

（97）里鸡脚爪样个字总小李写得个嘞？这鸡爪样的字肯定是小李写的吧？

（98）许总（是）老张俚个牛嘞？又趯出来之。那肯定是老张家的牛吧？又跑出来了。

---

① 下面前三例引自江蓝生、曹广顺（1997）《唐五代语言词典》。

"总"后面经常跟副词"又",这时说话人的肯定语气更为明显。例如:

(99) 总又是尔打之我俚明明嘞?肯定又是你打了我家明明吧?

(100) 渠总又去打扑克去之嘞?他肯定又打牌去了吧?

12.1.1.3 语气词连用

与粤语阳江话(彭小川、张秀琴,2008)类似,高安方言里也有语气词连用仍然构成是非问句的现象,但与语气词单用的是非问句相比,会增加不同的语法意义,当然也不是简单的相加。高安方言里主要有"嘛""哩"和"嘛""嗟"语气词连用现象。

12.1.1.3.1 "嘛哩"问句

①语气词"哩"。如本章12.1.1.1所述,"嘛"是位于是非问句末的疑问语气词,类似于普通话的"吗$_1$"。语气词"哩"有降调[li^{21}]和升调[li^{35}]两读。读降调时,用于陈述句、祈使句末尾,记作"哩$_1$";读升调时用于疑问句末尾,记作"哩$_2$"。先看"哩$_1$"的用法。

"哩$_1$"用于祈使句末尾,相当于普通话的"嘛",有催促对方实施某种行为和劝阻对方应该中止正在进行的某种行为两种意义(赵春利,2019:188),同时表明说话人力不从心或无可奈何之感。例如:

(101) 快毛子走哩$_1$!落得雨来之嘞!快点走嘛!要下雨啦!

(102) 拿得把渠嬉哩$_1$,省得渠紧到吵。拿给他玩嘛!省得他一直吵。

(103) 莫吵哩$_1$,吵得脑牯都晕之。别吵嘛,吵得头都晕了。

(104) 莫喫烟抽烟哩$_1$,本来身体就不好。

"哩$_1$"用于陈述句末尾,有两种语法意义。

一是确认事实,这时语音较长较重,语气比较强。例如:

(105) ——箇是哪什个书包啊?这是谁的书包啊?

——我个哩$_1$。我的呢。

(106) 我喫之饭哩$_1$,尔不着记到。我吃了饭的,你不用惦记着。

二是用于虚拟的情况,表示所说的是假设的条件,后面一般紧跟表示将产生某种不好的后果的小句。例如:

(107) 要是我不话声渠哩$_1$,渠不晓得怎样做。要是我不告诉他,他不知道怎么做。

(108) 不带伞啦?等下落雨哩$_1$,趇都趇不彻。不带伞啊?要是待会儿下雨，跑都跑不及。

有时推测的结果不说出来，表示情况难以意料，有提醒和警告的意味。例如：

（109）好得我在边里看到嘞，我冇在里哩₁。幸好我在旁边看着，我没在的话（后果不堪设想）。

（110）莫趴箇高，等下□［tsɛŋ⁴²］落来哩₁。别爬这么高，待会儿摔倒（后果就不堪设想了）。

（111）细毛子声！把别人听得哩₁。小点儿声，让别人听到（就麻烦了）。

"哩₂"单用时，大致相当于普通话疑问句末的"呢"，只能出现在非是非问句（包括特指问、选择问和正反问）的末尾，不能出现于是非问句末尾，这与"嘛"的功能成互补关系。"哩₂"有非是非问句末的一般式和简略式两种用法。简略式有"NP 哩？"和"VP 哩？"问句形式，前者的语法意义是询问处所或其他情况，后者主要是询问怎么办。一般式用于选择问和正反问中，主要表示探究意义，用于正反问句还可与探究义副词"到底"共现。例如：

（112）你喫粉啊喫面哩₂？你们是吃粉还是吃面呢？［选择问］

（113）作业做圆之啊冇哩₂？作业做完了没有呢？［正反问］

（114）渠到底来啊不来哩₂？他到底来不来呢？［正反问］

用于特指问句，既可以表示探究的语气，能与副词"到底"共现。例如：

（115）屋下到底还有几多钱哩₂？家里到底还有多少钱呢？

（116）到底哪址哪里有箇个东西卖哩₂？我也想买一个。

（117）我怎不记得哩₂？我怎么不记得呢？

也能用于反问句，表示反诘语气，例如：

（118）里下仔路修得好，从乡下到城里消得几久哩₂？一下仔就到之。现在路修得好，从乡下到城市要得了多久呢？一会儿就到了。

（119）尔冇有钱，哪什会睬尔哩₂？你没钱，谁会理你呢？

（120）我亲自去办个事，怎会不记得哩₂？我亲自去办的事，怎么会不记得呢？

② "嘛哩₂"是非问句。"嘛"可分别与"哩₁"和"哩₂"连用，但意义不一样。"嘛哩₁"［ma²¹ li²¹］用于陈述句，表示提醒或警告会产生某种不良后果，与表示假设情况的"哩₁"相近，例（109）—例

(111) 的"哩₁"都能换成"嘛哩₁"。

"嘛哩₂"［ma²¹ li³⁵］用于疑问句，构成是非问句，意义上与"嘛"字问句相近，但是增加了探究意味，整个格式可以理解为"是否 VP 呢"或"V 不/没 VP 呢"。例如：

(121) 你爷过之年会去打工嘛哩₂？你父亲过了年之后会不会去打工呢？

(122) 下昼还要我来嘛哩₂？下午还要不要我来呢？

(123) 旧年也赚之毛子钱嘛哩₂？去年赚没赚点钱呢？

(124) 以前听过箇种事来嘛哩₂？以前听没听过这种事呢？

(125) 读书个井晏有哪什打尔嘛哩₂？读书的时候有谁打过你呢？

"嘛哩₂"是非问句与"嘛"字问句使用条件基本一致，能用"嘛"的问句，可以换成"嘛哩₂"，但是意义有别。另外，"嘛哩₂"也可以构成特指性是非问句，如上面例（125）。再举几例如下：

(126) 尔许址有什哩事做嘛哩₂？你那里有没有什么事做呢？

(127) 你想喫毛子什咖嘛哩₂？你们吃点什么吗？

虽然说"嘛哩₂"是非问句，从意义上可以理解为"是否 VP 呢"或"V 不/没 VP 呢"。但从构成形式上来说，"嘛哩₂"并不能位于正反问句末，当然也不能用于选择问、特指问句末，这与"嘛"的用法也是一致的。

"嘛哩₂"问句在一定语境下，也可以有反诘语气，通常表示事情不可能。例如：

(128) 箇大子人仔喫得箇多嘛哩₂？这么小的孩子吃得了这么多吗？

(129) 尔不带头好好哩做，别人会听尔个嘛哩₂？你不带头好好干，别人会听你的吗？

(130) 渠要十万（块钱），尔有箇多把渠嘛哩₂？他要十万，你有这么多给他吗？

12.1.1.3.2 "嘛嗟"问句

语气词"嗟"表示肯定、确认事实，语气比较生硬，同时隐含与听话人有某种关联。在陈述句、祈使句里都有这样的意义。用在陈述句末尾时，主要用于回答问题，同时表示对问话的不耐烦和惊疑（如"怎么啦？为什么这么问？难道你不知道？"等）的后续句。例如：

(131) 甲：喫之饭嘛？

乙：喫之嗟。（怎么啦？尔要请我喫啊？）

"嗟"用于祈使句，主要的功能是加强语气，但也同样隐含说话人惊讶的情感。如：

（132）拨得菜来嗟！快端菜来呀！（愣在这儿干什么？）

（133）坐到嗟！倚到不累人啊？坐着啊！站着不累吗？

语气词"嗟"不能表疑问，但可位于特指问、选择问和正反问句末，表示追问、深究意义，语气比较生硬，有希望受话人马上做出回答的迫切感。例如：

（134）到底要买几斤嗟？

（135）坐车啊走路去嗟？（到底）坐车还是走路呢？

（136）去外婆俚啊不去嗟？（到底）去外婆家不去呢？

语气词"嗟"单独不能用于是非问句，必须与疑问语气词"嘛"连用才行。（换句话说，"嗟"可位于"嘛"字是非问句末尾。不过，"嘛嗟"已凝固成一个词。）连用后，仍然构成是非问句，也有深究意味和迫切感。例如：

（137）喫粉嘛嗟？喫我就张得来。吃粉不吃嘛？吃的话我就盛过来。

（138）衣裳洗好之嘛嗟？衣服洗好了没有嘛？

（139）尔明日还来嘛嗟？你明天还来不来嘛？

"嘛嗟"问句语气上显得比较生硬，表明说话人不耐烦的情绪。另外，这种问句，后续通常还有（或显示或隐含）一个假设复句。例（137）显示了后续语句，其以"嘛嗟"问句的一种回答作为假设条件。例（138）、例（139）问话人通常还要说"洗好了就……""来的话就……"之类的话。

上面三句去掉语气词"嗟"句子仍成立，除附加意义不同外，基本意义相同。但当"嘛嗟"表示反诘语气时，其词汇化程度更高，不能拆开，也不能删除任何一个语气词，否则句子很不自然。例如：

（140）渠许個人眼珠大得很，会睬尔嘛嗟？他那个人很瞧不起别人，会理睬你吗？

（141）渠要天上个星哩，尔有嘛嗟？他要天上的星星，你有吗？

由"嘛哩"和"嘛嗟"构成的是非问句都有深究意味，但二者也有明显的差别。首先，二者的语气不同。"嘛嗟"的语气上比较生硬，给人不耐烦的感觉，态度上不友好。其次，如上文所述，"嘛嗟"问句一般含有后续语句。另外，"嘛嗟"问句可以问主观意愿，而"嘛哩"一般不这么使用。例如：

（142）一起去打球嘛嗟？一起去打球，去不去嘛？

（143）喫面嘛嗟？喫我就来煮。吃不吃面嘛？吃的话我就马上煮。

12.1.1.3.3 "嚁嘞"问句

"嚁"是疑问语气词"嘛"的弱化形式。语气词"嘞"可用于陈述句、祈使句末，不能单独表疑问。"嚁嘞"合用位于句末，也可以构成是非问句，含有不情愿又不得不问的意义。例如：

（144）我明日去当墟，尔去嚁嘞？我明天去赶集，你去不去呢？

（145）坐车嚁嘞？要坐就快来。坐不坐车嘛？要坐就快来。

（146）打禾机修正之嚁嘞？脱粒机修好了没有啊？

12.1.2 特殊的是非问句形式："么着"问句

高安话里的"么"是疑问语气词。"着"本是先行体助词，表示"先……再说"。"S么着"也可以构成是非疑问句，但其初始结构是"［S么］着"，相当于"先回答［S么?］再说"，只要先达到S（或非S）的条件，才能进行先导句提出的某个动作或事件。例如：

（147）弟弟：姐姐，买糖仔把我喫。姐姐，买糖果给我吃。

姐姐：尔还打我么着？你还打我吗？

（148）儿子：姆妈，我看下电视吧？妈妈，我看会儿电视吧？

母亲：作业做圆之么着？作业做完了吗？

例（147）只有弟弟承诺说不打姐姐，姐姐才会答应他的请求（买糖给他吃）。例（148）只有儿子做完了作业，母亲才会考虑让他看电视。

随着语言的频繁使用，"S么着"也会逐渐语法化，重新分析为"S［么着］"，"么着"融合成一个词，相当于"么"或"吗"，表示是非问。先行义"先……再说"在小句中已经不明显，但隐含在篇章结构里，作为完成先导句的一种先决条件。上面两例的"么着"都可以理解为疑问语气词"么"或"吗"，但必须理解为"有条件"的是非问句，而且绝对不能用于发端问。

"条件"是"么着"是非问句的核心。如果达不到对方提出的理想要求,问话人会更换或降低条件进行询问,这种问句必须要有背景信息。请看例句:

(149) 今口 [ŋa⁰] 不闲得,明日来要得么着? 今天没空,明天来可以吗?

(150) 冇有白酒,喫水酒么着? 没有白酒,水酒喝吗?

(151) 打的去么着? 公交冇有之。 打的去可以吗?公交已经没有了。

"么着"可以表反诘语气,这时语法化程度更高,结合更凝固,是纯粹的表反问的语气词,不需要特别强调要有条件或背景信息。例如:

(152) 渠要尔跳河,尔会听渠个么着? 他要你跳河,你会听他的吗?

(153) 尔要星哩,我摘得到么着? 你要星星,我摘得到吗?

(154) 渠有箇蝉么着? 他有这么傻吗?

因此,高安方言的语气词"么着"是跨层结构词汇化的结果。

12.2 特指问句

高安方言的特指问句有两大类:一类是用疑问代词表示疑问焦点的问句(疑代式);另一类是语境制约下不用疑问代词而用疑问语气词表示疑问焦点的问句(简略式)。

12.2.1 疑代式特指问句

高安方言的疑问代词主要有:哪什、哪個(问人),什哩、什伽(问事物),哪垃、哪块仔(问处所),几井晏、几样子、几久(问时间),几、几多(问数量),怎样(问方式),几(问程度),为什伽、为什哩、怎(问原因),等等。(详见5.3内容)这些疑问代词可以表示疑问焦点,构成特指问句。通常情况下,特指问句末还要有语气词(如"啊、哦、哩、嘞、嗟"等),句子才不会显得生硬。例如:

(155) 尔寻哪什啊? 你找谁啊?

(156) 渠等尔话之什哩啊? 他跟你说了什么啊?

(157) 我个衣裳放得哪垃哦? 我的衣服放在哪里呢?

(158) 到底几井晏去屋里嗟? 到底什么时候回家嘛?

(159) 里样子一百斤谷卖得几多钱啦？现在一百斤稻谷能卖多少钱啊？

(160) 小红怎冇来哩？小红怎么没来呢？

(161) 为什伽我的工钱冇渠多哩？为什么我的工钱没他多呢？

(162) 喊我有什哩事嘞？叫我有什么事呢？

12.2.2 简略式特指问句

不用疑问代词，而由语气词附在 NP 或 VP 后提出疑问，功能对应于特指问，一般称为特指问句的简略式。普通话用语气词"呢"，高安方言用语气词"哩₂［li³⁵］"或"□［ɿ³⁵］"。"哩₂"和"□［ɿ³⁵］"与普通话的"呢"有相似的功能，也有自己的特点。"哩"和"□［ɿ³⁵］"两个语气词在简略式特指问句经常可以互换。

12.2.2.1 NP + 哩₂/□［ɿ³⁵］？

名词或名词性短语带语气词"哩₂"或"□［ɿ³⁵］"构成的特指问句，表示的语法意义与其所在的位置和语境有很大关系。如果是发端问，问的是"NP 在哪儿？"或"NP 干什么去了"，即问的是"静态的处所和动态的动向"（邵敬敏，2014：110）。确切地说，当 NP 是事物时，问的是处所；当 NP 是指人时，从答话来看，问的可能是处所，也可能是动向。例如：

(163) 尔个票哩₂/□［ɿ³⁵］？你的票呢？

(164) 昨日放得箇坫个扁担哩₂/□［ɿ³⁵］？昨天放在这儿的扁担呢？

(165) 你赚得个钱哩₂/□［ɿ³⁵］？你们赚的钱呢？

(166) 甲：我俚婆婆哩₂/□［ɿ³⁵］？我奶奶呢？

乙：在间里。在房间里。

(167) 甲：你娘啊爷哩₂/□［ɿ³⁵］？你父母呢？

乙：去栽禾去之。插秧去了。

如果是后续问，或者前行句先说明一种情况，后续再用"NP + 哩₂/□［ɿ³⁵］？"发问，那么询问的是人或事物之所在的其他情况（如意见、结果等），相当于问"NP 怎么样？"。例如：

(168) 许件悠话不好看，里件哩₂/□［ɿ³⁵］？那件您说不好看，这件怎么样？

(169) 老大答应之，老二哩₂/□［ɿ³⁵］？老大答应了，老二呢？

第一句问的是对方的意见，后面还可以补充问"要得嘛？可以吗？"。第二句其实是两歧的。如果当面问老二，那么询问的是他的意见；如果问的对象是第三个人，询问的是过去事件的结果如何，相当于问"老二答应了没有啊？"。

12.2.2.2　VP + 哩$_2$/□ [ʴ^{35}]？

语气词"哩$_2$"或"□ [ʴ^{35}]"位于 VP 后，所表示的意义与已然和未然有关。

①如果 VP 是个未然事件，表示询问针对假设的情况如何处理，通常这种假设会造成不好的结果。含有"要是 VP 的话，怎么办？"的意思。VP 前可以出现表示假设的词语"要是、要"。例如：

（170）不带到伞啦？等下落雨哩$_2$/□ [ʴ^{35}]？不带伞吗？如果等会儿下雨怎么办？

（171）趴得简高高哩，□ [tsəŋ^{42}] 落来哩$_2$/□ [ʴ^{35}]？爬得这么高，要是摔下来怎么办？

（172）不着舞简多菜吧，舞得喫不圆哩$_2$/□ [ʴ^{35}]？不用做这么多菜吧，做得吃不完怎么办？

（173）喜得我看得之嘞，嘎要我冇看得哩$_2$/□ [ʴ^{35}]？不是着渠溜起走之。幸好我看到了，要是我没看见的话，怎么办呢？不是被他溜走了吗？

②如果语气词"哩$_2$"或"□ [ʴ^{35}]"前的 VP 在说话人看来是已然事件，仍然询问的是如何处理，含有"如果 VP，怎么说？"，不强调会造成什么样的结果，而是通过询问对方如果说话人所说为事实，对方怎么办，达到坚定地表明说话人所描述事件的真实性的目的。VP 里通常含有完成体标记"之"，经历体标记"过来"等。例如：

（174）要渠昨日来之哩$_2$/□ [ʴ^{35}]？要是他昨天来了，你怎么说？

（175）要是渠冇偷东西哩$_2$/□ [ʴ^{35}]？要是他没偷东西，你怎么说？

（176）要是我扫之地哩$_2$/□ [ʴ^{35}]，尔赌十块钱嘛？要是我扫了地，你怎么说？你赌十块钱吗？

12.3　选择问句

选择问句是指由发话人提出并列的两项或多项，让听话人从中进行选择的疑问句。（邵宜，2010）高安方言的选择问句的基本形式是"X 啊 Y"，"啊"是连接选择项的标记。此外，选择标记也可用与普通话相同的连词"还是"，但不如"X 啊 Y"式地道。下面介绍高安方言选择问句的形式及特点。

12.3.1　X 啊 Y

当选择项只有两项时，采用"X 啊 Y"格式，"啊"后面不能加逗号。"啊"有"呀、啦"等音变形式。句末可以加上语气词。例如：

(177) 走路啊骑摩托去？
(178) 明日落雨呀天晴啊？
(179) 里块肉好啊许块好啊？<small>这块肉好还是那块好？</small>
(180) 尔是小明啊大明哦？
(181) 今□［ŋa⁰］来啊？上昼啊下昼哩₂？<small>今天来啊？上午还是下午呢？</small>

如果 X 和 Y 都是动宾结构且使用相同的动词 V，后面的动词 V 能否省略要视宾语的音节情况而定。如果宾语是单音节词，那么 Y 一般也要是 VO 形式，不能省略 V，如例（182）；如果宾语是多音节词，可以承前省略动词 V，如例（183）。

(182) 尔喫粉啦喫面？<small>你吃粉还是吃面？</small>
(183) 坐 1 路啊 2 路快紧哦？<small>坐 1 路车还是 2 路车快些？</small>

12.3.2　X + 啊 + 疑问代词

有时，问话人只知其中一个选择项，对另一选择项不确定时，用疑问代词来代替，这种选择问又有特指问的性质。例如：

(184) 箇袋米放到间里啊哪址？<small>这袋米放在房间里还是哪里？</small>
(185) 里個钱把尔啦把哪什嘞？<small>这个钱是给你呢还是给谁呢？</small>
(186) 坐车去啊怎样嘞？<small>坐车去还是怎样呢？</small>
(187) 尔想驮打啊怎样？<small>你想挨打还是怎样？</small>
(188) 渠有病啊怎样哩₂？<small>乱骂人。他是不是有病？乱骂人。</small>

吴慧颖（1990）已注意到《金瓶梅》《儒林外史》中都有"VP 也怎的"句式，也认为是一种选择问，前项采用是非问的形式，后项采取特指问的形式。但在这些古典小说里主要表示反问。高安方言这种句式后项不限于"怎的",可以是其他疑问代词。主要表示把有其他不确定的可能用疑问代词来表示,给自己的问话留有余地,因此兼有选择问和特指问的性质。不过,如果疑问代词是"怎样"时,情况有些特殊。例(186)的"怎样"有特指问的性质,整体上还是选择问句。而例(187)、例(188)语义重心在前项,后项的选择性较弱,整句语义上相当于真性问"你是不是想挨打?""他是不是有病?",功能上有反诘语气。总之,跟前面的选择问句有区别。

12.3.3　X 还是 Y

选择项之间也可以用连词"还是"关联,上面"X 啊 Y"都可以说成"X 还是 Y"。再举几例：

(189) 尔要喫啤酒还是喫可乐嗟?

(190) 渠俚爷是里個礼拜还是下個礼拜满生岁? 他父亲是这个星期还是下个星期过生日?

(191) 到底拿得把尔还是把渠哩₂? 到底拿给你还是拿给他呢?

如果选择问句的选择项多于两项,连接最后一个选择项要用连词"还是",前面几项之间可用"啊"也可不用,即一般用"X（啊）Y,还是 Z"格式。例如：

(192) 今囗［ŋa⁰］（啊）明日,还是后日去屋里? 是今天、明天还是后天回家?

(193) 洗衣裳、舞饭还是跟到我俚去栽禾? 由尔拣一样。 洗衣服、做饭还是跟我们去插秧? 随你选一样。

12.4　正反问句

高安方言典型的正反问句采用选择问和正反问的复合形式,即肯定、否定两项之间也要用连接成分"啊",如"X 啊不 X""X 啊冇（X）"。从形式上看,高安方言的正反问句像选择问句; 从语义上看,它要求受话人作出肯定或否定的回答,与是非问句一样属于真性问句。

12.4.1 正反问句的形式和特点

12.4.1.1 X 啊不 X

①X 为动词或动词性短语语。如果 X 是动宾短语或动宾式词语，最为完整的形式似乎是"VO 啊不 VO"，但在实际语言中，最自然的表达形式是"VO 啊不 V"，即采用后省略式。否定词"不"也可以换成"唔"，意思相同，都是表未然事件，用来询问意愿。下面只举"VO 啊不 V"的例子。

（194）喫酒啊不喫？喫就我去拿盅仔来。喝酒不喝？喝的话我去拿酒杯来。

（195）看架子今年天时不好，还作田啦不作哩₂？看这趋势今年天气不好，还种不种田呢？

（196）我开车去当圩，尔坐我个车啊不坐？我开车去赶集，你坐不坐我的车？

（197）尔睏觉啊不睏？你睡不睡觉？

受事如果不出现或不紧跟在动词后，这时就用"V 啊不 V"格式。例如：

（198）十块钱三斤，要啊不要？

（199）箇碗酒还喫啊不喫嘞？这碗酒还喝不喝嘛？

（200）渠还有惊醒，喊啊不喊啊？

如果 X 是不及物动词，自然也用"V 啊不 V"格式。例如：

（201）我俚架势去屋里，尔走啊不走？我们现在准备回家，你走不走？

（202）你婆婆奶奶话来啊不来？

（203）渠夜窝住啊不住？他晚上留不留宿？

（204）尔起来啊不起来？

如果 X 是能性述补短语，一般用是非问句形式。但有时也用正反形式，有问个究竟的意思，这时要用完整的"V 得 C 啊 V 不 C"式。例如：

（205）放到里址看得到啊看不到？放在这里看得到看不到？

（206）箇紧饭喫得圆啦喫不圆？这些饭吃不吃得完？

②X 也可以是形容词或形容词性短语。例如：

（207）里种个辣椒末哩好啊不好？这种辣椒面好不好？

(208) 窖里嗨伶俐啊不伶俐？厕所里干不干净？

必须指出的是，"X 啊不/唔 X"格式中的后一个 X 不能去掉。可见，"不"或"唔"还是个实实在在的否定副词，没有朝语气词演变的迹象。

12.4.1.2　X 不 X

也可以不用连接成分"啊"，直接用"X 不 X"格式。与"X 啊不 X"相比，语气要急促一些。因此，如果 X 是动宾短语或动宾式词语，一般用"V 不 VO"，不用"VO 不 V"格式。这与用连接标记"啊"的用法成互补关系。例如：

(209) 恁下昼睏不睏觉？您下午睡不睡觉？
(210) 还有热水，作不作洗？还有温水，洗不洗澡？
(211) 等下洗不洗衣裳？等会儿洗不洗衣服？

其他不带宾语的，直接用"V 不 V"形式，这是对单音节动词而言的。如果是双音节动词，前面的 V 只能用第一个音节，第二个 V 采用完整的双音节动词，如下面的"起来"和"相讲"。

(212) 尔到底起不起来？你到底起不起来？
(213) 你还相不相讲？你们还吵不吵架？

如果 X 是单音节形容词，也可以直接说成"A 不 A"。例如：

(214) 薯仔甜不甜？红薯甜不甜？
(215) 尝眈菜咸不咸？尝尝菜咸不咸？

如果是双音节形容词，与双音节动词一样，前面的 A 只能是形容词的第一音节。例如：

(216) 箇床被窝伶不伶俐？这床被子干不干净？
(217) 渠炒得个菜好不好喫？他炒的菜好不好吃？
(218) 厂里个事闲不闲悠？厂里的活轻不轻松？

12.4.1.3　X 啊冇（X）

"冇"相当于普通话的"没（有）"，是对已然动作、事件的否定。"X 啊冇（X）"格式的正反问句通常带有"之""过来""来"等体标记。"X 啊冇 X"是完整格式，后面的 X 通常可以省略，即只用"X 啊冇"格式。完整和省略格式后面都可加语气词。例如：

(219) 买之菜啊冇买嘞？买了菜没有呢？

(220) 恁喫过蛇皮果来啊冇？您吃过蛇皮果没有？

(221) 早上去瞴牛来啊冇嘞？早上去放牛了没有呢？

(222) 作业做过之啊冇？作业重新做过了没有？

(223) 昨日夜窝睏着之啊冇？昨晚睡着了没有？

X 可以是动词或动词性词语，也可以是变化形容词。例如：

(224) 饭冷之啊冇？饭冷了没有？

(225) 柿哩熟之啊冇？摘一個尝貶。柿子熟了没有？摘一个尝尝。

(226) 我面红之啊冇？等着虫虫哩叮之一口样个。我脸红了没有？好像被虫子咬了一口似的。

这种格式里的"啊"不能去除，否则就要把"冇"换成疑问语气词"麼（么）"，变成是非疑问句。可见，否定词"冇"还没有语法化为疑问语气词，"冇"后面可以补出所修饰的谓词。

12.4.2 选择问句和正反问句里的"啊"

高安方言选择问句和正反问句里的连接标记"啊"，来源于宋元时期具有联接功能的语气词"也"。黄大祥（2016）认为甘肃民勤方言里的"X+啊+Y"式，继承于金元系白话里的"X+M+Y"式，其中语气词"啊"的直接源头应当就是《老乞大》里的"阿"和元杂剧的"呵"，而这种用法的"阿"与语气词"也"关系密切，即更早的源头是"X+也+Y"句式。现转引如下：

(227) 知他在江南也塞北？（元·无名氏《风雨缘生货郎旦》第四折）

(228) 秀才，你闲也是忙？（元·马致远《半夜雷轰荐福碑》第二折）

(229) 可是有也是无？（元·高文秀《黑旋风双献功》第一折）

而且，正反问句"X 啊不 X"式也有对应的"X 也不 X"式。例如：

(230) 实也不实？（元·柯丹邱《荆钗记》第二十四出）

(231) 裴中立这几日来也不来？（关汉卿《山神庙裴度还带》第二折）

另外，据张美兰（2001）的研究，《元曲选》中"也"用于"V 不

V"中构成选择问和反复问的混合形式"V 也不 V""是（可是）V 也不 V"等格式的用例极多。

正反问句"X 啊冇"大体也来源于"X 也无""X 也未"①，这种句式在更早的禅宗著作（如《祖堂集》《五灯会元》《古尊宿语录》等）里就已经出现。例如（引自张美兰，2001）：

（232）师问："你还曾见我嫂也未？"（《五灯会元》卷四）

（233）僧云："为什么不接？"师云："吃棒得也未？"（《古尊宿语录》卷八）

（234）问："如何是衲僧气息？"师云："还曾动著你也无？"（《祖堂集》卷九，南际和尚）

从语音上看，高安（太阳）方言的"也"读 [ia^{55}]，与"啊"的变音"呀"相同。吴慧颖（1990）指出山西、江西、湖南等地的一些方言中的"VP1 呀（是）VP2""VP1 啊（是）VP2"等格式的正反选择问句等同于近代汉语的"VP1 也 VP2"式，这一选择问句式中的"也"并非副词，而是语气助词，而且还是借用来记录"呀、啊、哪"等音的文字形式。

可见，从句法、语音和语义上，高安方言选择问句和正反问句的连接成分"啊"与近代汉语的"X 也 Y""X 也不 X"等具有等同性。不过，"啊"已经不是纯语气助词，而是重在关联选择项（或正反项）。

以上介绍了高安方言疑问句的结构类型。疑问句按功能类型划分又可分为反诘问句、附加问句和回声问句等。下面分别介绍高安方言的反诘问句、附加问句和回声问句。

12.5 反诘问句

反诘问句又称反问句，属于无疑而问的修辞性假性疑问句，其特点是用肯定的形式表否定，用否定的形式表肯定，从而起到强调、诘问、增加语势等方面的表达作用（邵敬敏等，2010：276）。高安方言的是

---

① 确切地说，从意义上看，高安方言的"X 啊冇"对应于"X 也未"以及"曾 X 也无"。

非问、特指问、选择问以及正反问都有反问用法。

12.5.1　是非问形式的反问句

高安方言是非问要表示反诘语气除本身必须有的疑问语气词外，还要根据一定的语境、语气副词等来实现。疑问语气词主要是"么""啊"，以及"嘛"加语气词构成的"嘛哩""嗟"等，此外，还有"么着"。语气副词主要是相当于"难道"义的"何垃"（只能用于"啊"字疑问句）。动词"有"，能愿动词"会""敢"等也会增强反诘语气。例如：

（235）何垃箇是尔一個人个啊？齐有份。难道这是你一个人的吗？大家都有份。

（236）发箇大个风，我敢出去啊？刮这么大风，我敢出去啊？

（237）二十几岁来之，一毛子事也做不正啦？二十多岁的人了，一点点事也做不成吗？

（238）尔是渠俚哪什哦？渠会认尔么？你是他什么人哦？他会认你？

（239）想要天上个星哩，要得到么着？想要天上的星星，要得到吗？

（240）渠不喊我，我会睬渠嘛哩？他不叫我，我难道会理睬他吗？

（241）世上有箇好个人嗟？世间哪有这么好的人？

12.5.2　特指问形式的反问句

高安方言里由问人、事物、处所、数量、时间、程度、方式等疑问代词构成的特指问句很多能表示诘问，后面还可加上语气词。例如：

（242）三岁伢毛仔晓得什哩哦？三岁小孩知道什么哦？

（243）尔话，哪什等我话之啊？你说，谁跟我说过啊？

（244）冇一個人在里，尔骂得把哪個听？一个人都没有，你骂给谁听？

（245）齐都想要，哪垃有箇多哩₂？大家都想要，哪有这么多呢？

（246）冇有文化出去打工赚得几个钱到哩？没文化出去打工赚了几个钱呢？

（247）从门口到马路上要得几久哦？从门口到马路上要得了多久哦？

（248）一只空盒仔会有几重哩₂？一个空盒子能有多重呢？

（249）里狭个屋仔怎样住得人正？这么窄的屋子怎么住得了人？

"哪址"和"哪块仔"都是询问处所的代词，但是前者与普通话的"哪里""哪儿"意义和功能相同，经常可用来表反诘语气。正如吕叔湘（1982：292）所说，"用'哪儿'造成的问句，却往往跟方所观念渺不相关，变成一个专作反诘用的词。我们很可以把这个'哪儿'分开作为一个逻辑性的疑问指称词"。而后者（"哪块仔"）却功能比较单一，只能询问处所，不能表示反诘。

12.5.3　选择问形式的反问句

选择问形式的反问句虽然形式上是并列的两项或多项，但说话人有时候是肯定倾向的。有的肯定前项。例如：

(250) 听老师讲啊听尔话哩$_2$？听老师讲还是听你说呢？

(251) 尔来学里是为之读书还是来嬉个？你来学校是为了读书还是来玩的？

有的肯定后项，例如：

(252) 是不会做还是不愿做哩$_2$？我看你就是懒。

(253) 箇这么危险还去矿里挖煤呀？是钱要紧还是命要紧哦？

有的是并列的几个选择项都不是说话人的倾向答案，表示周遍否定意义。例如：

(254) 我骂之尔，还是打之尔？尔自家话。我骂过你，还是打过你？你自己说。

(255) 住之箇久，渠洗过一只碗来，还是洗过一件衣裳来？住了这么久，她是洗过一只碗，还是洗过一件衣服？

(256) 要我服侍尔啊？尔是我俚爷啊我俚娘，还是我俚公公婆婆哦？要我伺候你？你是我爹，我娘，还是我爷爷奶奶呢？

12.5.4　正反问形式的反问句

正反问句虽然是并列的正项和反项，有的还有选择标记"啊"，但表示反诘语气时，不是要求听话人做出选择，而是说话人心中已有答案或事理很明显，要求听话人自己判断，句子里常常可加"尔话"等插入语。例如：

(257) 日□［ŋa⁰］就操嬉，尔话渠读得书进啊读不进啊？每天就想着玩，你说他读书读得下去吗？

(258) 尔蝉啊不蝉？箇简单个事都会搞错咯。你傻不傻？这么简单的事都会搞错。

(259) 汤都喫圆之，尔话还有菜盈啊冇？连汤都喝完了，你说还有菜剩没有啊？

(260) 大水都涨到屋下来之，尔话禾浸泼之啊冇？大水都涨到屋里来了，你说水稻有没有被淹掉？

12.6　附加问句

关于附加问句，邵敬敏（1990）认为，所谓附加问，是指附加在某个句子（S）后面的一种有特殊交际功能的疑问句。闫亚平（2017）作了更为详细的界定：所谓"附加问句"，是指在非疑问句后面附加上一定的"表疑部分"，如"是不是""好不好"等，而具有特定语用功能的疑问句。现代汉语普通话附加问句通常有三种基本格式：①由疑问格式"X不X"单独构成的附加问；②由疑问代词"怎（么）样"单独构成的附加问；③由叹词"啊、嗯"单独构成的附加问。高安方言的附加问句也有采用"S，X不X"等形式构成附加问句。下面介绍几种基本格式。

12.6.1　S，X+疑问语气词？

这里的 X 主要是判断词、表态词、助动词、动词、形容词，如"是、要得、愿、信、少"等。X 也可以是其否定形式。疑问语气词可以是"嘛、啊、么、吧、嘛哩、么着"等。例如：

(261) 尔昨日寻我来，是嘛？你昨天找过我，是吗？

(262) 一個人嬉一下过，要不得啦？每个人轮流玩一下，不行吗？

(263) 带我俚老弟去学修车，渠愿嘛哩？带我弟弟去学修车，他愿不愿意呢？

(264) △细人子莫惹 [ẓa⁴² 或 ia⁴²] 招惹，教化哩叫花子莫把 [pa⁴²] 给，懂么？

(265) 拿两百块钱把尔买米，少之么着？拿两百块钱给你买米，少不少？

12.6.2　S，X 啊不 X？

正反问形式"X 啊不 X"的 X 主要是判断词、表态词、助动词等。

"X 啊不 X" 后还可以添加语气词。例如：

（266）鱼子三块钱一斤，是啊不是嗟？丝瓜三块钱一斤，是不是呢？

（267）恁上個月一起做之二十只工，对啊不对？您上个月一共做了二十个工，对不对？

（268）冇有猪油，拿菜油炒，尔话行啊不行？没有猪油，拿菜籽油炒，你说行不行？

（269）今囗［ŋa⁰］不闲得明日来，可以啊不可以哩？今天没空明天来，可不可以呢？

12.6.3　S，嗬？

语气词"嗬"大体相当于语气词"哈"，附加在陈述句和祈使句后表示不同的意思，在陈述句里表示问话人已有某种推测、估计但不完全确定，需要向听话人求证，相当于"是不是""对吧"。例如：

（270）尔喫之饭，嗬？你吃了饭了，对吧？

（271）明日不着去学里，嗬？明天不用去学校，是不是？

（272）里本书尔看过来，嗬？这本书你看过，是吧？

在祈使句里表示征询意见，相当于"行不行""好不好"，但是疑问语气比较弱。例如：

（273）我俚姆妈不晓得，莫等渠话，嗬？我妈不知道，别跟她说，好不好？

（274）恁着個累把衣裳洗一下，嗬？辛苦您把衣服洗一下，好吗？

（275）要听话嘞，嗬？要听话哦，好不好？

如果"嗬"前面的小句形式没有停顿（书面表现为逗号），它的疑问语气就更弱。例如：

（276）下昼记到带帚哩来嗬？

（277）我去买毛子东西，等下我嗬？

与普通话的"好不好"一样，"嗬"也有非疑问用法，重在表示提醒、申明等意义。例如：

（278）钱把尔来之嗬。钱给你了哦。

（279）箇是我个嗬，齐都莫抢。这个是我的，大家都不要抢。

12.7 回声问句

回声问有狭义和广义之分。狭义回声问的特点是先导句为问句形式，广义回声问的先导句可以是疑问句，也可以是非疑问句。(邵敬敏，1990b) 这里讨论广义的回声问。普通话回声问的最常见、最基本的格式是不带任何附加的助问词语，此外还有语气式、提醒式、惊呼式（邵敬敏，1990b)。高安方言的回声问句主要用语气式，即通常要加语气词"啊"（或音变形式"呀、啦"）。因为回声问本质上是一种是非问句，而高安方言的是非问句一定要加语气词。例如：

(280) A：看得我俚孙仔到箇垃过之嘛？看见我孙子经过这里吗？

B：你孙仔啊？冇警觉嘚。你孙子啊？没注意呢。

(281) A：徐老师上课去之，尔下昼三点钟来。

B：下昼三点钟啊？好。

(282) A：我等走，莫理渠。我们走，别理他。

B：走啊？走到哪垃去啊？赔咯钱着。走？走到哪里去？赔了钱再说。

即便是提醒式，也要用语气词"啊"，只是在前面加上"尔（是）话"等助问词语，以求对方确认。例如：

(283) A：强伢仔读书硬蛮喫价厉害，又得之第一名。

B：尔是话老张俚崽啊？是蛮要得嘞。你是说老张的儿子吗？是蛮可以的。

(284) A：涨之水，桥上得过嘛？涨水了，桥上能过吗？

B：尔话丁家桥啊？不得过哦。你问丁家桥吗？过不了哦。

高安方言里也有惊呼式，即回声问之前先单独用疑问代词或叹词来发问（邵敬敏，1990b），但回声问仍然用语气式。例如：

(285) A：兄啊弟，借毛子钱来用。兄弟，借点钱来用。

B：什伽？借钱啦？我都冇钱喫饭。什么？借钱？我都没钱吃饭。

(286) A：我俚姑父去打工去之。我姑父打工去了。

B：哈？就去之啊？啊？这么早就去啦？

12.8 语气词"口[ɿ³⁵]"

12.8.1 语气词"口[ɿ³⁵]"的语法变调

语气词"口[ɿ³⁵]"和"哩"一样，在不同的句类里有不同的功能，而且要变调。在疑问句（主要是特指疑问句）里读升调阳平"口[ɿ³⁵]"，在非疑问句里读如阴去调"口[ɿ²¹]"（也可以是轻声），呈降调调型。简略式特指问句的"口[ɿ³⁵]"大致与普通话的语气词"呢"相当，当然也有"呢"所没有的意义和用法。（见12.2.2）"口[ɿ³⁵]"还可以用来质问原因，一般和"怎"共现。反映出说话人的惊讶、责问的语气。例如：

（287）昨日怎冇同你大人一起来口[ɿ³⁵]？昨天怎么没有跟你父母一起来呢？

（288）我个笔在哪垯啊，怎冇看得口[ɿ³⁵]？我的笔在哪里，怎么没看见？

（289）尔怎不早毛子话是？搞得我白走之一转。你怎么不早点说，弄得我白跑了一趟。

也可以用来表示反问。例如：

（290）渠箇大子怎会晓得口[ɿ³⁵]？他这么点年纪怎么会知道呢？

（291）过日个事哪什话得准口[ɿ³⁵]？以后的事谁说得准呢？

这个语气词在陈述句和感叹句念作"口[ɿ²¹]"。下面看看其用法：

其一，用在有假设关系的复句里，分句里可以加上"要、要是"等表假设的词语，但往往表示虚拟的情况，现实中不可能改变。通常表示不好的结果，表达出说话人的不满情绪。例如：

（292）等到尔来做口[ɿ²¹]，什哩事也做圆之嘞！要是等到你来做的话，什么事都做完了！

（293）晓得你箇样口[ɿ²¹]，我来都不得来。早知道你们这样，我压根就不来了。

（294）要我是尔口[ɿ²¹]，几时揭渠两個巴掌去之嘞。如果我是你，早就给他几巴掌了。

如果去掉"口[ɿ²¹]"，上面的句子仍然成立。虽然，"口[ɿ²¹]"用于假设复句里，但它并不完全等同于"要是、个话的话"等表假设关系的词语。前者是现实中不可能发生的虚拟情况，如上面的例句分别是事情已经做完了，等对方来做不可能，不知道对方是这样的情况，"我"也不可能是"你"。后者的假设是有可能实现、发生的。因此，下面的情况都不能用"□[ɿ²¹]"：

（295）有哪什打尔个话（*/□[ɿ²¹]），尔等我话。_{有谁打你的话，你跟我讲。}

（296）要是渠不来（*/□[ɿ²¹]），尔就扯得渠来。_{如果他不来，你就把他扯过来。}

有时某个事件有可能实现，但说话人主观认为坚决不可能发生，也可以用"□[ɿ²¹]"。例如：

（297）箇個人考得大学上□[ɿ²¹]，我硬抠眼珠。_{要是这种人能考上大学的话，我抠掉眼珠。}

"□[ɿ²¹]"前也可以是个否定的情况，表示假如没有这个条件，不会造成某种结果。这时的条件是既定的事实（不能更改）。例如：

（298）不是尔把鱼仔吓起走之□[ɿ²¹]，我硬要钓坑坑桶里鱼仔。_{要不是你把鱼吓跑了，我可要钓大半桶鱼。}

（299）不是渠俚丈人帮忙□[ɿ²¹]，凭渠一個人做得一幢屋起啊？_{如果不是他岳父帮忙的话，仅凭他一个人盖得起一幢房子吗？}

（300）不是我覞到渠□[ɿ²¹]，箇只老己又溜起走之。_{要不是我看着他，这个家伙又溜走了。}

其二，用来提醒、预警会造成某种不良后果。隐含着万一出现这种情况，听话人怎么办的意义。可以用"以防"对译。例如：

（301）带到伞嘞，等下落雨□[ɿ²¹]。_{把伞带着，以防待会儿下雨。}

（302）好正扶到嘞，□[tsɛŋ⁴²]到□[ɿ²¹]！_{好好扶着，小心摔跤！}

这种用法与其在疑问句的功能是相通的，可以通过变调转换成疑问句。上面两句可说成：

（303）不带到伞啦？等下落雨□[ɿ²¹]？_{不带伞吗？待会儿下雨怎么办？}

（304）不好正扶到啦？□[tsɛŋ⁴²]到□[ɿ²¹]？_{不好好扶着吗？摔跤了怎么办？}

其三，"□[ɿ²¹]"可以作为话题标记，后面通常有语音停顿，同时含有对话题中的人或物的不满情感。这一用法与南昌话的语气词"是"（徐阳春，1997）相似。例如：

(305) 细个崽口[ɿ²¹]，硬莫话，打之箇多年个工，一分钱都冇存到。<small>小的儿子啊，别提了，打了这么多年的工，一分钱都没存到。</small>

(306) 映红妹仔口[ɿ²¹]，蛮久都冇来看我。<small>映红妹子啊，好久都没来看我。</small>

(307) 渠俚许個爷口[ɿ²¹]，冇有钱还喫烟又喫酒。<small>他那个父亲啊，没钱还抽烟又喝酒。</small>

这个话题标记"口[ɿ²¹]"也跟假设有关联，相当于"要是说起……"的意思。

其四，用于称呼词语后面表示无可奈何的语气，后面通常是某种请求。例如：

(308) 我俚爷口[ɿ²¹]，莫跦哩！<small>我亲爹啊，别捣乱！</small>

(309) 我个娘口[ɿ²¹]，听我好好哩话嘞！<small>我的娘啊，听我好好说嘛！</small>

这种用法形式上与其三相同，但意义是不一样的。这里的称呼不是实指，而是对对方的一种无奈的呼喊。

12.8.2 语气词"口[ɿ³⁵]"的可能来源和方言分布

高安方言的这个语气词在疑问句里念作"口[ɿ³⁵]"，在非疑问句里读作"口[ɿ²¹]"。笔者认为该语气词可能是"时"或"是"的音变形式，不仅声母脱落，还发生了语法变调。

一方面，从语音上讲，高安话的"时[sɿ³⁵]"和"是[sɿ²¹]"，除了声调不同，声母、韵母都相同，做虚词（语气词）用时是完全可能发生声母脱落现象的。

另一方面，方言的分布提供了更为有力的证据。汉语其他方言（主要是客赣方言）里与之对应的语气词有的写作"时"，有的写作"是"。语气词"时"如客家方言连城话（项梦冰，1997）、客家方言石城话（曾毅平，2010）、赣方言宜丰话（邵宜，2010a；2010b）等。语气词"是"主要见于南昌话的相关文献，如徐阳春（1997），魏钢强、陈昌仪（1998），谢留文（1998）等，此外还有陕北神木话（邢向东，2006）。这些语气词功能不尽相同，但一般都有位于特指问句末尾（相当于语气词"呢"）和在非疑问句里表示假设关系或做话题标记的用法。已有的文献没有指出"时"或"是"在疑问句和非疑问句里发生了变调，而在高安话里是同一个语气词，是不同用法的变调形式。

笔者认为"时"和"是"有共同的来源，只是声调和用字不同。谢留文（1998）从共时层面与其他方言比较，认为南昌县（蒋巷）方言的"是"除作系词外，还可以用作语气助词，其本字就是"是"，因为该字在西南官话中也有语气助词的用法。项梦冰（1997）主要从历时角度考察，认为客家连城话的"时"是话题语标记，是由表示时间的"时"虚化而来的。邵宜（2010b）从共时和历时两个角度详细论述赣方言（和客家方言、湘方言）时间助词"时"演变为语助词的过程，大致演变顺序是：时间词→假设作用→提示话题→停顿及其他。一系列的研究（张炼强，1990；艾皓德，1991；曹国安，1996；等等）"时"字在近代汉语里已经虚化为表示假设的语气助词，而"是"字却在古代、近代汉语里暂未见相关的研究证据。相较而言，该语气词本字为"时"字有说服力。因此，笔者认为高安话里的语气词"□［ɿ］"的本字应该是"时"，只是在疑问句里读作［ɿ³⁵］，在陈述句和感叹句里读作［ɿ²¹］。

12.9　小结

本章描写了高安方言疑问句的结构类型和功能类型，包括是非问句、特指问句、选择问句、正反问句、反诘问句、附加问句和回声问句。高安方言的是非问句没有语调型是非问句，只有语气词是非问句，具体可以分为三种类型：一是疑问语气词（"嘛、么、啊、吧"等）；二是疑问副词+语气词；三是语气词连用。还有特殊的是非问句——"么着"问句。特指问句有两大类：一类是用疑问代词表示疑问焦点的问句（一般式）；另一类是语境制约下不用疑问代词而用疑问语气词"哩"或"□［ɿ³⁵］"表示疑问焦点的问句（简略式）。选择问句和正反问句的特点是都要用选择标记"啊"，构成"X 啊 Y"或"X 啊不/冇 X"形式。这个"啊"可能来源于宋元时期具有连接功能的语气词"也"。

高安方言的是非问、特指问、选择问，以及正反问都有反问用法。附加问句有"S，X+疑问语气词？""S，X 啊不 X？""S，嗬？"等形式。回声问句主要用语气式,即通常要加语气词"啊"(及其音变形式"呀、啦")。因为回声问本质上是一种是非问句,而高安方言里只有语气词是非问句。

章节末尾还探讨了语气词"□ [ɿ^{35}]"和"□ [ɿ^{21}]"不同声调的意义和用法。结合已有的研究,认为本字应该是"时",其语气词用法是由时间名词"时"虚化而来。

第 13 章 结语

高安方言属于赣方言的一种次方言。目前，高安方言尤其是高安方言语法的研究还比较薄弱。尽管近年来随着高安籍学者的增加，高安方言逐渐被重视、挖掘。但是，一方面，已有的研究主要还是语音和词汇方面，语法方面的关注还远远不够；另一方面，目前学界对高安方言的了解可能主要是城区话和杨圩（老屋周家）话，高安城区话的研究也不太成系统，主要是赣语通论性著作里零星的介绍。更为重要的是，高安境内方言虽然能够沟通，但不同乡镇、村组之间语音、词汇差别明显，语法也有诸多不同的表现，需要深入、系统地研究。本书旨在对高安方言的语法进行描写研究，初步探讨了高安（太阳）话的语缀、重叠、代词、体貌、程度表达、"得"字句、比较句、处置句、被动句、双宾句和疑问句等方面的问题。

附加法是高安方言构词的形态手段之一。高安话的前缀不很发达，主要是与普通话基本相同的名词前缀"老、小、第、初"，不大用前缀"阿"。"发、开"有虚化为动词前缀的倾向，笔者看作类前缀。状态形容词 XA 式前面都有一个本字不明、意义较虚的成分，笔者把它看作形容词前缀。中缀有"里、咕、啊、似"等，其中"咕"和"啊"比较有地域特色。"咕"不仅可以构成"X 咕 XA"式状态形容词，还可以构成"作咕认真、肃咕冷静"等形容词。"啊"用于连接并列关系的语素构词，如"兄啊弟、娘啊爷"。此外，"啊"也是选择问句形式"V_1啊 V_2？"和正反问句形式"V 啊不 V？"的重要成分，笔者认为二者可能有同源关系。高安话的后缀比较丰富，其中最主要的是"哩、仔、子"尾。大多数赣语次方言以一个为主（陈昌仪，1991：352），但是高安话却三个并存，而且在分布上呈互补关系。其中"子、仔（崽）"

应该来源于孩子义，"哩"也可能来源于"儿"。"X 人"式词语有"使动词组"（陈昌仪，1991：364）、"自感结构"（胡双宝，1984；项梦冰，1997：320—324；罗昕如，2006）等不同名称，但是随着语言的使用，"人"的意义已经越来越虚，已经语缀化，"X 人"逐渐凝固成一个形容词，不再是个动宾词组。

除了附加语缀，高安方言也有一些屈折式构词现象。

第一，常见的是变调构词。细分起来，又有多种功能。

1）通过声调变化改变词性。例如：

两 [liɔŋ]：（1）读作上声 42，数词。如"两個、两斤"等。(2) 读作阴平 55，量词。如"三两重、斤两"等。

花 [fa]：（1）读作阴平 55，名词。如"花边钱、费用"等。(2) 读作阳平 35，动词。如"花之蛮多花边花了很多钱"。

锯 [kiɛ]：(1) 读作阴去 13，名词。如"锯子"等。(2) 读作阴去 35，动词。如"锯断"等。

钉 [tiaŋ]：(1) 读作阴平 55，名词。如"钉子、钢钉"。(2) 读作阴去 13，动词。如"钉钉子"。

错 [tsʰɔ]：（1）读作阴去 13，形容词，不正确；名词，错处。(2) 读作阴平 55，动词，错开；形容词，错开的、歪斜的。

先 [ɕiɛŋ]：(1) 读作阴平 55，时间副词。（2）读作阳去 21，时间名词，指很久以前。

2）通过声调改变语态。例如：

吓 [ha]：(1) 读作阴平 55，主动态。如"莫吓渠别吓唬他"。(2) 读作入声 3，被动态。如"莫吓到之哦该不是被吓到了吧"。

3）通过声调改变语气类型。例如：

哩语气词 [li]：(1) 读作阳平 35，疑问语气。(2) 读作阴去 21 或轻声，非疑问语气。

□ [ʅ]：(1) 读作阳平 35，疑问语气。(2) 读作阴去 21 或轻声，非疑问语气。

第二，改变声韵调构词。例如：

话：(1) 读 [ua²¹]，动词。如"话事说话""莫等渠话别跟他说"。(2) 读 [fa²¹]，名词。如"高安话"。

踢：（1）读 [tʰit³]，动词，行为主体是人。如"踢球""渠踢之我一脚他踢了我一脚"。（2）读 [tʰiaʔ³]，动词，指牛、马等动物踢人。如"箇只牛会踢脚这头牛会踢人"。

肾：（1）读 [ɕiŋ²¹]，名词，动物的肾脏。如"鸡肾哩"。（2）读 [ʂəŋ²¹]，名词，人的肾脏。

办：（1）读 [paŋ¹³]，动词。如"怎样办"。（2）读 [pʰaŋ²¹]，构成名词。如"办法"。

罢：（1）读 [pa¹³]，动词，算了。如"作罢""罢之，我怕之尔"。（2）读 [pʰa²¹]，动词，停止。如"罢街罢市"。

指：（1）读 [tʂɻ̩³]，名词。如"指爪指甲"。（2）读 [tʂɻ̩⁴²]，动词。如"指得把我看指给我看"。

肚：（1）读 [tu⁴²]，名词，指肚皮。如"肚哩肚子"。（2）读 [tʰu²¹]，名词。如"肚脐"。

重叠是构词、构形的另一重要形态手段。高安方言重叠的特点是语素、词的重叠能力不强，必须附加语缀才能重叠。普通话的动词、形容词、量词都能比较自由地重叠，有大量的重叠形式。高安方言的动词基本不能自由重叠（单音节动词没有 AA 式、双音节动词没有 ABAB 式），一般要加后缀"子"构成"AA 子"式，其基本语法意义是"动量小、时量短"，具体说来有轻松、随便、短时等意义，但没有类似于普通话的尝试义。形容词里的单音节词本身也不能重叠，只有 AA 哩式和 AA 子式。双音节性质形容词与普通话一样可以重叠为 AABB 式，语法意义也是表示程度的增强。所不同的是，高安方言里有许多普通话里没有的重叠式词语，如"奸奸诈诈、聪聪明明、自自在在、激激灵灵"等。高安话里还有"造造湿、麦麦干"这样的 XXA 式状态形容词。普通话里这类词不多见，《现代汉语词典》（第 7 版）收录的仅有"喷喷香、蒙蒙亮"以及具有方言色彩的"麻麻黑、麻麻亮"。普通话的量词能自由重叠，表示逐指、周遍等意义，高安方言里只有少量的量词 AA 式，表示相同的意义更为地道的说法是"A 打 A（子）"式。名词重叠式 AA 与普通话一样也主要是亲属称谓词，但是带上语缀"哩"后重叠能力大大增强，如"粉粉哩、梗梗哩、影影哩、肉肉哩"等。总之，除 AABB 类重叠式外，其他重叠形式一般是重叠手段和附加手段并用。

代词系统由人称代词、指示代词、疑问代词的配套的基本形式组成其基本面貌（邢福义，2016：179）。高安方言的人称代词以"我""尔""渠"为基础形成配套形式，三身代词由于语音感染的作用（李荣，1965）都念作阴平。这在汉语方言里也是一种普遍现象。人称代词的复数形式是"我俚"（这是排除式，还有包括式"我恁"或"我等"）"尔俚""渠俚"。这个后缀"俚"还保留有"家"的意义，如"去我俚喫饭去我家吃饭""小英俚小英家"，但是它是粘着的，不能自由使用。"俚"应该与方位词"里"同源。夏俐萍（2020：89）认为，人称代词与"里"结合后，可能最初用于"家"义关联标记，后进一步虚化为人称代词复数标记。高安方言人称代词的另一个显著特点是领格必须使用复数形式，不能用单数形式。有时为了强调领属关系，领属定语也可以用"个"。高安方言的基本的指示代词是"箇、里、许"，分别表近指、更近指和远指，属于三分系统。以此为基础形式有指示人或事物、时间、处所、程度、方式等意义的各种形式。相比人称代词、指示代词，疑问代词有些特殊，它"不是直接称代，而是通过提问寻求称代"（邢福义，2016：180）。高安方言的疑问代词主要是"哪什""什哩/什伽""哪垯""几井晏""几多""几""为什哩/为什伽、怎"等问人、事物、处所、时间、数量、方式、程度、原因等代词。代词有指称功能，也有活用现象，这两者都有一定的称代性质。但是有些代词容易发生虚化或语法化，意义变得更加虚无，甚至毫无指代意义。比如高安方言的人称代词"伢俚"、人称代词与言说动词"话"构成的"尔话""渠话""话渠"、指示代词"箇、里、许"，以及疑问代词"哪垯"等有演变为话语、语用标记的用法。

体貌有不同的名称，都是指"动作行为或事件在时间进程中的状态"和"动作行为的情貌特征"（陈泽平，1996）。高安方言的体貌系统有其特殊之处。完成体（实现体）主要有"之"和"咯"，二者在功能上有明确的分工。前者多用于已然句，后者只用于未然句。"在里"用于谓语动词前表进行体，置于动词后表持续体。经历体普通话用"过"，高安话用"过来"。高安方言里还有近经历体（或近过去体），用"来"做标记。重行体意义用"过"。这几个词形式、意义相近，但在这三种体貌意义里有明确的分工，没有交叉。先行体肯定式标记用

"着",否定式要用"优",具有明显的方言特色。将然体意义用"会嗟 X 嗟"格式,X 可以是 NP 和 VP。已然体表示事态已经或即将出现变化。普通话用句尾助词"了$_2$"表示,高安方言的"之"用在肯定句中主要是做完成体标记,在否定句末有表示出现新情况的意义。也可以说"之"兼表完成和已然,不过,动词后带宾语时,"之"要放在宾语的前边。高安方言表示已然体意义主要是用"来之","NP 来之"对应于普通话的"NP 了"。"VP 来了",相当于"VP 了",但如果动作有外向性,要用"VP 去之",如"东西我把渠去之东西我给他了"。表示短时体意义有"VV 子""V 下仔"等形式。值得一提的是高安方言的尝试体表示法,它不像普通话那样采用动词的重叠形式,而是用"V 睨"来表达,遗憾的是还不知道其来源是什么。表示反复体意义有词汇和语法形式,如"儘到 V""VV""V 啊 V""VVV"等形式。

程度是重要的语义范畴。高安方言的程度表达在词法、句法和语用方面都有不同的表现形式。词法方面主要是通过状态形容词来表示,包括附加式状态形容词和重叠式状态形容词。句法方面主要是重叠、程度状语、程度补语、程度定语和特定的格式等手段。语用层面也有多种形式,如语气、类比、比较、夸张和反语等手段。高安方言里有一种特殊的格式"A 又 A"来表示程度,其表义特点是累加增量。它与普通话的这一格式在感情色彩、句法功能和语体、文体方面都不同。

高安方言里的"得"字具有多种意义和用法。除了做动词或构成动词,还有副词、能愿动词、结构助词、动态助词、语气助词、介词等功能。其中较为有特色的是"得$_1$"的副词用法。"得$_1$ + VP"格式,表示过去 VP 得够多了,或者说 VP 是一种经常性的行为。这种用法在方言里比较少见。古汉语里"得"字虽无表示频率高的意义,但是"得得"却有"频频"义。普通话里虚词"得"最常用的功能就是做状态补语、可能补语的标记。高安方言的"得"亦是如此,不过,它还能与"起"分工做趋向补语标记。当补语是趋向动词时,用补语标记"得";当补语是移动义动词"走"时,用补语标记"起"。由于"起"做补语标记的使用范围较窄,而且在语流中发生了音变,人们或作"以"或作"一"或直接标音,通过跨方言的比较,认为本字应是"起"。结果补语一般都是粘合式,即不需要补语标记"得",如普通话里的"吃完（了）""做好（了）"，其否定式是"没 VC"，如"没做完""没做好"。但是，高安方言的动结式 VC 式的否定式却经常采用"冇 V 得 C"这一特殊格式，如"冇喫得圆""冇做得好"等。严格来说，高安方言也有对应于普通话的"冇 VC"否定式。通过研究发现采用何种否定式与补语的褒贬色彩和语用心理有关系，而且主要取决于后者。当结果是褒义、中性的或者希望达到的而事实情况未达到，那么要用"冇 V 得 C"，如"洗伶俐之 洗干净了"的否定式是"冇洗得伶俐"；相反，如果是不希望达到的结果，否定式用"冇 VC"。如"话错之"的否定式是"冇话错"，一般没有"冇话得错"的说法，只能说"冇话得对"。"打烂之"最能说明这一规律，其否定式有"冇打得烂"和"冇打烂咯"，如果是希望发生，现实却没发生的结果，采用前者；否则，采用后者。

比较可以分为差比、极比、递比和等比等不同的语义类型。高安方言的差比句的比较标记可以用"比"字、"冇（有）"，还可以用"似"字，这是中古汉语以来"似"字用法的继承。不过"A 似 B"形式的比较句现只存在一些俗谚中，一般口语里较少见到。普通话里有"A + 比 + B + W + 些"格式表示比较，高安方言对应的格式是"A + 比 + B + W + 紧"。极比句的比较标记除"最"字外，还有比较特殊的"头"。"头"由人体最顶端的部位引申出"最"义。递比句的格式比较少。等比句有"A + 同块 + B + 一样""A + 有 + B + 样"等格式。

普通话的处置句主要是指"把"字句，高安（太阳）话的有标处置句除了这一句式外，还有"拿"字处置句和"捉到/搭到"处置句。"捉到/搭到"类处置句是本地方言的一大特色。当然，在东南方言里也有些分布。比如，"捉"类处置标记在汉语方言里主要有单纯标记"捉"和复合标记"捉到、捉哒"等形式。"搭"类处置标记主要有"搭、搭起、搭紧、搭到"等几种形式，但是用这类处置标记的方言点要少得多。高安方言的处置介词"把、拿、捉、搭"都来源于其动词的持拿义，其中"拿"字还经历了工具义阶段。高安方言的三种处置句之间也有不同的特点：首先，三类处置句的地位、层次不同；其次，处置介词的虚化程度不一；最后，它们的功能和使用范围不一样。处置义的表达还有无标记的形式，如"V_1 得 + NP + V_2"式、"V + C + O"

动补宾式祈使句和"NP + V₁得 + V₂"受事前置句等。

高安城区话的被动句主要是"讨"字被动句，高安（太阳）话最地道的被动句是"着"字被动句，当然，受城区及周边方言的影响也用"讨"字被动句。此外，还有"把"字被动句，但它的使用很受限制，还不是典型的被动句。但据笔者初步调查，在高安独城、八景等地"把"字有相当于普通话"被"字的功能。这些地方"碗把渠打烂之"这样的句子是完全可以说的。高安独城话在介词"把"前还要加上前缀"啊"。可见，高安境内方言比较复杂，需要深入农村、乡镇去研究。本书着重介绍的是"着"字被动句，其句式语义主要是被动，表示受事受动作行为的影响而发生变化，其语用意义则是表示"意外事件"，不如意的情况是"意外"的下位层次意义，也即意外事件不一定是拂意的。三个被动标记有着不同的来源。"着"字主要来源于动词的"遭受"义。"讨"可能与被动标记"得"一样都是"给予"的对立面，由"索取"义可以演化为被动标记，而不一定要经历中间环节"引致、招惹"义。高安方言被动标记"把"的语法化链条是：给予→使役（容让）→被动。笔者认为"使役"的范围太广，其中的"容让"才更容易向被动义转化。无标记被动句主要有两类：一类是在其他方言已经转化为被动句的遭受、任凭义动词句，如"驮""让""紧"。高安方言还有比较有特色的"张"也有遭受、任凭义。这些词都有被动意义，但没有演变为被动标记（但是其他方言里演变为被动标记的证据）。另一类是表示被动意义的受事主语句。

为了更好地展现方言的特点，本书对双宾句作较为宽容的标准，既包括一般的双宾句，也涵盖与格标记的间宾标记式，它们都是双及物结构。一般双宾式的结构形式是"V + O₂ + O₁"，间宾标记式的结构形式是"V + O₁ + 把 + O₂"，老一辈有的还用"V + O₁ + 过 + O₂"式，大部分人较少使用。两种双宾句的动词特点不同，一般双宾式的动词主要是取得义、消耗义、叙说义、称呼类、肢体类、"差欠"类和"泼吐"类动词。间宾标记式的动词除给予义动词外，还有临时给予义动词，这种类型相对比较开放，我们分为移动义、分离义和制作义三类。关于了双宾句的句式语义，笔者把高安方言的双宾句式意义概况为施事（S）转移受事（O₁）而使 O₂（广义与事）造成一定程度的损益。之所以强调

"一定程度"，是因为双宾结构有一个普遍的现象，那就是它一般要求直接宾语含有数量成分。高安方言的双宾句都是损益句，一般双宾式偏向于受损义句式，间宾标记式都是获益义句式。高安方言没有典型的双宾兼语混合句，只有间宾标记式套合兼语式，其格式是"$V_1 + O_1 + 把 + O_2 + V_2$"。高安话里没有典型的给予义双宾句，笔者认为这与"把"的意义和用法有很大的关联。普通话的"给"和高安话的"把"都是给予义动词，在双宾语句（间宾标记式）里也都能作与格标记，但是二者有一个很大的区别：能否带无生宾语。普通话的"给"既可以带指人宾语，也可以后接无生宾语，如"给钱、给小费、不给发票"等说法；而高安话的"把"表给予义时只能带指人的与事宾语，不能带无生名词宾语，带后者做宾语时是"投放"义，如"碗里冇把盐碗里没放盐"。这与近代汉语"把"表给予义的渊源有关系。

疑问是人类重要的功能范畴，疑问句也是重要的句类之一。与普通话相比，高安方言疑问句也有一些重要的特点。高安方言没有语调型是非问句，只有语气词是非问句，语气词具体可以分为三种情况：一是单纯的疑问语气词，如"嘛、么、啊、吧"等；二是疑问副词＋语气词，如"莫＋VP＋喔"式测度是非问句；三是语气词连用，如"嘛哩、嘛嗟"等。还有一种特殊的是非问句——"么着"问句。特指问句有两大类：一类是用疑问代词表示疑问焦点的问句（一般式）；另一类是语境制约下不用疑问代词而用疑问语气词表示疑问焦点的问句（简略式）。简略式特指问句普通话用语气词"呢"，高安话用"哩"或"□[ɿ³⁵]"。"□[ɿ³⁵]"对应于客赣方言的"时"或"是"。选择问句和正反问句的特点是都要用选择标记"啊"。这个"啊"可能来源于宋元时期具有连接功能的语气词"也"。高安方言的是非问、特指问、选择问以及正反问都有反问用法。回声问句主要用语气式，即通常要加语气词"啊"，这是因为回声问本质上也是一种是非问句，而高安方言里只有语气词是非问句。与语气词相关的现象很多，尤其是与否定副词"莫"组合时，意义更复杂。比如，"让渠莫VP啊"基本意义相当于"让渠VP"，"莫"不指向VP，而指向受话人。又如，"莫VP惹"是祈使否定，表示"别VP嘛"，而"莫VP叽"则表示威胁，告诉对方如果不VP将会造成某种后果，是希望对方VP。语气词不同，二者意义迥然。

　　本书力图多方面地描写高安方言的语法现象，为汉语方言提供新的语料和语言事实，使汉语方言乃至汉语的研究更加深入。但限于学力水平，文章有许多不足之处。第一，内容的深度较为浅显。邢福义先生提出的两个"三角"是汉语语法研究的重要思路和方法，但由于笔者学识浅薄，对一些语法现象的"表—里—值"考察还不充分，很多问题还只是粗浅地描述，没有很好地解释。从"普—方—古"大三角来说，本书着重在"普—方"的比较，"古"角的探源虽偶有涉及，但也不深入，"方—方"比较也相对欠缺。第二，范围的广度不够宽。本书只描写了高安太阳镇话，没有全面地考察高安境内其他乡镇赣语的情况，方言点比较单一。第三，方言语法的特色描写不够。本书主要选择词法和句法两大方面试图对高安方言进行系统的研究，但也有很多方面如量词、方所、时间、介引、语气、存现句、祈使句、感叹句等诸多问题没有考察，而且一些方言特色还没有彰显出来。正如汪国胜先生（2014）所说的那样，"从问题研究和文章写作的角度来说，应该提倡'小题大做'，选择方言中特殊的能够反映方言的特点和个性的语法现象进行深入的研究"。另外，文中的观点可能也有待商榷，还请方家指正。

　　高安方言的语法乍看可能特色不太明显，但深入研究也能发现许多不同之处。除本书研究的问题外，许多方面还有待进一步挖掘。比如，虚词里的介词、连词以及其他很多语气词等都没有专门探讨；致使句除了用"把"字句，也可以用"V 得 OV"如"打得渠匍到、话得老李笑得要死"等，其他特殊格式如"V 啊 V 之"（相当于"V 都 V 了"）都需要仔细研究；复句虽然文中有不少例句，但也未专题探讨。此外，尝试体表达形式"V 眈"、否定句里先行体标记"优"的来源等都值得深入研究。

参考文献

艾皓德:《近代汉语以"时"煞尾的从句》,《中国语文》1991年第6期。

蔡瑱:《类型学视野下汉语趋向范畴的跨方言比较：基于"起"组趋向词的专题研究》,学林出版社2014年版。

曹国安:《"时"可以表示假设》,《古汉语研究》1996年第1期。

曹跃香、李文洁:《高安话"到"动量词用法探析》,《南昌工程学院》2019年第5期。

曹志耘:《汉语方言地图集（语法卷）》,商务印书馆2008年版。

陈昌仪:《赣方言概要》,江西教育出版社1991年版。

陈山青:《湖南汨罗方言复数人称代词词尾"俚"的语源》,《湖南科技大学学报》（社会科学版）2011年第1期。

陈淑梅:《汉语里一种带虚词的间宾标记式式》,《中国语文》2001年第5期。

陈淑梅:《鄂东方言"把得"被动句》,《湖北师范学院学报》（哲学社会科学版）2005年第4期。

陈小荷:《丰城话动词之后的"着"》,载胡明扬主编《汉语方言体貌论文集》,江苏教育出版社1996年版。

陈小荷:《丰城话的主观量及其相关句式》,载北京大学中文系编写《语言学论丛》第十九辑,商务印书馆1997年版。

陈小荷:《丰城赣方言语法研究》,世界图书出版公司北京公司2013年版。

陈泽平:《福州方言动词的体和貌》,载张双庆主编《动词的体》,香港中文大学中国文化研究所吴多泰中国语文研究中心1996年版。

陈泽平:《福州话的动词谓语句》,载李如龙、张双庆主编《动词谓语句》,暨南大学出版社1997年版。

谌剑波:《高安(灰埠)方言的轻声研究》,硕士学位论文,江西师范大学,2005年。

储泽祥:《汉语规范化中的观察、研究和语值探求——单音形容词的AABB差义叠结现象》,《语言文字应用》1996年第1期。

储泽祥:《赣语岳西话的过程体和定格体》,《方言》2004年第2期。

储泽祥:《单音名词的AABB叠结现象》,载汪国胜、谢晓明主编《汉语重叠问题》,华中师范大学出版社2009年版。

崔振华:《益阳方言研究》,湖南教育出版社1998年版。

邓思颖:《汉语方言语法的参数理论》,北京大学出版社2003年版。

丁邦新:《与〈中原音韵〉相关的几种方言现象》,《历史语言研究所集刊》1981年第五十二本第四分。

丁加勇:《隆湘语双宾句句式研究》,载汪国胜主编《汉语方言语法研究》,华中师范大学出版社2007年版。

丁雪欢:《沅江话中"起"的意义及语法功能》,《汕头大学学报》(人文社会科学版)2005年第2期。

范方莲:《试论所谓动词重叠》,《中国语文》1964年第4期。

范慧琴:《山西定襄方言的"V+X+趋向补语"结构》,载戴昭铭主编《汉语方言语法研究和探索——首届国际汉语方言语法学术研讨会论文集》,黑龙江人民出版社2002年版。

范晓:《复动"V得"句》,《语言教学与研究》1993年第4期。

范晓:《汉语语义结构中的与事》,载中国社会科学院语言研究所、《中国语文》编辑部编,《庆祝〈中国语文〉创刊五十周年学术论文集》,商务印书馆2004年版。

付欣晴:《赣语黎川话中的"得V"和"V得"》,《华中学术》2019第1期。

高安市志编纂委员会:《高安市志(1986—2006)》,方志出版社2009年版。

高名凯:《汉语语法论》,商务印书馆1986年版。

龚千炎:《现代汉语里的受事主语句》,《中国语文》1980年第5期。

郭锐:《汉语谓词性成分的时间参照及其句法后果》,《世界汉语教学》2015 年第 4 期。

郭晓麟:《意外:起始义"V 上"的语用意义》,《汉语学习》2018 年第 4 期。

郭中:《论汉语小称范畴的显赫性及其类型学意义》,《中国语文》2018 年第 2 期。

侯精一:《现代汉语方言概论》,上海教育出版社 2002 年版。

胡双宝:《文水话的自感动词结构"V+人"》,《中国语文》1984 年第 4 期。

胡松柏:《赣文化通典·方言卷》,江西人民出版社 2013 年版。

胡文静:《"你说"的语义演变及其引发的语用功能》,《齐齐哈尔大学学报》(哲学社会科学版)2011 第 3 期。

胡云晚:《湘西南洞口老湘语虚词研究》,江西人民出版社 2010 年版。

黄伯荣:《陈述句、疑问句、祈使句、感叹句》,新知识出版社 1957 年版。

黄伯荣:《汉语方言语法类编》,青岛出版社 1996 年版。

黄伯荣、廖序东:《现代汉语(增订五版)下册》,高等教育出版社 2011 年版。

黄大祥:《甘肃民勤方言的选择性问句——兼论其"X+啊+Y"句式的来源》,《方言》2016 年第 1 期。

黄国营:《"吗"字句用法初探》,《语言研究》1986 年第 2 期。

黄晓雪、李崇兴:《方言中"把"的给予义的来源》,《语言研究》2004 年第 4 期。

江蓝生:《"动词+X+地点词"句型中介词"的"探源》,《古汉语研究》1994 年第 4 期。

江蓝生:《吴语助词"来""得来"溯源》,《中国语言学报》1995 年第 5 期。

江蓝生、曹广顺编著:《唐五代汉语词典》,上海教育出版社 1997 年版。

江蓝生:《汉语使役与被动兼用探源》,载《近代汉语探源》,商务印书馆 2000 年版。

江蓝生:《再论"们"的语源是"物"》,《中国语文》2018 年第 3 期。

江西省地方志编纂委员会:《江西省方言志》,方志出版社 2005 年版。

江西省高安县史志编纂委员会:《高安县志》,江西人民出版社 1988 年版。

蒋冀聘:《湖南沅陵乡话词缀"立"[li]的来源》,《湖南师范大学社会科学学报》2004 年第 5 期。

蒋绍愚:《近代汉语研究概要》,北京大学出版社 2005 年版。

蒋绍愚:《受事主语句的发展与使役句到被动句的演变》,《汉语史学报》2011 年第 11 辑。

金兆梓:《国文法之研究》,商务印书馆 1983 年版。

雷冬平、胡丽珍:《赣语安福话"得"的几种特殊用法》,《方言》2019 年第 2 期。

黎锦熙:《新著国语文法》,商务印书馆 1992 年版。

李崇兴:《宜都方言研究》,华中师范大学出版社 2014 年版。

李金陵:《潜怀方言研究》,黄山书社 1994 年版。

李劲荣、陆丙甫:《论形容词重叠式的语法意义》,《语言研究》2016 年第 4 期。

李军:《二十世纪二十年代的江西高安方音》,《方言》2009 年第 3 期。

李蓝:《"着"字式被动句的共时分布与类型差异》,《中国方言学报》2006 年第 1 期。

李蓝、曹茜蕾:《汉语方言中的处置式和"把"字句》,《方言》2013 年第 1—2 期。

李临定:《带"得"字的补语句》,《中国语文》1963 年第 5 期。

李临定:《双宾句类型分析》,载《语法研究和探索》第二辑,北京大学出版社 1984 年版。

李讷、石毓智:《汉语比较句嬗变的动因》,《世界汉语教学》1998 年第 3 期。

李荣、熊正辉:《中国语言地图集》,远东朗文出版社 1987 年版。

李荣:《语音演变规律的例外》,《中国语文》1965 年第 2 期。

李如龙、张双庆:《客赣方言调查报告》,厦门大学出版社 1992 年版。

李如龙:《闽语的"囝"及其语法化》,《南开语言学刊》2005 年第 1 期。

李如龙:《泉州方言的动词谓语句》,载李如龙、张双庆主编《动词谓语句》,暨南大学出版社 1997 年版。

李珊:《动词重叠式研究》,语文出版社 2003 年版。

李珊:《现代汉语被字句研究》,北京大学出版社 1993 年版。

李善熙:《汉语"主观量"的表达研究》,博士学位论文,中国社会科学院,2003 年。

李铁根:《现代汉语时制研究》,辽宁大学出版社 1999 年版。

李小华:《客家方言的处置标记及其句式》,《殷都学刊》2013 年第 1 期。

李永明:《长沙方言》,湘潭大学出版社 2016 年版。

李宇明:《论形容词的级次》,载中国语文杂志社编《语法研究和探索(八)》,商务印书馆 1996 年版。

李宇明:《程度与否定》,《世界汉语教学》1999 年第 1 期。

李宇明、陈前瑞:《北京话"给"字被动句的地位及其历史发展》,《方言》2000 年第 4 期。(a)

李宇明:《汉语量范畴研究》,华中师范大学出版社 2000 年版。(b)

梁德曼、黄尚军:《成都方言词典》,江苏教育出版社 1998 年版。

林立芳:《梅县方言的"来"》,《语文研究》1997 年第 2 期。

刘村汉:《随州方言语法条例》,载刘海章等著《荆楚方言研究》,华中师范大学出版社 1992 年版。

刘丹青:《苏州方言的动词谓语句》,载李如龙、张双庆主编《动词谓语句》,暨南大学出版社 1997 年版。

刘丹青:《汉语给予类双及物结构的类型学考察》,《中国语文》2001 年第 5 期。

刘丹青:《方言语法调查研究的两大任务:语法库藏与显赫范畴》,《方言》2013 年第 3 期。

刘丹青:《汉语动补式和连动式的库藏裂变》,《语言教学与研究》2017 年第 2 期。(a)

刘丹青:《语法调查研究手册》(第 2 版),上海教育出版社 2017 年版。(b)

刘丹青等:《汉语方言语法调查问卷》,《方言》2017 年第 1 期。

刘海波:《近代汉语多功能语法标记"把"研究初探》,《荆楚理工学院学报》2017 年第 3 期。

刘海波:《"着"字被动句的来源》,《安阳师范学院学报》2019 年第 4 期。

刘坚、江蓝生等:《近代汉语虚词》,语文出版社 1992 年版。

刘纶鑫:《客赣方言比较研究》,中国社会科学出版社 1999 年版。

刘小川:《南昌方言"X 人"式复合词考察》,《华中学术》2017 年第 1 期。

刘月华等:《实用现代汉语语法》(增订本),商务印书馆 2001 年版。

卢福波、吴莹:《请求句中"V"、"V 一下"与"VV"的语用差异》,《语言教学与研究》2005 年第 4 期。

卢小群:《湘语语法研究》,中央民族大学出版社 2007 年版。

陆俭明:《"着"字补议》,《中国语文》1999 年第 5 期。

罗荣华:《赣语上高话的将行体"嗟"》,《语言研究集刊》2013 年第 2 期。

罗荣华:《赣语上高话的被动标记"讨"》,《方言》2018 年第 1 期。

罗昕如:《湘语中的"V 人"类自感词》,《湖南师范大学社会科学学报》2006 年第 5 期。

罗昕如:《湖南方言中的"动词+动态助词+介宾短语"句型》,《方言》2008 年第 4 期。

罗昕如:《湘语与赣语比较研究》,湖南师范大学出版社 2010 年版。

罗竹风:《汉语大词典》,汉语大词典出版社 1989 年版。

吕必松:《汉语语法新解》,北京语言大学出版社 2015 年版。

吕绍玖:《高安方言常用口语词汇本字考》,《辽东学院学报》(社会科学版)2020 年第 5 期。

吕叔湘:《汉语语法分析问题》,商务印书馆 1979 年版。

吕叔湘:《现代汉语八百词》(增订本),商务印书馆 1980 年版。

吕叔湘:《中国文法要略》,商务印书馆 1982 年版。

吕叔湘:1985《疑问・否定・肯定》,《中国语文》第 4 期。

吕叔湘:《把字用法研究》,载《汉语语法论文集》(增订本),商务印书馆 1985 年版。

吕叔湘:《释景德传灯录中在、着二助词》,载《汉语语法论文集》(增订本），商务印书馆 1985 年版。

吕叔湘、江蓝生:《近代汉语指代词》，学林出版社 1985 年版。

吕昱雯、肖萍:《浙江余姚方言的"捉"字及其相关句式》，《现代语文》（语言研究版）2012 年第 2 期。

马贝加:《近代汉语介词》，中华书局 2002 年版。

马贝加:《汉语动词语法化》，中华书局 2014 年版。

马建忠:《马氏文通》，商务印书馆 1983 年版。

马庆株:《现代汉语双宾语构造》，载《语言学论丛》第十辑，商务印书馆 1983 年版。

马庆株:《汉语动词和动词性结构》，北京语言学院出版社 1992 年版。

梅祖麟:《〈朱子语类〉和休宁话的完成态"著"字》，《语言学论丛》第二十辑，商务印书馆 1998 年版。

梅祖麟:《从汉代的"动·杀"、"动·死"来看动补结构的发展——兼论中古时期起词的施受关系的中立化》，《语言学论丛》第十六辑，商务印书馆 1991 年版。

梅祖麟:《汉语方言里虚词"著"字三种用法的来源》，《中国语言学报》1988 年第 3 期。

孟琮:《口语"说"字小集》，《中国语文》1982 年第 5 期。

聂有才:《高安（太阳）方言单双字调声学实验研究》，硕士学位论文，广西师范大学，2013 年。

聂有才:《江西高安话的"子、仔、哩"尾》，《华中学术》2019 年第 2 期。

聂志平:《有关"得"字句的几个问题》，《辽宁师范大学学报》1992 年第 3 期。

宁忌浮:《〈中原音韵〉与高安方言》，《陕西师大学报》（哲学社会科学版）1990 年第 1 期。

潘允中:《汉语动补结构的产生与发展》，《中国语文》1980 年第 1 期。

彭睿:《汉语损益句的形成：从"施事失去领有权"到"与事遭损或获益"》，《汉语学报》2020 年第 4 期。

彭小川:《关于是非问句的几点思考》，《语言教学与研究》2006 年第 6 期。

彭小川、张秀琴:《粤语阳江话是非问句句末的"麼""呢"连用》,《中国语文》2008年第1期。

齐沪扬、曾传禄:《"V起来"的语义分化及相关问题》,《汉语学习》2009年第2期。

钱志安:《粤语间接宾语标记的发展和相关语法现象》,《语言学论丛》第四十二辑,商务印书馆2011年版。

乔全生:《晋方言语法研究》,商务印书馆2000年版。

桥本万太郎:《汉语被动式的历史·区域发展》,《中国语文》1987年第1期。

邱震强:《宁乡话"起"字研究》,《长沙电力学院学报》(社会科学版)2002年第1期。

饶长溶:《把字句被字句》,人民教育出版社1990年版。

杉村博文:《从日语的角度看汉语被动句的特点》,《语言文字应用》2003年第2期。

杉村博文:《汉语的被动概念》,载邢福义主编《汉语被动表述问题研究新拓展》,华中师范大学出版社2006年版。

邵敬敏:《"X不X"附加问研究》,《徐州师范学院学报》1990年第4期。(a)

邵敬敏:《"回声问"的形式特点和语用特征分析》,《华东师范大学学报》1990年第2期。(b)

邵敬敏:《现代汉语疑问句研究》(增订本),商务印书馆2014年版。

邵敬敏等:《汉语方言疑问范畴比较研究》,暨南大学出版社2010年版。

邵宜:《赣语宜丰话"得"的研究》,《语文研究》2007年第1期。

邵宜:《赣方言(宜丰话)疑问范畴研究》,载邵敬敏等主编《汉语方言疑问范畴比较研究》,暨南大学出版社2010年版。(a)

邵宜:《赣方言语助词"时"的语法功能及与近代汉语之比较》,《暨南学报》2010年第4期。(b)

沈家煊:《如何处置"处置式"?——论把字句的主观性》,《中国语文》2002年第5期。

盛益民、李旭平:《富阳方言研究》,复旦大学出版社2018年版。

盛银花:《安陆方言语法研究》,华中师范大学出版社2015年版。

施春宏:《汉语动结式的句法语义研究》,北京语言大学出版社 2008 年版。

施关淦:《关于助词"得"的几个问题》,载中国语文杂志社编《语法研究和探索（三)》,北京大学出版社 1985 年版。

石汝杰:《高淳方言的动词谓语句》,载李如龙、张双庆主编《动词谓语句》,暨南大学出版社 1997 年版。

宋玉柱:《论带"得"兼语式》,《徐州师范大学学报》1979 年第 1 期。

孙琴:《新词"开 V"中"开"语素义的变异》,《延安大学学报》（社会科学版）2015 年第 5 期。

孙宜志、陈昌仪、徐阳春:《江西赣方言分区述评及再分区》,《南昌大学学报》（人文社科版）2001 年第 2 期。

孙宜志:《江西赣方言语音研究》,语文出版社 2007 年版。

谭永祥:《谈名词的重叠》,《中国语文通讯》1980 年第 1 期。

谭元亨:《广东客家史》,广东人民出版社 2010 年版。

唐桂兰：2013《宿松方言中的完成体标记"着""脱""倒"》,《郑州大学学报》（哲学社会科学版）第 5 期。

田春来:《近代汉语"著"字被动句》,《语言科学》2009 年第 5 期。

童芳华:《高安方言词典》,四川师范大学电子出版社 2012 年版。

童芳华:《高安方言程度副词的五种类型》,《上饶师范学院学报》2013 年第 4 期。

童芳华:《高安方言詈词的民俗内涵》,《湖北第二师范学院学报》2019 年第 3 期。

万波:《安义方言的体》,载张双庆主编《动词的体》,香港中文大学中国文化研究所吴多泰中国语文研究中心 1996 年版。

万波:《安义方言的动词谓语句》,载李如龙、张双庆主编《动词谓语句》,暨南大学出版社 1997 年版。

万波:《赣语安义方言的人称代词和指示代词》,载李如龙、张双庆主编《代词》,暨南大学出版社 1999 年版。

汪国胜:《大冶方言的"把"字句》,《中国语言学报》2001 年第 10 期。

汪国胜:《湖北大冶方言的语缀》,《方言》1993 年第 3 期。

汪国胜:《大冶方言语法研究》,湖北教育出版社 1994 年版。

汪国胜：《大冶方言的双宾句》，《语言研究》2000年第3期。（a）

汪国胜：《湖北大冶方言的比较句》，《方言》2000年第3期。（b）

汪国胜：《谈谈方言语法研究》，《华中师范大学学报》（人文社会科学版）2014年第5期。

汪国胜：《大冶方言的"在里"和"过来"》，《华中学术》2016年第4期。

汪国胜、李罂：2019《汉语方言的是非型正反问句》，《方言》第1期。

王力：《汉语史稿》，中华书局1980年版。

王力：《中国现代语法》，商务印书馆1985年版。

王力：《中国语法理论》，中华书局2015年版。

王求是：《孝感方言研究》，华中师范大学出版社2014年版。

王树瑛：《恩施方言研究》，华中师范大学出版社2017年版。

魏钢强、陈昌仪：《南昌话音档》，上海教育出版社1998年版。

温锁林：《形容词的生动形式"A又A"》，《南开语言学刊》2010年第2期。

吴福祥：《敦煌变文语法研究》，岳麓书社1996年版。

吴福祥：《关于动补结构"V死O"的来源》，《古汉语研究》2000年第3期。

吴福祥：《再论处置式的来源》，《语言研究》2003年第3期。

吴福祥：《从"得"义动词到补语标记——东南亚语言的一种语法化区域》，《中国语文》2009年第3期。

吴福祥：《汉语方言里与趋向动词相关的几种语法化模式》，《方言》2010年第2期。

吴福祥：《近代汉语语法》，中国社会科学出版社2015年版。

吴慧颖：《"VP1也VP2"和"VP1怎的"——关于近代汉语中的两种选择问句》，《古汉语研究》1990年第2期。

吴娟、崔云志：《"捉"的介词化时期、路径及其消失》，《语言研究》2020年第4期。

夏俐萍：《"X人"致使结构及其词汇化》，《语言科学》2016年第6期。

夏俐萍：《湖南益阳方言的"得"类情态式——兼论湘语"得"类情态式语义图》，《语言学论丛》第五十六辑，商务印书馆2017年版。

夏俐萍:《湘语益阳(泥江口)方言参考语法》,商务印书馆2020年版。

向熹:《简明汉语史》,高等教育出版社1993年版。

项梦冰:《连城客家话语法研究》,语文出版社1997年版。

谢留文:《南昌县(蒋巷)方言的"子"尾和"里"尾》,《方言》1991年第2期。

谢留文:《赣语的分区(稿)》,《方言》2006年第3期。

谢留文:《南昌县(蒋巷)方言的两个虚词"是"与"着"》,《中国语文》1998年第2期。

邢福义:《说"NP了"句式》,《语文研究》1984年第3期。

邢福义:《现代汉语的特指性是非问》,《语言教学与研究》1987年第4期。

邢福义:《现代汉语语法研究的两个"三角"》,《云梦学刊》1990年第1期。

邢福义、李向农、丁力、储泽祥:《形容词AABB反义叠结》,《中国语文》1993年第5期。

邢福义:《小句中枢说》,《中国语文》1995年第6期。

邢福义:《小句中枢说的方言实证》,《方言》2000年第4期。

邢福义:《说"句管控"》,《方言》2001年第2期。

邢福义:《承赐型"被"字句》,《语言研究》2004年第1期。

邢福义:《汉语语法学》(修订本),商务印书馆2016年版。

邢向东:《陕北神木话的准语气词"是"及其形成》,《方言》2006年第4期。

徐杰:《"打碎了他四个杯子"与约束原则》,《中国语文》1999年第3期。

徐杰:《"重叠"语法手段与"疑问"语法范畴》,载汪国胜、谢晓明主编《汉语重叠问题》,华中师范大学出版社2009年版。

徐仁甫:《广释词》,四川人民出版社1981年版。

徐通锵:《历时语言学》,商务印书馆1991年版。

徐阳春:《南昌话"得"字研究》,《南昌大学学报》(哲社版)1998年第4期。

徐英:《汉语方言"把"字被动标记词的地理分布特点研究》,《西藏大学学报》（社会科学版）2016 年第 4 期。

许宝华、（日）宫田一郎主编:《汉语方言大词典》，中华书局 1999 年版。

许仰民:《论〈水浒全传〉的被动句》，《古汉语研究》1990 第 1 期。

荀恩东、饶高琦、肖晓悦、臧娇娇:《大数据背景下 BCC 语料库的研制》，《语料库语言学》2016 年第 1 期。

闫亚平:《现代汉语附加问句研究》，上海人民出版社 2017 年版。

严修鸿:《客家方言人称代词单数"领格"的语源》，载李如龙、张双庆主编《代词》，暨南大学出版社 1999 年版。

颜森:《高安（老屋周家）方言的语音系统》，《方言》1981 年第 2 期。

颜森:《高安（老屋周家）方言词汇（一）（二）（三）》，《方言》1982 年第 1—3 期。

颜森:《江西方言的分区（稿）》，《方言》1986 年第 1 期。

颜森:《黎川方言的仔尾和儿尾》，《方言》1989 年第 1 期。

叶向阳《"把"字句的致使性解释》，《世界汉语教学》2004 年第 2 期。

殷志平:《"X 比 Y 还 W"的两种功能》，《中国语文》1995 年第 2 期。

余乐:《汉语方言处置范畴比较研究》，博士学位论文，华中师范大学，2018 年。

喻遂生:《重庆方言的"倒"和"起"》，《方言》1990 年第 3 期。

袁宾:《唐宋"煞"字考》，《中国语文》2003 年第 2 期。

曾海清:《莲花方言若干句式研究》，江西高校出版社 2016 年版。

曾毅平:《客家方言（石城话）疑问范畴研究》，载邵敬敏等主编《汉语方言疑问范畴比较研究》，暨南大学出版社 2010 年版。

詹伯慧:《汉语方言及方言调查》，湖北教育出版社 1991 年版。

张伯江:《现代汉语的双及物结构式》，《中国语文》1999 年第 3 期。

张伯江:《论"把"字句的句式语义》，《语言研究》2000 年第 1 期。

张大旗:《长沙话"得"字研究》，《方言》1985 年第 1 期。

张国宪:《现代汉语形容词功能与认知研究》，商务印书馆 2006 年版。

张国宪:《制约夺事成分句位实现的语义因素》，《中国语文》2001 年第 6 期。

张惠英:《复数人称代词词尾"家""们""俚"》，《中国语言学报》

1995 年第 5 期。

张炼强:《试说以"时"或"的时候"煞尾的假设从句》,《中国语文》1990 年第 3 期。

张美兰:《近代汉语语言研究》,天津教育出版社 2001 年版。

张美兰:《〈祖堂集〉语法研究》,商务印书馆 2003 年版。

张民权:《赣语小称儿化词尾"仂"(li)之音韵溯源——兼论汉语儿化音的历史层次与类型分布》,载胡松柏主编《赣方言研究(第二辑)——2009 南昌赣方言国际学术研讨会论文集》,中国社会科学出版社 2012 年版。

张敏:《历时类型学与汉语历史语法的新课题》,"汉语史研究的回顾与展望"国际学术研讨会论文 2003 年。

张敏:《"语义地图模型":原理、操作及在汉语多功能语法形式研究中的运用》,载《语言学论丛》第四十二辑,商务印书馆 2010 年版。

张敏:《汉语方言双及物结构南北差异的成因:类型学研究引发的问题》,《中国语言学集刊》2011 年第四卷第二期。

张清源:《成都话的"V 起来、V 起去"和"V 起 XY"》,《方言》1998 年第 2 期。

张双庆:《动词的体》,香港中文大学中国文化研究所吴多泰中国语文研究中心 1996 年版。

张延俊:《汉语被动式历时研究》,中国社会科学出版社 2010 年版。

张一舟等:《成都方言语法研究》,巴蜀书社 2001 年版。

张谊生:《副词的重叠形式与基础形式》,《世界汉语教学》1997 年第 4 期。

张谊生:《程度副词充当补语的多维考察》,《世界汉语教学》2000 年第 2 期。(a)

张谊生:《略论时制助词"来着"——兼论"来着 1"与"的 2"以及"来着 2"的区别》,《大理师专学报》2000 年第 4 期。(b)

张云秋:《汉语受事主语句的理论透视》,《齐齐哈尔师范学院学报》(哲学社会科学版)1994 年第 3 期。

张振羽:《"着"字被动句来源的多视角考察》,《宁夏大学学报》2010 年第 1 期。

章士钊：《中等国文典》，商务印书馆 1925 年版。

赵春利：《现代汉语句末助词研究》，商务印书馆 2019 年版。

赵元任：《现代吴语的研究》，科学出版社 1956 年版。

赵元任著，吕叔湘译：《汉语口语语法》，商务印书馆 1968 年版。

郑宏：《近代汉语"着（著）"字被动句及其在现代汉语方言中的分布》，《语文研究》2006 年第 2 期。

郑宏：《近代汉语"把"字被动句及其在现代汉语方言中的地域分布》，《西北大学学报》（哲学社会科学版）2012 年第 3 期。

郑宏：《近代汉语有标记被动句研究》，语文出版社 2017 年版。

郑湖静、陈昌来：《现代汉语"得"字句的再分类》，《语文研究》2012 年第 1 期。

周士宏：《汉语被动标志的类型学考察》，《汉语学报》2005 年第 3 期。

朱德熙：《说"的"》，《中国语文》1961 年第 12 期。

朱德熙：《与动词"给"相关的句法问题》，《方言》1979 年第 2 期。

朱德熙：《语法讲义》，商务印书馆 1982 年版。

朱晓农：《亲密与高调——对小称调、女国音、美眉等语言现象的生物学解释》，《当代语言学》2004 年第 3 期。

祝敏彻：《论初期处置式》，载《语言学论丛》第 1 辑，商务印书馆 1957 年版。

庄初升：《湘、赣方言与"儿子"义名词相关的后缀》，《方言》2021 年第 1 期。

佐佐木勋人：《由给予动词构成的处置句》，载中国语文杂志社编《语法研究和探索（十一）》，商务印书馆 2002 年版。

［苏联］O. 郭特立波：1991《试论现代汉语行为方式的几个问题》，《语言教学与研究》第 1 期。

Chin, Andy. "Two Types of Indirect Object Markers in Chinese: Their Typological Significance and Difference", *Journal of Chinese Linguistics*, Vol. 38, No. 1, 2010.

Li, Charles N. and Sandra A. Thompson. Mandarin Chinese: a functional reference grammar, University of California press, 1981.

后　　记

　　这本书是在博士学位论文的基础上修改完成的。在写作和修改过程中得到了众多师友的关心和帮助，得到了亲人的理解和支持。在本书付梓之际，谨向所有给予我帮助的人表示由衷的谢意！

　　我首先要诚挚地感谢我的博士生导师汪国胜教授。感谢恩师将我的博士学位论文收入"汉语方言语法研究丛书"出版。本书从选题、框架到润色、定稿都凝聚着恩师的心血。每当我有问题请教，先生总是耐心地答疑解惑，哪怕是深夜。这让我非常感动，激励着我刻苦学习，早日完成文章的修改工作。先生的谆谆教导不仅体现在课堂上的传道授业，更注重平时的熏陶感染。比如，他会带学生到家中看自己的语料卡片，这让学生大受震撼。让我记忆更深刻的是，汪老师特别强调做方言研究要特别注意在平时交谈中收集语料，不经意间听到一些特殊的语言现象可能更有价值，要马上记录下来，以防过后忘记。汪老师不仅在学业上悉心指导、鼓励后学，在生活上也特别关照学生。总之，汪老师治学严谨而颇具人文关怀，其为学为人皆为榜样，激励着我不断前进。

　　真诚地感谢匡鹏飞教授、姚双云教授、谢晓明教授、苏俊波教授等老师的殷切教导。感谢朱芸老师在学生工作方面的辛勤付出和学业上的热心帮助。感谢我的师兄师姐们各方面的引领和关照。感谢所有博士同门一直以来的关心和鼓励。感谢2017级所有博士同学的支持和帮助。

　　感谢贵州师范学院的领导和同事的关心和支持。感谢贵州师范学院校级社科项目（博士项目）的资助。

　　衷心地感谢中国社会科学出版社的编辑老师的辛勤付出和悉心帮助。

　　我还要特别感谢我的家人。因为有你们的帮助，我才能够心无旁骛、潜心写作。特别感谢年逾花甲的父母一边尽心尽力地帮我照顾儿子，一边给我提供翔实、丰富的方言语料，尤其是告诉我许多之前不太了解的方言词语、谚语。同时，特别感谢我的妻子的理解和臂助，感谢你悉心照顾家庭，在学业上一直给予我信心。

相关诸君，恕不一一具名，在此一并谨致谢忱！

高安方言里有句谚语叫"鸡要喫，脚要跺"，说的是要有收获必须要有行动。这与华中师范大学语言研究所的所训"抬头是山，路在脚下"的寓意很契合，我将继续把它们作为人生格言，脚踏实地，不畏艰难，勇攀高峰，继续探索语言的奥秘！

聂有才
2022 年 3 月

《汉语方言语法研究丛书》书目

安陆方言语法研究
安阳方言语法研究
长阳方言语法研究
崇阳方言语法研究
大冶方言语法研究
丹江方言语法研究
高安方言语法研究
河洛方言语法研究
衡阳方言语法研究
辉县方言语法研究
吉安方言语法研究
浚县方言语法研究
罗田方言语法研究
宁波方言语法研究
武汉方言语法研究
宿松方言语法研究
汉语方言持续体比较研究
汉语方言完成体比较研究
汉语方言差比句比较研究
汉语方言物量词比较研究
汉语方言被动范畴比较研究
汉语方言处置范畴比较研究
汉语方言否定范畴比较研究
汉语方言小称范畴比较研究
汉语方言疑问范畴比较研究

石城方言语法研究
山西方言语法研究
固始方言语法研究
海盐方言语法研究
临夏方言语法研究
祁门方言语法研究
宁都方言语法研究
上高方言语法研究
襄阳方言语法研究
苏皖方言处置式比较研究